KB261835

북·중 접경지역

전환기 북·중 접경지역의 도시네트워크

북·중 접경지역

전환기 북·중 접경지역의 도시네트워크

이옥희

푸른길

　1993년 1월, 베이징과 창춘을 거쳐 처음으로 옌볜 땅을 밟았다. 한겨울 만주 벌판의 찬바람은 매서웠으나 눈 덮인 농촌 풍경은 낯설지 않았고, 룽징 시장(龍井 市場)의 팥죽 파는 할머니는 정겨웠다. 꽁꽁 얼어붙은 두만강에서 한가로이 얼음낚시를 즐기는 동네 주민들 뒤로 북한 땅이 손에 잡힐 듯 가까웠다. 북한과 중국은 이웃이었다.

　1996년 늦가을 러시아 블라디보스토크를 거쳐 두만강 하구 지역을 답사하였다. 이순신 장군이 여진족을 물리쳤다는 핫산 남쪽 녹둔도鹿屯島에는 스탈린 때 강제 추방된 고려인들의 흔적이 곳곳에 남아 있었다. 핫산역 대합실에는 러시아 벌목장에서 일하던 수십 명의 북한 노동자들이 고향 가는 열차를 기다리고 있었다. 북한과 러시아도 기차가 통하는 이웃이었다. 남한과 북한의 경계가 높은 철책으로 둘러 있고 지뢰밭이 널려 있는 것과 달리, 북한과 중국, 북한과 러시아의 국경에는 출입 통로가 많아 사람과 차량 그리고 물건이 오갔다.

　　20세기 말 사회주의권 국가들의 붕괴와 경제의 세계화로 국경은 점차 접촉과 교류의 공간으로 변하고, 접경지역은 국경 양측의 상이한 체제에도 불구하고 지리적 근접성과 상호보완성을 바탕으로 협력과 통합의 장소가 되고 있다. 더이상 국경은 폐쇄나 단절을 상징하는 공간이 아니다. 경제대국으로 부상한 중국의 동북진흥전략이 본격화되면서 세계에서 가장 폐쇄적인 지역의 하나인 북·중 접경지역도 빠르게 변하고 있다. 중국 동북 지역에 고속도로가 개통되고 고속 철도가 연결되었으며 북한과 통하는 도로나 교량도 개선되었다. 변경구안通商口을 통한 양국 간 교역이 활발해지고 중국의 대북한 투자도 크게 늘고 있다. 중국이 주도하는 지역 발전 전략들이 추진되면서 단둥丹東·훈춘琿春·옌지延吉 등 중국의 변경도시는 하루가 다르게 발전하고 있다.

　　북·중 간 교류와 협력의 강화는 북한의 개방을 가속화시키고 경제 회복의 촉진제가 될 것이다. 그러나 그 성격이나 규모에 따라 중국이 북한을 독점 배후지로 전락시켜 기형적인 공간 구조를 낳게 할 가능성도 배제할 수 없다. 만약 이 접경지역의 공간 변화가 중국 중심으로 재편된다면 우리의 영향력이 축소될뿐 아니라, 통일 이후 한반도 국토 발전 전략에 차질이 생길 수도 있다. 이것이 전환기에 있는 북·중 접경지역을 총체적인 시각에서 살펴보는 이유이다.

　　본 연구는 세계 여러 접경지역에서 국경을 초월한 협력이 지역 발전의 새로운 패러다임이 되고 있는 이때, 북한과 중·러 접경지역은 어떠한 메커니즘을 통해 초국경 도시네트워크를 형성해 왔고, 앞으로 어떻게 변화해 갈지 예측해 보았다. 연구는 다섯 부분으로 구성하였다. 먼저 세계 여러 접경 지역의 초국경적 협력 관계를 유형화하고 연구지역의 국경 도시 네트워크 형성 과정을 도시체계적 관점에서 살펴보았다(2장). 그리고 북·중, 북·러 접경지역의 지역성을 이해하기 위해 자연 및 인문지리적 특성을 알아보았다(3장). 다음으로 연구지역의 지역구조를 파악하기 위해 초국경적 도시네트워크 형성의 물리적 기반이 되는 국경 출입 통로와 초국경 교통로, 변경도시에 대해 살펴본 후(4장), 변경무역과 교류를 지표로 초국경 도시네트워크 양상을 확인해 보았다(5장). 끝으로 지역 발전 계획이 추진되면서 변화될 접경지역을 중심으로 한 초국경 도시네트워크의 공간적 발전을 전망해 보았다(6장).

국경지역, 더욱이 북한 관련 연구라 연구과정에 많은 어려움이 따랐다. 아직 사회주의적 사고가 팽배한 지역으로 대부분의 지역 관련 정보가 비공개였다. 북한 측 접경지역은 강 너머에서 조망하는 것으로 만족해야 했고, 중국 측 접경지역 역시 인터뷰나 자료 수집 활동이 매우 조심스러웠으며, 현지답사와 사진 촬영에도 제약이 따랐다. 이처럼 연구지역에 대한 접근이 제한되고 연구자료의 구득이 용이하지 못한 상황적 한계로 출간을 결심하기까지 수없이 망설였다.

이 연구는 1990년대 초 이기석 선생님(학술원 회원, 서울대 명예교수)을 중심으로 수행되었던 두만강 하류지역에 대한 국제 공동 연구에 참여한 것이 계기가 되었다. 영하 20~30도의 혹한을 함께 견뎌 낸 당시 연구진들이 새삼 그립고, 현지에서 여러 가지 지원을 아끼지 않았던 중국 옌볜대 지리학부와 러시아 태평양 지리연구소 측에 감사드린다. 또 이 연구를 진행할 수 있도록 재정적 지원을 해 준 한국연구재단(전 학술진흥재단), 연구를 위한 편의를 제공해 주신 북한대학원대학교, 기꺼이 출간을 허락해 주신 푸른길 김선기 사장님께 감사드린다. 끝으로 틈틈이 자료를 정리해 준 제자들, 참고 기다려 준 가족에게 사랑을 보내며, 출간을 보시지 못하고 세상을 뜨신 아버님께 이 책을 바친다.

북·중, 북·러 접경지역은 대륙으로 향하는 한반도의 관문이며, 북서태평양권과 유라시아 대륙 간 물류의 중계수송기지이다. 또 동북아의 지리적 중심으로 다국 간 협력의 최적 입지 조건을 갖추고 있다. 따라서 앞으로 이 지역에 진출하여 투자나 개발에 참여할 정부나 민간이 늘어날 것으로 예상된다. 본 연구는 북한 접경지역에 대한 기초 조사 연구로써 지역의 전반적인 특성과 지역구조에 대한 이해를 돕고, 이를 바탕으로 이 지역의 입지적 중요성을 재평가하고 관심을 갖게 하는 데 작은 밑거름이 되기를 바란다.

연구실에서, 이옥희

‖차 례‖

III. 북·중, 북·러 접경의 지역 특성

VI. 동북아 지역 협력 개발과 초국경 도시네트워크

VII. 결론

I. 서론

1. 연구목적

20세기 말 경제의 세계화와 개방화가 가속되고 사회주의 국가의 체제가 전환되면서 접경지역의 의미와 기능이 바뀌고 있다. 그동안 장벽으로만 인식되던 국경의 의미와 기능이 퇴색하면서 세계 많은 지역의 국경이 개방됨에 따라 접경지역의 역할도 변하고 있다. 즉 서로 다른 체제가 대치해 있는 변방으로 개발 과정에서 늘 소외되어 왔던 이들 접경지역은 지리적 근접성과 상호보완성을 바탕으로 협력과 통합의 장소로써 새롭게 성장하고 있다.

국경이나 경계를 넘어 이루어지던 물물교환이나 무역은 인류의 역사만큼 오래되었다. 현대적 의미의 인접국 간 초국경적 협력과 교류는 1960년대 중반 미국과 멕시코의 접경지역에서 이루어진 경제협력으로부터 시작되었다. 이와 같은 교류는 1980년대에는 홍콩-선전(深圳, 심천)의 남중국 지역, 싱가포르-말레이시아의 조호르Johore-인도네시아의 리아우Riau를 잇는 동남아 성장 삼각주 지역을 중심으로 이루어졌고, 1990년을 전후로 유럽의 사회주의 체제가 와해되면서 동·서 유럽의 접경지역과 EU국가 내에서 광범위하게 진행되고 있다. 이러한 추세는 냉전 시대 이데올로기가 첨예하게 대립되어 왔던 동북아에도 영향을 미쳐 새롭게 지역 경제 공동체를 실현하려는 움직임으로 나타났다. 1990년대 초 유엔개발계획(UNDP)이 주도한 두만강 유역 개발계획이나 한반도와 중국 및 러시아의 철도망을 연결하는 유라시아횡단철도 연계망 계획이 대표적인 사례이다.

국경을 초월한 접경지역 간 교류와 협력이 지역 발전의 새로운 패러다임이 되고 있는 이때, 세계에서 가장 폐쇄적인 북·중, 북·러 접경지역☞1의 교류와 협력 양상을 공간적 차원에서 살펴보는 것은 그만큼 의미가 있다.

그동안 배타적 자립 경제를 표방해 온 북한은 중국의 경제 개방과 구소련의 붕괴, 뒤를 이은 한·러, 한·중 수교 등 동북아 정세 변화로 더 이상 세계경제의 틀에서 벗어나 독자적인 행보를 하기 어렵게 되었다. 1990년대 이래 북한은 경제난 극복을 위해 일부 국한된 지역을 제한적으로 개방해 왔다. 1991년 나진·선봉 경제무역지대를 시작으로 1998년 금강산 관광을 개시하였고, 비록 무산되었지만 2002년 신의주 경제특별구를 지정한 바 있다. 2003년 개성공업단지를 착공하여 우여곡절을 겪고 있지만 현재 조업 중이다. 지금까지 북한이 추진했거나 진행 중인 개방지역은 외부의 영향을 극소화할 수 있는 곳으로 북한 내에서 가장 변경지역인 4개의 모서리지점에 있다. 개성과 금강산은 남한과의 접경지대 양쪽 끝에, 신의주와 나선은 중국 및 러시아의 접경에 위치한다.

앞으로 북한이 중국처럼 점, 선, 면으로 나아가는 순차적인 지역 개방 방식을 택한다면, 선線으로 진행될 다음 단계의 개방지역은 압록강과 두만강 연안의 북부 변경지대일 가능성이 크다. 북한 북부 변경지대는 북한의 오랜 정치적 동맹국인 중국, 러시아와 접하고 있어 외부 세계의 직접적인 영향으로부터 비교적 안전하다. 더욱이 19세기 중반 이래 이주해 간 조선인의 후손들이 정착, 개발하여 지금도 200만여 명에 달하는 우리 동포가 살고 있다. 특히 북한과 국경을 접하는 랴오닝 성과 지린 성은 북한의 우선적인 협력 대상 지역으로 우리 민족과 뗄 수 없는 관계에 있다.

2000년대 들어 중국 정부가 동북3성의 발전을 목표로 동북진흥전략을 추진하면서 북·중 간 변경무역이 활발해지고 중국의 대북한 투자도 크게 늘고 있다. 북·중 간 교류와 협력의 강화는 북한의 개방을 유도하고 경제를 회복하는 새로운 활력소가 될 수 있다. 반면 교역과 투자의 성격이나 규모에 따라 북한을 중국의 독점 배후지로 전락시켜 기형적인 공간 구조를 낳게 할 가능성도 배제할 수 없다. 이러한 우려는 압록강과 두만강을 사이에 두고 하루가 다르게 발전해 가는 중국 측 도시와 침체의 그늘에서 벗어나지 못하는 북한 측 도시의 대조적인 모습에서 비롯된다. 또한 북한과 중국 간 출입 통로를 통해 드나드는 양국 간 교역 물량과 품목의 내용, 북한 시장에서 거래되는 물품의 80%가 중국산이라는 일련의 사실들을 통해서도 확인된다. 최근 북한 경제는 중국, 특히 동북3성에 크게 의존하는 경향이 있다[2]. 중국 경제가 고도의 성장을 지속하는 한 이러한 현상이 지속될 것이라는 전망이 지배적이다.

오랜 기간 소외되고 낙후되었던 북·중, 북·러 접경지역이 최근 중국이 주도하는 개발 전략에 따라 빠르게 변하고 있다. 이와 같은 변화의 시점에 이 접경지역에 나타날 공간적 변화를 총체적인 시각에서 분석하고 예측해 보는 것은 한반도의 미래를 위해 반드시 필요한 일이다.

본 연구는 먼저 북·중, 북·러 접경의 지역성을 구명하고, 이를 바탕으로 국경을 넘어 이루어지는 교류와 협력이 어떠한 메커니즘을 통해 지역 구조를 형성·변화해 가는지를 밝혀 보고자 하였다. 연구내용은 다섯 부분으로 구성하였다.

첫째, 개방화에 따라 세계 여러 접경지역에서 나타나는 초국경적 협력 사례를 유형화하고, 국경 도시네트워크의 형성 과정을 도시체계적 관점에서 정리해 보았다.

둘째, 북·중, 북·러 접경지역의 자연환경 및 역사지리적 배경, 경제지리적, 정치지리적 특성을 국경 고유의 속성인 접촉성과 배타성이라는 측면에서 규명해 보았다.

셋째, 접경지역에서 국경 도시네트워크의 형성 기반이 되는 국경 출입처·국경 연계 교통로·변경 도시의 분포와 특성을 통해 지역구조를 파악해 보았다.

넷째, 변경구안통상구을 통한 변경도시 간 화물과 사람의 이동 특성을 분석하여 북·중 접경지역에서 국경을 초월한 도시네트워크가 어떠한 공간적 특성을 갖는지 살펴보았다.

끝으로 최근 동북아 국가 간 협력 체제가 구축되고 특히 중국의 동북진흥전략이 추진됨에 따라 이 접경지역의 거점 도시들이 어떤 기능과 역할을 하며, 앞으로 어떻게 연계되어 보다 강화된 초국경적 협력 관계(super transboundary cross system)를 만들어 나갈지 전망해 보았다.

북·중, 북·러 접경지역은 대륙으로 향하는 한반도의 관문이다. 또한 동북아 지역화 전략상으로 볼 때 국가 간 협력의 최적 입지 요건을 갖추고 있다. 지금 이 접경지역에는 중국의 주도로 다양한 지역 발전 전략이 추진되면서 전환기에 접어들었다고 볼 수 있다.

본 연구는 앞으로 북한의 개방과 동북아 국가들의 지역 간 협력이 보다 진전되었을 때를 대비하여, 북한 접경지역의 현황을 파악하고 앞으로 나타날 변화가 한반도에 미칠 영향은 무엇인지 조망해 보는 데 목적을 두고 있다. 따라서 본 연구결과는 북한 접경지역뿐 아니라 한반도와 동북아지역의 발전 계획 수립에 기초 자료로 활용될 수 있다. 또한 중국의 북한에 대한 대대적인 투자가 앞으로 북한의 경제 발전에 미칠 긍정적, 부정적 영향을 객관적으로 진단해 보는 데에도 도움이 될 것이다. 더불어 한반도와 유럽을 잇는 유라시아 대륙 횡단 철도망이 실현되었을 때, 이 접경지역의 역할을 조망하고 나아가 통일 이후 수립하게 될 한반도의 총체적인 개발 계획을 위한 참고 자료로도 유용할 것이다.

무엇보다 이 연구를 통해 지금까지 변방으로만 인식되어 왔던 북·중,

북·러 접경지역에 보다 친숙하게 다가가는 계기가 되기를 바라며, 특히 이 접경지역의 입지적 중요성을 재평가하고 관심을 갖게 하는 데 도움이 되기를 기대한다.

2. 연구지역

일반적으로 접경지역이란 국가 간의 경계가 서로 맞닿은, 국경에 인접한 지역을 의미한다. 따라서 명확한 기준에 의해 규정된 공간적 범위를 갖는 개념이 아닌, 연구목적에 따라 다르게 설정될 수 있는 임의의 공간이다. 본 연구에서는 북·중, 북·러 접경지역을 압록강과 두만강 양안 지역으로 정하였다. 그러나 접경지역의 구체적인 범위는 단순히 국경선으로부터 물리적 거리나 자연 지형물보다는 국경이라는 특수한 인자의 영향을 받는 행정구역 범위를 기준으로 설정하는 것이 적합할 것이다.

실제 3국 영토의 크기와 행정조직 체계가 크게 달라 접경지역 범위를 정하는 데 어려움이 있었다. 북·중 양국은 1964년 국경 문제와 관련된 협약[3]에서 접경지역을 "두 나라가 인접하여 있는 시市와 군郡, 현縣을 국경지역으로 하며…."로 지정하여[4] 이를 근거로 접경지역의 공간적 범위를 설정하였다. 그러나 이후 북·중 양국이 각자 수차례에 걸쳐 행정체제와 행정구역을 개편하여 접경지역의 행정구역명과 공간적 범위가 달라졌다. 본 연구에서는 2010년 현재 북한 북부 변경지역의 시·군, 북한과 국경을 접한 중국의 시·현 그리고 러시아의 sky(district, 地區)에 해당하는 행정 범위를 연구지역으로 하고, 심층적인 분석 대상은 접경지역에 위치한 변경 도시로 한정하였다.

그림 1-1. 연구지역

그림 1-2. 구글 영상으로 본 접경지역

표 1-1. 북한 측 접경지역의 행정구역

도	시	군
함경북도(2시4군)	나선특별시, 회령	무산, 온성남양, 경원, 경흥
양강도(1시6군)	혜산	김형직, 김정숙, 삼수, 보천, 삼지연, 대홍단
자강도(1시5군)	만포	우시, 초산, 위원, 자성, 중강
평안북도(1시6군)	신의주	신도, 용천, 의주, 삭주, 창성, 벽동

자료 　평화문제연구소, 2005, 조선향토대백과.

표 1-2. 중국 측 접경지역의 행정구역[5]

省	地級市, 州	縣級市, 县
吉林省	延边朝鲜族自治州	延吉市, 珲春市, 图门市, 龙井市, 和龙市, 安图县
	白山市	长白朝鲜族自治县, 临江市, 白山市辖区八道江区
	通化市	集安市
辽宁省	丹东市	宽甸满族自治县, 东港市, 丹东市辖区(振光区, 元宝区, 振安区)

자료 　中华人民共和国民政部编, 2006, 中华人民共和国行政区划简册.

표 1-3. 러시아 측 접경지역의 행정구역

territorry	district	town
Primorsky Krai 연해주	Khasan sky (핫산 지구)	Khasan, Posyet, Zarubino, Kraskino, Slavyanks(핫산 지구의 중심지)

자료 　Josh Newell, 2004, The Russian Far East.

그림 1-1과 1-2는 연구지역을 보여 준다. 북한 측은 평안북도, 자강도, 양강도 및 함경북도 4개의 도가 해당되며 이에 속하는 1개의 특별시, 4개 시, 21개 군이다(표 1-1). 중국 측은 랴오닝 성(遼寧省, 요녕성) 단둥(丹東, 단동) 시의 시할구(市轄區)[6] · 둥강(東港, 동항) 시 · 콴뎬만족(寬甸滿族, 관전만족) 자치현과 지린 성(吉林省, 길림성) 퉁화(通化, 통화) 시의 지안(集安, 집안) 시, 바이산(白山, 백산) 시의 린장(臨江, 임강) · 창바이(長白, 장백) 조선족자치현 그리고 옌볜(延边, 연변) 조선족자치주의 옌지(延吉, 연길) · 훈춘(琿春, 혼춘) · 투먼(圖們, 도문) · 룽징(龍井, 용정) · 허룽(和龍, 화룡) 등 5개의 현급시[7]와 안투(安圖, 안도) 현이 연구 범위에 속한다(표 1-2). 러시아 측에서는 연해주 서남단 핫산 Khasan 지구의 일부를 연구지역에 포함한다(표 1-3).

1,376.5km에 달하는 북한 국경선[8]의 대부분은 중국과의 경계이고 북한과 러시아 간 접경 구간은 두만강 하구의 16.93km에 불과하다. 따라서 본 연구의 대부분은 북 · 중 접경지역을 다루게 된다.

3. 연구방법

연구지역이 접경, 특히 북한과 국경을 접하는 지역이라는 특수성을 지니고 있기 때문에 본 연구를 수행하는 데 있어 최대의 난제는 분석에 필요한 자료의 수집이었다. 북한은 물론 이미 개방을 택한 중국과 러시아에도 여전히 폐쇄적인 사회주의 관행이 남아 있어 국경지역에 관한 모든 자료가 비공개였고 공식적인 경로를 통한 자료의 구득 또한 쉽지 않았다.

본 연구에서는 문헌 연구와 지도 분석 및 현지답사를 병행하였다. 먼저 연구지역의 지역 특성을 지도와 문헌 자료를 통해 파악하고 현지답사를 통해 보완하였다. 그러나 정치, 군사적으로 민감한 국경지역이라 답사 중 접근 장소나 사진 촬영에 제약이 많았다.

북한에 관한 자료는 북한에서 출간된 각종 지도와 평북·자강·양강·함북 도道 지지地誌, 평화문제연구소와 북한의 조선과학백과사전 출판사가 공동으로 편찬하여 발간한 '조선향토대백과'의 평안북도·자강도·양강도·함경북도 편을 참고하였다. 중국 측 자료는 중국에서 발간한 각종 지도, 랴오닝 성과 지린 성 특히 옌벤 자치주에서 발간한 문건과 대학의 연구 보고서, 주요 도시의 시지市誌를 통해 얻을 수 있었다. 특히 북·중 변경무역은 중국 해관海關에서 발간한 통계자료 등에서 발췌하여 분석하였는데, 통계 단위지역이 너무 넓어서 접경지역에 대한 정밀 분석이 불가능하였다.

국내 자료는 통일부를 비롯하여 북한 문제를 다루는 여러 연구소의 연구 결과물을 참조하였다. 정부 기관과 통일연구원, 국토연구원, 대외경제정책연구원, 한국교통연구원, 해양수산연구소 등에서 출간한 보고서와 무역진흥공사, 무역협회에서 발간한 중국 및 러시아 무역 동향 통계자료도 유용하였다. 그 외 일본의 환태평양연구소, 러시아의 태평양지리연구소 등 해외 연구소에서 발간한 연구물과 자료도 동북아 지역을 포괄적으로 이해하는 데 도움이 되었다.

본 연구는 접경지역의 지역성과 지역구조를 밝히는 데 목적을 두었으므로, 접경지역의 도시 간 흐름과 연계망을 종합적으로 관찰하는 데 초점을 맞추어 탐사하였다. 북·중, 북·러 접경지역에 대한 답사는 1990년대 초부터 두만강 하류 지역을 7차례, 압록강 하구 단둥 시 일대를 3차례 답사하였으며, 러시아 측 접경지대인 핫산 지역도 5차례 답사하였다. 북한 접경지역 전 구간에 대한 답사는 2007년 7월 말 1차적으로 압록강 하구에서 두만강 하구에 이르는 1,400여 km의 접경지역을 탐사하였고, 2차 답사는 2008년 9월 말 두만강 하구에서 출발하여 압록강 하구까지 역방향으로 이어졌다. 실제 북한 지역 답사는 불가능하므로 압록강과 두만강을 따라 중국 측 접경지역을 답사하면서 강 건너 북한 지역을 조망하였다. 특히 북한과 연결 통로가 있는 중국 측 도시를 대상으로 심층 조사하였다.

4. 선행연구

세계 여러 접경지역에서 진행되고 있는 초국경적 교류와 협력에 관한 연구는 1990년대 말부터 활발히 이루어 지고 있다. 주로 지역개발이나 지역 정책 등 지역학 분야의 주요 연구주제로서 접경지역의 협력 현황을 분석하거나 문제점을 찾아 지역 발전 전략을 제시하고 있다. 지리학에서 접경지역 관련 연구는 정치지리학 분야에서 다루어져 왔다. 박삼옥 외(2005)는 지리학에서 접경지역에 관한 연구를 다음 두 시기로 구분하여 정리하고 있다. 첫 번째 시기는 1960년대 이전의 연구로 2차 세계대전 후 새로운 국경 설정의 근거와 관련하여 정치지리학 내에서 대단한 관심을 모으며 진행되었다. 이 시기의 연구는 접경지역이라기 보다 경계 자체에 중점을 두고 분쟁 지역, 국경 변화의 영향, 국경의 발전, 경계의 설정과 확정, 본토와 분리된 영토exklavern나 소국가, 해상의 국경, 내부 경계 등이 주요 주제로 채택되었다.

두 번째는 1990년대 사회주의권 붕괴 이후로, 이 시기 접경지역 연구는 새로운 전기를 맞아 급속히 증가하였다. 접경지역은 인접 국가 간의 관계에 따라 서로 협력하는 지역과 소원한 또는 적대적인 지역으로 대별되는

데, 이는 지리학계에서 접경지역을 바라보는 중요한 두 관점이라 할 수 있다. 전통적인 연구에서는 적대적이거나 단절된 접경지역 연구에 비중을 두었으나, 1990년대 이후 세계적으로 새로운 정치ㆍ경제적 질서가 형성됨에 따라 협력적인 접경지역 연구에 치중하는 경향을 보이고 있다.

이러한 연구들은 경계선 자체보다 개방된 접경지역의 발전을 모색하는 방향으로 수행되어 왔다(김상빈, 2002). 또한 접경지역의 경제구조나 지역 연계, 국경을 사이에 두고 나타나는 양국 간의 경제적 의존관계, 국경지대를 통한 물자의 이동 방법과 규모, 국경지역에 미치는 경제적ㆍ사회적ㆍ환경적 영향, 국경지역의 경제적 전망과 투자 가능성 같은 매우 흥미로운 주제로 연구가 이루어지고 있다(김학훈, 1998). 정치적 국경을 초월하여 초국경적 경제 공간의 형성이 세계적 현상이 되면서 유럽을 중심으로 접경지역과 관련한 연구 분야가 다양해지고 있다.

2007년 마카오에서 'Cities and Borders'라는 주제로 개최된 국제회의에서는 국경과 도시를 연계시킨 보다 다양한 주제들이 소개되었다. 'border cities', 'divided cities', 'border in cities' 세 개의 분야로 나누어 접근하였는데, 국경의 개념을 보다 광범위하게 적용시켜 도시 내 사회ㆍ문화적 경계에 대한 담론도 연구주제의 범주에 포함시키고 있다. 이 회의에서 접경지역 연구를 지금까지의 '초국경적 협력과 질서(cross border cooperation and ordering)'에 관한 연구로부터 border를 국경지역 대도시의 일상적인 사회 공간에서 만들어지는 'a new neighbourhood'와 유사한 개념으로 이해하려는 새로운 패러다임이 나타나고 있음을 확인하였다 (Wastel-Walter, 2007). 또한 지난 10여 년 간의 국경 연구가 세계 체계에서 국경선에 대한(the processing of bordering) 연구였고 국경의 역동성dynamics에 대한 현대적 해석을 강조하였다(Newman, 2007).

1990년대 이후 접경지역의 경제적 교류나 통합을 분석한 연구들은 다음과 같다. 최초로 초국경적 협력이 이루어진 미국과 멕시코의 접경지역을 대상으로 상호작용을 유형화한 연구(Martinez, 1994)가 있으며, 접경지역 경제구조의 변화에 관한 연구(이전·백종국, 1997), 산업화 과정을 밝힌 연구(김학훈, 1998)가 있다. 그리고 홍콩과 선전 지역의 초국경적 지역 발전을 분석한 연구(Chan, 1998), 싱가포르-조호르-리아우 성장 삼각주 지역의 대도시 출현에 관한 연구(Macleod & McGee, 1996)가 있으며 유럽 여러 접경지역의 월경적 지역 협력이 이루어지는 요인을 규명한 바 있다(Cappellin, 1993). 유럽과 관련하여 독일과 폴란드 접경지역 간 통합과 변화를 정책적 차원에서 다룬 연구(Kratke, 1998), 유럽연합의 접경지역을 소개한 연구(김재한, 1998), 서로 다른 특성을 가진 프랑스의 북부와 동부 접경지역을 사례로 초국경적 통합 과정을 비교 분석한 연구(이현주, 2002), 홍콩-광동 지역 경제 통합 과정을 개방적 접경 경제 공간의 형성이라는 관점에서 살펴보고(이원호, 2002) 이를 개성공단 지역 발전 방안에 적용한 연구(이원호, 2005), 스위스·독일·프랑스 접경지역에서의 월경적越境的 상호작용을 울만Ullman의 공간적 상호작용 개념에 입각해서 해석하고 초경계적 지역 정체성 형성 여부를 밝힌 연구(김부성, 2006) 등이 있다.

이 외에도 초국경적 발전을 하고 있는 접경지역 간의 상호작용을 바탕으로 접경지역을 유형화한 연구가 다양하게 진행되었다. 홍콩-광저우(廣州, 광주) 지역 경제의 통합 과정을 중심으로 그 형성 배경과 진행 과정 그리고 해당 두 지역의 경제에 미친 파급효과를 고찰한 연구(Wu, 1998)가 있으며, 동북아 지역의 접경지역에 대한 연구로는 두만강 개발계획에서 국경도시 훈춘의 역할에 관한 연구(Lee, 1998), 중국·외몽골·러시아 접경의 중국 국경도시인 만추리(滿洲里, 만주리)의 도시화를 시계열적으로 비교 분석한 연구(Cheng, 2007)가 있다.

그동안 접경지역의 공간 구조를 규명하는 연구는 대부분이 외국의 접경지역을 대상으로 하였으나, 2000년대 들어 한반도 민족 공존과 화합의 분위기가 조성되고 남북 간 교류가 확대되면서 한반도의 접경지역에 대한 관심이 커졌다. 휴전선을 중심으로 남·북한 접경지대에 대한 연구는 국토 정책과 관련하여 접경지역의 이용과 개발, 생태 환경 보존 방안, 토지 이용 방안 등의 주제들이 다루어지고 있다. 지리학 분야에서는 사회·경제적 공간으로서 남북 접경지역의 특성을 밝힌 연구가 유일하나(박삼옥 외, 2005) 북 측 지역에 대한 자료가 없어 남측 접경지대인 경기도 북부 지역만을 다루고 있다.

한편 급속한 경제성장을 바탕으로 중국이 동북공정東北工程에 이어 동북진흥전략을 추진하자 북·중 접경지역에 대한 관심이 높아지면서 북·중 간 교류·협력 실태 분석이나 남·북·중 간 협력, 남한 기업의 진출 방안 등 정책적 차원에서 다양한 분야의 연구가 활발해졌다. 국토연구원의 '한·중·조 협력 실태와 지역개발 전망(김경석·김원배·이상준, 2000)'은 지역개발 분야에서 북·중 접경지역을 다룬 최초의 연구로 국제사회에서 강화되고 있는 지역 경제권을 감안하여 동북아 국가, 특히 국경을 접하고 있는 남·북·중 3개국의 상호 협력을 통한 지역개발의 방향을 제시하고 있다.

이어 발간된 '동북아 협동적 지역개발의 사례분석과 이론모색(김원배, 2002)'는 동북아에서 진행되어 온 국지적 경제협력의 사례 분석을 통하여 월경적 지역협력의 양태와 구조에 대한 이론적 모형 정립을 시도하였다. 중국의 동북3성의 개발과 북·중 접경지역의 관계에 대한 연구도 진행되었다. '중국 동북3성 개발이 북·중 접경지역 산업 및 기반시설개발에 미치는 영향 분석(김원배 외, 2006)' 에서는 북·중 접경지역을 동부·중부·서부 3구역으로 나누어 양측의 산업, 인프라 등 현황을 분석하였다. 인천발전연구원(2004)의 '중국의 동북지역 개발과 남북한' 은 동북3성 개발이 남북 경협에 미치는 영향을 분석하고, 동북 지역의 개발과 남·북·중 협력 및 동북아 전반의 협력 과제를 제시하였다.

지금까지 북·중, 북·러 접경지역과 관련하여 특정 분야나 특정 지역에 대한 연구는 어느 정도 성과가 있었으나, 상호 유기적인 입장에서 접경지역 전체를 다룬 연구는 찾아보기 어렵다. 따라서 본 연구는 거시적인 시각에서 북한(북·중, 북·러) 접경지역 전체의 지역 특성과 지역구조를 밝힌 최초의 인문지리서라 할 수 있다.

1 본 연구에서 북·중, 북·러 또는 북한 접경지역은 북한과 중국, 북한과 러시아 접경
   지역을 통칭하는 것이며, 지리적으로는 압록강과 두만강 연안 지역이 해당된다.

2 2008년 말 북한의 대중국 무역 의존도는 73%이고, 북한과 동북3성 간 교역 비중은
   북·중 전체 교역액의 75.5%(북한의 수출 비중은 71.2%, 수입 비중은 77.1%)을 차지
   한다(KOTRA, 中國海關統計).

3 1964년 북·중 간 체결된 '국경지역에서 국가 안전과 사회질서 유지 업무 중 상호
   협조에 관한 의정서'의 제6조.

4 1964년 북·중 국경 문제와 관련된 협약에서 지정된 당시 북·중 접경지역의 범위이다.
   북한 측 – 함경북도의 웅기·경흥·경원·온성·종성·회령·유선·무산·연사 군
            양강도의 혜산시와 보천·운흥·삼수·신파·후창 군
            자강도의 중강·자성·만포·위원·초산·우시 군
            평안북도의 신의주시와 의주·삭주·창성·벽동·용천·신도 군
   중국 측 – 지린 성의 혼강 시와 훈춘·옌지·허룽·창바이·지안 현
            랴오닝 성의 단둥 시와 콴뎬 현

5 중국의 행정구역은 현재 省–縣–鄕 3급 체제로 이루어져 있는데, 제1급은 성·자치
   구·직할시로 중앙정부가 직접 관할하는 최고의 지방 행정구이고, 제2급은 현·자치
   현·시(市), 제3급은 향·민족향·진(鎭)이 해당한다. 자치주(自治州)는 소수민족의 집
   단 거주지로서 성과 현 사이의 1급 행정구역이다.

6 중국의 행정구역에서 시할구(市轄區) 또는 시구(市區)는 직할시나 대도시 내의 하위
   행정단위로서 대개는 도시의 중심부에 해당한다.

7 중국에서는 도시를 행정구획상의 급(級)에 따라 직할시(直轄市), 부성급시(副省級市),
   지급시(地級市), 현급시(縣級市)로 구분하는데, 가장 하위의 시인 현급시는 현을 관할하
   는 소재지이고, 지급시는 행정구획상 성과 현의 중간급인 지구급(地區級–현과 현급시
   를 관할) 행정단위의 소재지이다(김종범, 2000; 전경 외, 1996).

8 압록강 하구 바다 경계 부분을 제외한 북·중 국경선은 1,344km이다. 그중 하천에
   의한 경계는 1,289km이고 육지 경계는 45km이다.

Ⅱ. 접경지역의 변화와 국경 도시네트워크의 형성 : 이론적 배경

개방화와 접경지역의 변화

국경 도시네트워크의 형성과 도시체계 이론

접경지역은 국가 간의 경계가 맞닿아 있는 국경지역 또는 국경에 인접한 지역으로 두 국가 사이의 경계를 넘는 상호작용을 관찰할 때 유용한 개념이다(콜린 플란트, 2007). 경계로서의 국경은 인위적이고 가변적이어서 인접국 간 관계에 따라 접경지역의 성격과 기능이 달라진다. 즉 인접국과 우호적인 관계가 유지될 때에는 경제적 또는 문화적 교류와 협력이 활발한 공간이 되지만, 양국이 적대적 관계에 있으면 군사적 기능이 강화되면서 교류와 접촉이 차단된 분리 · 분절의 공간이 된다.

20세기 말 경제의 세계화, 국경의 개방화가 진행되면서 지금까지 배타적인 대치의 공간으로 여겨져 왔던 접경지역이 서로 다른 체제 간의 접촉과 교류가 허용되는 개방 공간으로 변모하고 있으며, 실제로 세계 일부 접경지역에서는 경제적 경계가 허물어지고 국경을 초월한 경제적 통합이 진행되고 있다.

본 연구는 현재 북 · 중, 북 · 러 접경지역에서 제약은 많지만 국경을 통해 이루어지는 인적 · 물적 교류와 인접국 간의 협력 개발 사업을 국경 개방화의 초기 현상으로 보고 국경 도시네트워크의 출현과 발전이라는 시각에서 접근하였다. 이러한 접근의 이론적 바탕을 마련하기 위해 먼저, 변화하는 접경지역의 의미와 기능을 검토하고, 접경지역에서의 인접 국가나 지역 간 교류의 유형을 살펴본 다음, 서로 다른 경제체제가 만나는 북한과 접경지역에서의 국경 도시네트워크의 출현과 특성을 도시체계적 관점에서 해석해 보았다.

1. 개방화와 접경지역의 변화

접경지역의 의미와 기능의 변화

사회주의권의 해체와 세계화의 진전으로 세계 여러 접경지역에서 국경을 초월한 교류와 협력이 활발해지고 있다. 장벽(a barrier or a filter)보다는 접촉의 장(a zone of contact)으로 국경의 기능이 더욱 강조되면서, 국경의 기능과 역할에 대한 새로운 해석과 접근이 필요하게 되었다.

그동안 접경지역은 미개발되거나 낙후된 변경지역과 동의어로 간주되어 왔으나[1], 세계 여러 접경지역에서 국경의 개방화 현상이 뚜렷해지면서 '접경지역'의 개념이나 정의에 대한 논의가 활발해지고 있다(Friedmann, 1996; Ratti, 1993). 일반적으로 국경 또는 접경지역을 나타내는 용어인 'frontier', 'border', 'boundary'는 서로 큰 차이를 두지 않고 유사 개념으로 사용되어 왔으나 접경지역에 관한 연구주제나 연구의 경향에 따라 사용되는 용어가 구분되기도 한다. 특히 영어권에서는 이 용어들을 구분하여 사용하는 경향이 있는데, 경계에는 boundary를 많이 사용하며, boundary를 국경선이라고 보았을 때 국경의 안쪽인 변경邊境을 frontier로 보는 것이 일반적인 견해이다(박삼옥 외, 2005).

사전적으로 접경 또는 국경에는 a frontier, a barrier(filter), a zone of contact 등 여러 의미가 내포되어 있다. 이 용어가 갖는 다면적 특성에 대해 이현주(2002)는 국경선은 '분리의 선'인 동시에 '접촉의 선'이며 '장벽'인 동시에 '가장자리'이고 '차단'이면서 '접합'의 측면이 동시에 존재하는 역설적인 측면을 갖는 공간이라고 하였다. 그리고 오늘날의 접경지역은 성장의 핵, 혁신의 장소로 성장하려는 의지를 강력히 표명하는 대표적인 공간이 되고 있는데 이는 과거부터 내려오는 협력적 관성이 이들 지역에 존재하기 때문이라고 설명한다.

국경은 상황에 따라 장벽이 되거나 접촉의 장이 되는 상반된 기능을 가지며 어떤 기능이 더 강하게 작용하는가에 따라 완전히 폐쇄된 국경과 완전히 개방된 국경 사이에서 세분될 수 있다. 김원배(2002)는 국경이 갖는 접촉과 분리 기능의 정도에 따라 국경을 아래의 세 가지 유형으로 분류하였다. 첫째는 분리의 의미가 강한 국경으로 지역 발전을 저해하며 국내 경제 중심과 멀리 떨어진 변경이다. 둘째는 국경이 상이한 정치·경제체제 간의 차별을 조정하는 필터 기능을 수행하는 경우로 국경 양측의 접경지역에서 밀수·보따리 무역·외국인 노동자의 전입과 같은 정正 또는 부負의 효과가 발생할 수 있다. 셋째는 개방적 국경으로 상이한 체제 간의 분리 기능보다 연결과 접촉의 기능이 확대된 경우이다.

접경지역 연구의 대표적인 학자인 마르티네즈(Martinez, 1994)는 미국과 멕시코 접경지역 연구를 토대로 접경지역에서 양 지역 간 상호작용의 성격에 따라 접경지역을 다음 네 가지로 유형화하였다.

① 소외적 접경지역(alienated borderlands)—긴장 관계가 상존하는 곳으로 경계가 기능적으로 폐쇄되었고 초국경적 상호작용이 거의 존재하지 않는다.

② 공존적 접경지역(co-existent borderlands)—시기에 따라 불확실한 안정성이 나타나는 지역으로서 제한적 상호 협력 개발을 위한 경우에만 부분적으로 개방된다.

③ 상호의존적 접경지역(interdependent borderlands)—대부분 안정성이 보장되는 지역으로서 사회·경제적 보완성이 증대됨에 따라 초국경적 상호작용이 제고되고, 이것이 결국에는 접경지역의 확대로 이어진다. 따라서 접경지역 주민들은 대개 친숙하고 협력적인 관계를 형성한다.

④ 통합적 접경지역(integrated borderlands)—영구적으로 안정성이 확보된 곳이다. 양국 간의 정치적 경계가 기능적으로 통합되었으며 국경을 통과하는 인적·물적 교류가 무제한으로 이루어진다.

이 분류에 따르면 현재 북·중 접경지역은 공존적 접경지역과 가장 유사한 성격을 보이고 있다.

오늘날 세계 여러 접경지역에서는 대개 경제적 필요성에 따라 교류와 협력이 이루어지고 국경의 개방 수준이 결정되는 경향이 있다. 이와 달리 북·중 접경의 경우 외부 세계와의 관계, 즉 정치 외교적 관계가 절대적인 요인이 된다. 본 연구에서는 북한의 상황과 기존 접경지역 개념의 분류를 참고하여 접경지역을 1) 폐쇄 또는 통제된 접경지역(closed or limited regions), 2) 상호의존적 또는 공존적 접경지역(cross-border regions), 3) 개방적 또는 초국경적 접경지역(opened or transborder regions)으로 구분하였다.

접경지역에서의 상호 협력과 교류

경계 또는 접경지역에서의 교류 역사는 원시사회의 부족 간 물물교환의 시대까지 거슬러 갈 수 있으나, 현대적 의미의 접경지역에서 국경을 초월한 지역협력은 1960년대 중반 미국과 멕시코 접경에서 멕시코 북부 변경의 발전을 위해 추진된 마킬라도라 계획(Maquiladora Program)☞2이다. 지리적 근접성과 상호보완성을 바탕으로 하는 접경지역에서의 초국경적 협력은 이후 세계 여러 접경지역에서 새로운 지역 발전 모델로 채택되었다.

1980년대 이후 경제를 중심으로 한 세계화와 개방화로 정치·경제적 경계가 허물어지면서 종전까지 낙후된 변방에 지나지 않던 일부 접경지역이 새로운 경제협력과 교류의 중심지로 부상하고 있다. 아시아에서는 중국의 경제 개방으로 홍콩과 선전을 잇는 남중국 지역에 경제특구가 조성되었고, 싱가포르-조호르-리아우를 잇는 성장 삼각주 지역에도 지리적 근접성과 상호보완성을 바탕으로 한 지역 협력이 추진되었다. 유럽에서는 유럽 통합 이전 이미 독일과 네덜란드 간 지역을 초월한 광역 기업도시 육성을 위한 'Eurogio'라는 협력 체제가 있었다. 1990년대 초 동유럽 사회주의 국가들이 대거 체제 전환을 하면서 동·서 유럽의 접경지역에는 신국제분업 형태의 초국경적 지역 협력이 활발하다.

국경의 개방 정도는 접경지역에서 이루어지는 초국경적 협력 개발의 수준과 내용에 따라 결정된다. 그림 2-1은 세계 여러 접경지역에서 교류와 협력에 따라 달라지는 국경 개방의 정도를 나타낸 것이다. 국가 간 상호 교류나 협력의 정도를 수치화하기는 어려우나 통행 제약의 요소나 양지역 간 교류 수준 등을 기준으로 상대적 비교를 통해 객관화해 볼 수는 있다.

먼저, EU 국가들 간 접경지역은 거의 모든 면에서 개방되어 자유로운 통행과 초국경적 상호 협력이 이루어지는 초국경 접경지역(transborder region)이라 할 수 있다. 홍콩과 선전 특구의 경우 정치적으로는 일국양제—國兩制를 유지하지만 금융·교통시스템의 통합 및 확충을 통해 경제통합이 급속히 진행되면서 경제는 물론 일상생활에서도 경계가 사라지고 있다. 동남아시아의 성장 삼각주도 경제적인 목적을 위한 교류가 비교적 자유로운 공존 내지는 상호의존적 접경지역(crossborder region)으로 분류할 수 있다.

이에 비해 북·중, 북·러 접경지역은 정해진 지점을 통해 허가를 받은 특정 대상에게만 교류가 허용되는 극히 제한적인 교류 공간으로 국내외 상황에 따라 국경을 폐쇄하거나 통제하는 폐쇄적 접경지역(limited border region)이라 할 수 있다.

입지적으로 볼 때 한 국가에서 변경지역은 자국 내보다는 국경 너머 인접국과의 경제 교류와 협력을 통해 발전할 가능성이 훨씬 크다. 실제 초국경적 협력에 유리한 입지적 특성을 활용하여 크게 성장한 국경도시들도 많다. 그러나 폐쇄적인 사회주의 체제하에 있는 북한은 국경지역을 안보에 취약한 지역으로 보고 대외 개방은 물론 경제발전 전략에서도 소외시켜 가장 낙후된 지역으로 남게 하였다.

북·중 국경은 분리의 기능이 강하지만, 최근 변경무역이 늘고 있으며 비공식적인 밀무역도 성행하고 있어 어느 정도 필터 기능을 수행하고 있다. 이처럼 북·중 간 변경무역이 활발해지면서 폐쇄적이고 낙후된 변경지역이 제한적이나마 개방되는 조짐을 보이고 있다. 모든 접경지역은 시간의 흐름에 따라 소외적 접경으로부터 통합적 접경으로 발전해 간다는 마르티네즈의 논리가 정치적 제약을 많이 받는 북한 접경지역에도 적용될지는 단정할 수 없다. 그러나 동북아 정세 변화에 영향을 받으며, 또 외부

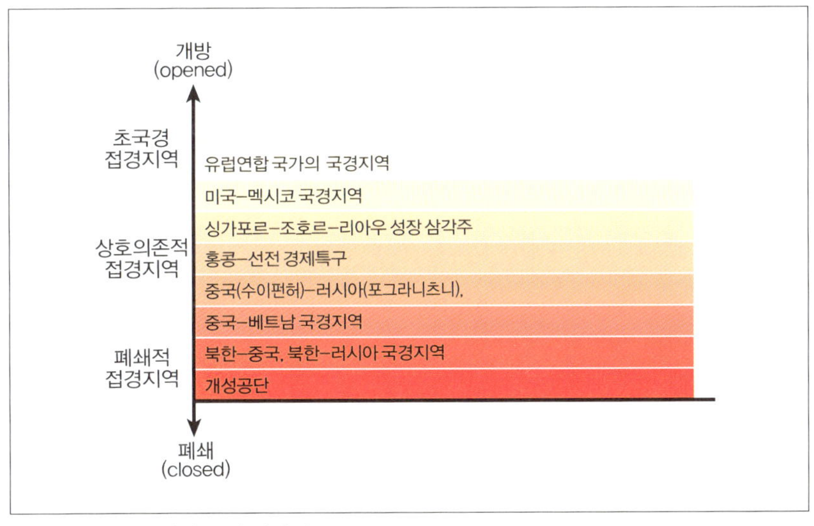

그림 2-1. 접경지역과 국경 개방 수준

경제의 도움을 받지 않을 수 없는 북한의 현 경제 상황을 고려해 볼 때 북
·중 접경도 점차 개방된 접경지역으로 나아갈 것이라 기대해 볼 수 있다.

2. 국경 도시네트워크의 형성과 도시체계 이론

세계경제의 블록화, 다국적 기업의 출현, 사회주의 체제의 와해로 20세
기 말 이래 세계의 경제권은 재편되고 있다. 이러한 현상은 공간상에도 그
대로 반영되어 세계적 차원에서는 정보 통신 · 금융 · 서비스의 중심인 대
도시들이 범세계적 공간 네트워크를 형성하며 세계경제 공간을 재조직해
가고, 지역적 차원에서는 개방화된 접경지역을 중심으로 국경을 초월한
지역 연계가 이루어지고 있다. 본 연구의 주제인 접경지역에서 국경을 넘
어 이루어지는 도시네트워크[3]의 형성은 후자에 해당하며, 인접국 변경
도시 간 국경을 초월한 교류와 협력을 통해 지역의 발전을 유도하는 지역
개발의 새로운 패러다임이 되고 있다.

접경지역의 국경 도시네트워크는 기존의 도시네트워크와는 형성 과정
이 다르다. 일반적으로 지역적 차원의 도시네트워크는 도시화가 진행되면
서 근접한 도시들이 기능적 상호보완성을 바탕으로 교류를 지속하면서 자
연스럽게 네트워크를 형성해 간다. 이와 달리 접경지역에서의 국경 도시
네트워크는 이질적인 지역성과 서로 다른 경제체제를 극복하고 지역 발전
이라는 공통의 목표에 맞추어 전략적으로 만들어지는 네트워크이다. 따라
서 도시화가 진행되면서 자연적으로 연계망이 발달하기보다는 정책적으
로 계획된 연계망을 따라 도시화되는 경향을 보인다.

이 같은 현상은 중국의 변경도시인 훈춘과 단둥의 성장 과정에서도 확

인되고 있다. 즉 중국 동북 변방의 소도시였던 훈춘은 두만강 개발계획의 거점도시로 지정된 후 두만강 연안 도시네트워크상의 주요 결절로서 빠르게 성장하고 있으며, 발해만의 작은 어항에 지나지 않았던 단둥은 동북 지역개발계획에서 북·중 교류의 핵심 도시로 부상하면서 급속히 발전하고 있다.

최근 중국의 동북진흥전략이 진행되면서 북·중 접경지역을 중심으로 북한과의 연결로가 보수 및 확장되거나 신설되고 북한에 대한 중국의 투자와 북·중 간 교역이 늘고 있다. 그러나 자본과 상품의 흐름이 일방적이고 내외 정세에 크게 영향을 받는다. 따라서 북·중 접경지역이 하나의 통합된 경제권으로서 국경 도시네트워크를 형성하기에는 아직 정치·경제적 여건이 성숙되지 않았다고 볼 수 있다. 현재 이 접경지역에서는 사회주의 국가의 정치·경제적 강제성이 작용하여 매우 예외적인 국경 네트워크가 형성되고 있다. 국경에 긴장이 조성되거나 특정 지점에 문제가 발생하면 도시네트워크상의 차단과 연결이 반복되거나 네트워크의 일부가 소멸·정체·소생의 과정을 겪으면서 불안정해진다.

북한과 중국을 연결하는 연계 교통로, 북·중 변경무역, 양국 간 협력 개발계획 등을 볼 때 이 접경지역에 국경 네트워크가 형성될 기반은 갖추어져 있다. 그러나 사회주의 영향하에 있는 북·중 접경지역에서 형성되는 국경 네트워크는 일반 경제 원리나 시장 메커니즘과 관계없이 형성되어 예측이 쉽지 않다.

그럼에도 불구하고 현재 접경지역에서 양측 변경도시들 간 교류와 협력에 따라 나타나는 도시네트워크의 형성 과정은 도시 체계 이론을 적용하여 설명할 수 있다. 중심지 이론(Central Place Theory)은 도시의 규모·분포·상호의존·성장 등의 개념을 포함하는 포괄적인 이론으로 도시네트워크를 설명하는 데 유용하다. 1930년대 발표된 크리스탈러의 중심지 이론은(Christaller, 1933) 가상공간에서 공간 구조와 계층적 네트워크가 어떻게 형성될 수 있는지 서비스 인자를 중심으로 전개한 것이다. 이후 수많은 학자들이 크리스탈러의 이론을 바탕으로 공간 형성 과정에서 관찰되는 규칙성과 네트워크를 설명하려고 시도해 왔고 새로운 이론을 만들어 냈다. 중심지 이론을 기초로 한 구체적이고 현실적인 여러 이론 중에서 반스(Vance, 1970)의 상업 모델(Wholesale Merchantile Model)과 페록스(Perroux, 1955)의 성장극 이론(Growth Pole Theory)은 본 연구와 관련된 초국경 도시네트워크의 출현을 설명하는 이론적 바탕을 제공한다.

먼저, 반스는 크리스탈러와 달리 현실 세계의 열린 공간에서 도시체계의 형성 과정을 설명하였다. 반스의 이론에서 대서양은 유럽과 북아메리카 간 교류의 큰 장애 요소이다. 그러나 항해 기술의 발달로 유럽과 아메리카 대륙 사이에 인구의 이동과 물자의 교환이 활발해지면서 신대륙에 새로운 도시네트워크군群이 형성되는 것을 확인하고 이를 이론화한 것이다. 이 이론은 이와 유사한 특성을 가진 접경지역의 네트워크 발달과 변화 추이를 설명하는 데 많은 도움을 주고 있다. 반스의 이론에서 국경은 대양大洋과 같은 개념으로 양 지역 간 교류의 장애 요소이다. 따라서 새로운 소통 또는 연결 수단이 개설되거나 국경의 개방이 이루어지기 전까지는 물자와 인적 자원의 교류가 어려워 상호작용이 제한적이고 최소한의 기능만 실현된다. 하지만 접경지역이 개방되어 연계로가 형성되고 상호 교류가 활발해지면 새로운 초국경 네트워크가 형성되고 접경지역은 하나로 통합된 도시체계를 형성하게 된다.

실제 북한 접경에서 국경을 사이에 두고 마주한 도시들이 미국–멕시코 국경지대의 쌍둥이 도시(twin cities)들처럼 상호 교류를 통하여 함께 발전할 수 있을지의 여부는 이 지역의 정치적 상황에 달려 있다. 그러나 오랫동안 닫혀 있던 북한의 국경이 개방된다는 전제하에 국경 양안 지역의 기존 촌락과 도시군의 네트워크가 어떻게 변화할 것인지는 두 지역의 지리적 여건에 따라 달라질 수 있다. 우선적으로 가정할 수 있는 것은 네트워크상에 있는 도시나 촌락이 성장 모티브를 갖추게 될 것이다. 이어서 수요를 창출하는 인구 규모나 시장 규모 등 다양한 요소들이 변화를 촉진할 것이다. 이 경우 국경 양안의 근거리에 있는 촌락이나 소도시들이 성장을 유도하게 될 것이라는 점에는 의심의 여지가 없다.

그러나 균일한 지역 내에서 규칙적인 공간 패턴을 갖는 중심지 이론과 달리 실제 접경지역을 따라 형성되는 도시네트워크는 단순히 이러한 논리에 따라 변화하지 않는다. 지역 발전이라는 목표 아래 계획되고 개방과 동시에 변화하는 초국경 네트워크는 선별적이며 불규칙적이어서 예상이 불가능한 네트워크를 형성한다. 새로이 형성되는 접경지역의 네트워크는 기존 네트워크처럼 상품과 노동력, 관련된 서비스나 정보를 상위 계층으로부터 공급받는 계층구조에 영향을 받지 않는다. 즉 지리적으로 또는 전략적으로 가장 유리한 지점에서 독자적으로 시작되는 네트워크를 형성하며, 파급효과 역시 기존의 계층구조와 관계없이 상당히 원거리에 있는 도시군까지 영향을 미친다. 따라서 네트워크를 따라 나타나는 상품과 인구의 흐름이나 이동이 불규칙하여 네트워크 자체의 계층성과 규칙성을 확인하기 어려운, 지금까지 도시체계 이론에서 관찰된 것과는 다른 예외적인 형태의 네트워크를 형성한다. 실제 중국 변경지역의 개방 초기, 지린 성의 옌지·훈춘과 연해주의 크라스키노·자르비노의 연결로 형성된 초국경 네트워크의 영향력이 멀리 사할린까지 확대되었던 것은 초국경 네트워크의 형성 과정을 보여 주는 하나의 실례로 기존 도시 체계의 형성 과정과 크게 다르다는 것을 알 수 있다.

접경지역의 초국경 네트워크에서 관찰되는 또 다른 특징은 기존의 촌락과 도시군이 가지고 있는 자원과 같은 미개발된 잠재력이 변화와 성장을 결정한다는 것이다. 즉 접경지역에서는 네트워크상에서 지리적으로 유리한 지역이 성장을 유도하는 것이 아니라, 개방과 함께 성장 잠재력이 있는 곳이 변화를 유도한다. 이러한 성장은 기존의 도시체계에서 계층상의 지위와는 아무 상관없이, 성장 추진력(propulsive sources)이 있는, 즉 자원을 가진 도시가 성장을 유도하며 그에 따라 네트워크가 발전한다. 이와 같은 시각은 페록스의 성장극 이론에서 성장 매체에 관한 논리와 비슷하여, 선별된 도시군의 성장은 규칙성이 결여되어 있고 전체 도시체계상에서 볼 때 일시적이거나 비정상적인 시스템이라고 할 수도 있다.

국경 도시네트워크 연구는 '접경'이라는 제한된 공간에서 출현하는 네트워크에 관한 관찰이기 때문에 두 국가 간 경제활동 양태를 모두 반영하지 못할 뿐 아니라 그에 대한 기술이나 설명 또한 제한적일 수밖에 없다. 그러나 접경지역이라는 지역적 차원에서 형성되는 국경 네트워크에 관련된 이론적 배경은 기존 도시체계 이론의 부분적인 수용을 통해서 어느 정도 설명이 가능함을 확인할 수 있다.

1   사전적 의미로 접경지역은 경계선과 맞닿아 있는 지역이고, 변경지역은 나라의 경계
    가 되는 변두리 지역이다.

2   마킬라도라 계획(Maquiladora Program)은 국경지대 산업화 프로그램의 일환이다.
    1965년 멕시코와 미국 국경지대에서 시작되었다. 미국 기업의 투자를 통한 고용 확대
    를 통하여 멕시코 북부 국경지대를 발전시키는 방안의 하나로 모색되었으나 지금은 노
    동 집약적 산업이 가능한 지역을 중심으로 전국적으로 분포하고 있다(멕시코 통계청
    및 경제부 자료).

3   본 연구에서는 접경지역에서 국경을 넘어 이루어지는 지역적 차원의 도시 간 연계를
    국경 네트워크 또는 국경 도시네트워크라 정의하였다.

Ⅲ. 북·중, 북·러 접경의 지역 특성

　　북한과 중국, 북한과 러시아 접경지역은 역사적으로 국경 문제로 인한 부침浮沈이 심하였다. 압록강과 두만강 연안에 해당하는 이 접경지역은 역대 왕조들의 영토 확장을 위한 정복 전쟁이 잦아 19세기 말까지도 점유 세력이 계속 바뀌어 왔다. 그리고 일본의 침략이 시작되면서 거의 50여 년 가까이 일본의 실질적 지배하에 있었다. 2차 세계대전에서 패망한 일본은 물러갔으나 북한·중국·소련이 사회주의를 택하면서 이 접경지역은 자본주의 세계와 단절되었고 더욱이 국경지대라는 특수한 조건 때문에 개발이 늦어졌다. 방어를 위한 대치의 장場이지만 동시에 국경 너머 다른 체제와 접촉과 교류의 장이기도 한 접경지역의 분석은 국경이라는 특수한 상황에 대한 이해가 바탕이 되어야 할 것이다. 역사적으로 볼 때 북한 접경지역은 국경을 수비하는 군사적 방어기지로서의 기능보다 사회·문화적 교류나 경제 교역의 통로 역할이 컸다. 본 장에서는 북·중, 북·러 접경지역의 공간 구조와 변화를 분석하기에 앞서 지역 특성을 알아 보았다. 국경지역이 갖는 양면성, 즉 분리와 배타적 공간으로써 접촉과 교류의 공간으로써 지역성에 초점을 맞추어 국경 하천인 압록강과 두만강 연안의 자연지리적 특성, 주요 자원의 분포와 개발의 경제지리적 특성, 오랜 접촉과 교류를 통해 문화적 점이지대가 된 역사지리적 배경, 분리와 배타성을 가진 국경의 기능이 이 접경지역에서 어떻게 작용하는지 정치지리적 특성에 대해 살펴보았다.

1. 자연지리적 특성

　　북·중, 북·러 접경지역은 압록강과 두만강을 따라 1,400km에 걸쳐 동서로 길게 뻗어 있다. 먼저 이 광대한 지역의 전체적인 경관을 간략히 묘사해 본 다음 지형과 기후요소를 통해 자연지리적 특성을 개관해 보았다.

높고 웅장한 백두산과 그 주변에 발달한 고원과 대지는 울창한 삼림이 덮혀 있다. 백두산에서 발원하여 각각 서와 동으로 흘러가는 압록강과 두만강은 높고 낮은 산지 사이를 심하게 휘돌며 흐른다. 하천 양안의 가파른 절벽, 높은 산과 골짜기가 병풍처럼 이어지며 연안의 하안단구나 충적지에는 농촌 마을과 논밭이 드문드문 나타난다.

상류 연안은 높은 산과 고원이 둘러 있다. 모래와 자갈로 덮힌 강바닥은 앝고 강폭이 좁아 크게 힘들이지 않고 강을 건널 수 있다. 중·하류로 갈수록 유량이 늘어나고 강폭은 넓어지며 퇴적된 토사층이 두꺼워진다. 지류가 흘러드는 곳에 발달한 사주와 하중도에 의해 물길이 여러 개로 나뉜다. 엄청난 양의 토사를 품은 강물이 넓은 하구를 지나 바다로 흘러든다.

하류로 갈수록 하천 주변의 산세가 점점 낮아지면서 넓고 평탄한 경지와 비교적 큰 취락들이 나타난다. 강 연안은 잡풀이 무성하거나 조그만 경작지로 가꾸어져 있다. 도시 지역의 강가에는 빨래를 하는 아낙이나 멱을 감고 물놀이 하는 아이들, 물고기를 잡는 모습도 간간이 눈에 띈다.

강을 경계로 하천 양안의 산지 경관은 확연히 차이가 나 북한과 중국이 쉽게 구분된다. 중국의 산지는 침엽수와 활엽수가 어우러진 삼림이 잘 유지되고 있는 것과 달리 북한 측 산지에는 나무를 거의 볼 수 없고 경사가 급한 산비탈에도 다락밭이 연속적으로 펼쳐 있다. 다락밭으로 개간된 산에는 홍수 때 일어난 산사태와 사면침식이 반복된 흔적이 뚜렷하다.

양안 농촌의 모습은 북한 측에 주체사상과 지도자를 칭송하는 구호 간판을 곳곳에 전시한 것 외에는 크게 다르지 않다. 반면 도시의 경관은 크게 대조된다. 활기에 넘치고 하루가 다르게 번창해 가는 중국의 도시와 달

리 한적한 북한 도시의 시가지는 회색 빛의 낡은 주택들 사이로 사람들이
간간이 오가며, 공장 굴뚝에서 연기가 멈춘 지 이미 오래되었다.

지형 특성

북·중, 북·러 접경지역은 압록강과 두만강 연안으로 두 강을 따라 서
남-동북 방향의 대상帶狀으로 뻗어 있다. 그림 3-1은 접경지역의 지형도
로 이 접경지역의 내륙 중앙부는 백두산을 비롯한 2,000m 내외의 높은 산
과 고원, 대지로 이루어져 있다. 백두산에서 발원한 압록강과 두만강은 각
각 좁고 긴 구조곡을 따라 점차 고도를 낮추며 동과 서로 흘러가는데, 서
해에 이르는 서사면은 비교적 완만한 데 비해 동해에 이르는 동사면은 경
사가 급하고 복잡하다. 1,400km에 달하는 긴 접경지역의 지형적 특성을
압록강 연안, 두만강 연안 그리고 두 하천의 발원지인 백두산 지구로 나누
어 살펴보았다.

(1) 압록강 연안 지역

북·중 간 국경을 이루는 압록강은 한반도에서 가장 긴 790km[1] 의 하
천으로 백두산 남쪽 산록에서 발원하여 평안북도의 신도 앞바다에서 서해
로 흘러든다. 압록강은 북한의 강남산맥과 중국 장백산맥 사이에서 북동-
남서 방향의 대규모 단층선을 따라 험준한 산지와 좁은 계곡 사이를 곡류
하며, 상류와 하류 간의 비고比高가 2,400m에 이르는 전형적인 산지하천
이다.

압록강의 명칭은 신당서新唐書에서 강물 색깔이 오리의 머리색과 같은
녹색이라 붙여진 이름이다[2]. 압록강 연안의 강수량이 풍부하고 고산지
대를 흘러 융빙수融氷水가 많으며 유역이 넓고 삼림이 울창하여 중·상류

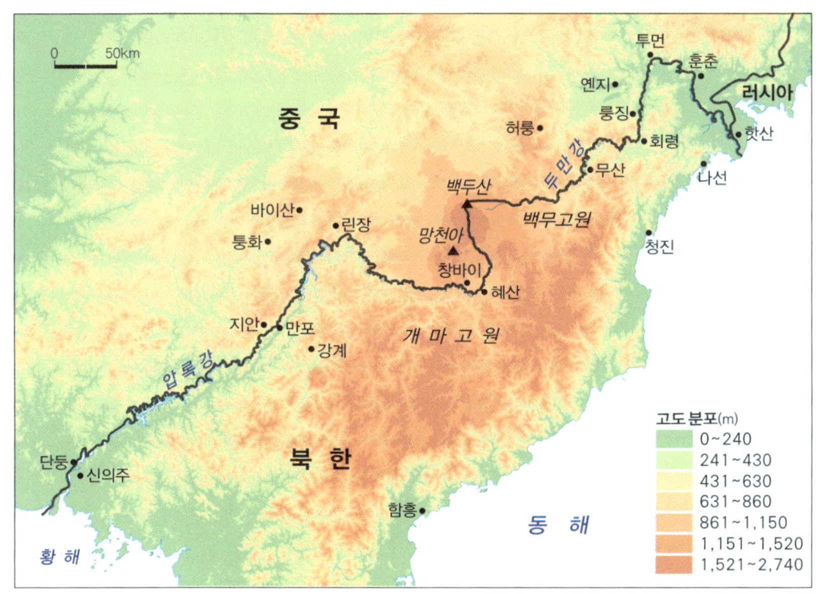

그림 3-1. 압록강과 두만강 유역의 지형

구간에도 유량이 풍부하다(백과사전출판사, 2001). 또 함사량含沙量이 적어 수질이 맑을뿐 아니라, 하류를 제외한 강 유역의 대부분이 산지와 구릉으로 농경지나 취락, 공장 시설이 적어 두만강에 비해 오염된 정도가 덜하다.

발원지로부터 하구에 이르기까지 압록강과 연안 지역의 지형 특색을 보면 다음과 같다. 발원지로부터 중강(중국 측은 린장)에 이르는 290여 km의 상류 구간은 산지와 구릉지를 심하게 감입곡류嵌入曲流하여 곳곳에 협곡과 하식애河蝕崖를 이룬다. 강바닥은 기반암이 드러날 정도로 경사가 급하여 하각 침식작용이 활발하며 강폭은 좁다.

압록강 상류에는 백두산의 용암이 흘러 형성된 용암대지가 발달해 있다. 이 백두용암대지는 제4기 홍적세에 백두화산대의 열하裂罅를 따라 유동성이 큰 현무암이 분출한 것으로 용암류가 남북 400km, 동서 240km의 범위, 즉 동은 서두수西頭水, 서는 허천강虛川江, 남은 단천端川, 북은 만주의 목단강 계곡을 따라 닝구토寧古塔에 이르는 광대한 지역에 걸쳐 현무암 용암대지를 형성하였다. 현무암층의 두께는 분출한 횟수와 분출량에 따라 지역 차가 있는데 백두산 부근이 500m 내외로 가장 두껍고 주변으로 갈수록 점차 얇아진다(강석오, 1971).

북한 측 용암대지상에는 1,500m 이상 높이의 북포태산·남포태산·소백산 등이 솟아 있고 북사면에는 가림천·허천강·장진강 등의 지류가 압록강으로 흘러든다. 중국 측 역시 넓게 발달한 현무암 용암대지상에 2,051m 높이의 망천아望天鵝가 솟아 있고 여기에서 발원한 수많은 작은 지류가 방사상 수계를 이루며 압록강으로 유입한다. 이들 중 비교적 큰 지류인 15도구十五道溝의 현무암 골짜기는 경관이 수려하여 관광지로 개발되었다(그림 3-2). 압록강 상류 구간에는 많은 지류가 흘러들 뿐 아니라 지형성 강우가 많아 백두산에 쌓인 눈이 녹는 해빙기나 여름 강우기에는 범람하여 유로가 변하기도 한다. 더욱이 북한 측 산지의 삼림이 제거되고 다락밭으로 바뀌면서 홍수 시에 흘러내린 많은 토사가 강바닥에 쌓여 압록강 상류의 범람은 더욱 빈번해졌다.

발원지로부터 동남으로 흐르던 압록강은 가장 큰 지류인 허천강과 합류한 후 단층선을 따라 서북 방향으로 유로를 바꾼다. 이후 유로를 따라 퇴적사면과 침식사면이 교대로 나타나는 데 공격사면은 하천의 침식으로 절벽을 이루고 퇴적사면에는 범람원이 발달하여 농경지와 작은 촌락이 자리 잡고 있다. 압록강 상류 구간에는 북한의 혜산시와 중국의 창바이 조선족 자치현 외에는 큰 도시가 없어 하천의 오염도가 낮은 편이다.

압록강의 중류는 중강(중국 측은 린장)에서 수풍에 이르는 구간으로 약

230km에 달한다. 중류 구간의 상단부인 중강–만포(중국 측은 지안) 역시 사행곡蛇行谷을 이루어 침식면은 급사면을 이루나 퇴적면은 자연제방이 형성되고 토양이 비옥하여 경지와 취락이 발달해 있다(그림 3-3). 만포를 지나면서 압록강은 단층곡을 따라 흘러 하곡은 직선 형태를 보이나, 하도의 경사는 완만해지고 하곡이 넓어져 상류에서 운반된 토사를 하안에 퇴적한다. 이렇게 형성된 범람원이나 하안단구에는 취락이 입지한다.

중류 구간에 유입되는 지류들은 대체로 유로가 짧고 유량도 적다. 북한 측에서 독노강·장자강·위원강·충만강이 흘러들며, 중국 측에서는 고구려 때 비류수沸流水라 불렸던 혼강渾江(그림 3-4)과 분수계인 노령老嶺에서 발원한 작은 지류들이 남류하여 압록강으로 흘러든다. 이 구간 중 유량이 많고 깊은 골짜기와 물살이 빠른 운봉·위원·수풍에는 이미 수력발전 댐이 건설되어 있고, 그 외 상류의 림토나 문악 등 몇몇 지점은 수력발전 후보지로 꼽히고 있다.

수풍에서 하구까지는 압록강 하류 구간으로 약 194km에 달한다. 남서로 흐르던 압록강은 하구 부근에서 남으로 흐름을 바꾸어 서해로 흘러간다. 하류에는 중국 측 지류인 포석하蒲石河, 애하靉河와, 북한 측 하구의 삼교천 등 여러 갈래의 하천들이 유입되어 하계망이 복잡하다. 지류가 유입되는 곳이나 조수간만의 영향을 받는 하구 부근에는 수많은 사주沙洲와 하중도河中島가 형성되어 있다. 하구 일대의 위화도·유초도·황금평·비단섬☞3 등 큰 섬들은 거의 북한 소유이다(그림 3-5). 중국 섬으로는 웨량다오月亮島가 있는데 근래 제방을 쌓아 섬 전체를 유원지로 개발하였다. 그러나 범람을 막기 위해 하중도나 하천 연안에 축조한 제방으로 인해 물길이 바뀌면서 하천지형이 계속 변하고 있어 앞으로 경계를 두고 양국 간 분쟁의 소지가 많다.

그림 3-2. 압록강 상류(15도구, 十五道溝)의 현무암 주상절리(柱狀節理)_나무줄기처럼 수직으로 곧게 뻗어 있는 현무암 주상절리가 마치 울창한 숲처럼 보인다.

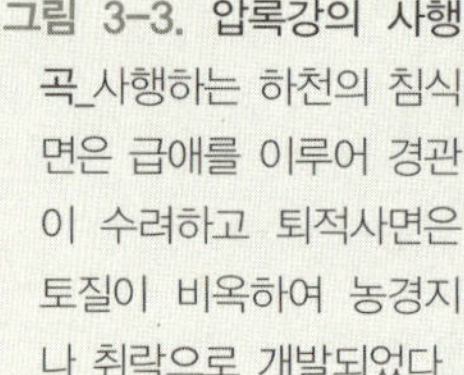

그림 3-3. 압록강의 사행곡_사행하는 하천의 침식면은 급애를 이루어 경관이 수려하고 퇴적사면은 토질이 비옥하여 농경지나 취락으로 개발되었다.

그림 3-4. 혼강 전경_랴오닝 성 동남부를 흐르는 길이 80km의 압록강 지류이다. 주몽(朱蒙)이 비류수(沸流水)변에 집을 짓고 나라를 고구려라 하였다는 기록이 있는 고구려의 발상지이다. 하구의 혼강대교를 사이에 두고 랴오닝 성과 지린 성이 마주한다.

압록강 하류 양안에는 강남산맥과 장백산맥의 여맥인 잔구성殘丘性 산지가 발달하고, 구릉지에는 하계망이 밀집되어 있다. 지류 연안과 하류에는 넓은 범람원이 형성되어 있는데 토양이 비옥하여 경작지로 개발되었다. 해안 일대는 습지가 많아 갈대가 무성하게 자라는 데 신의주에는 일찍부터 갈대를 원료로 한 제지공업이 발달해 왔다. 해안 가까이 내만內灣에는 압록강이 운반해 온 토사가 조류의 영향으로 삼각주를 형성하였다. 이 충적평야는 경사가 완만하고 수리 시설이 발달하여 벼농사가 성하다. 압록강은 하류로 갈수록 유속이 느려지고 하구의 폭이 2.5km에 달하며 조차가 커 하구로부터 63km 지점까지 바닷물이 들어오며 썰물 때는 넓은

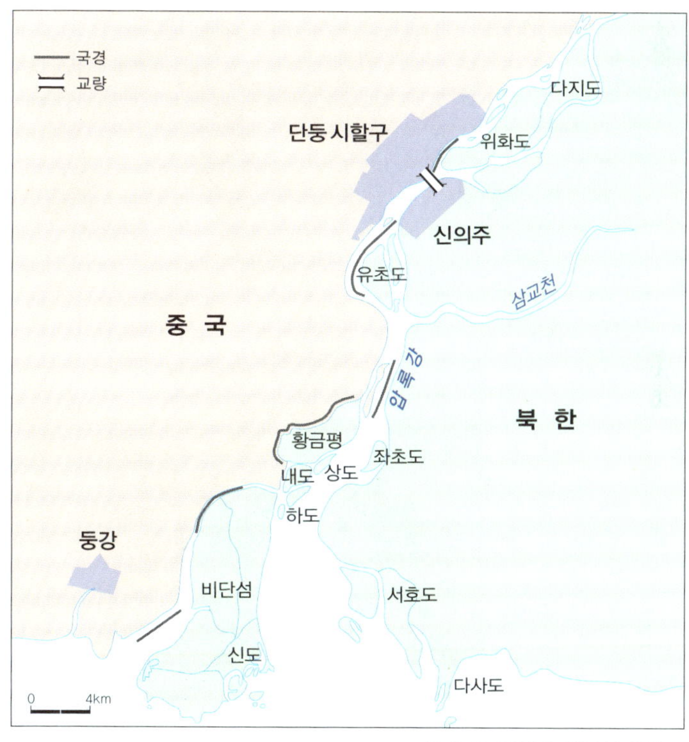

그림 3-5. 압록강 하구의 하중도

그림 3-6. 뗏목 운송을 위한 작업_주변 산지에서 벌채한 통나무를 회수용 크레인을 이용하여 뗏목을 만든다.

그림 3-7. 압록강 연안의 주민 생활_수풍호에서 어획한 열목어, 은어 등의 물고기를 볕이 바른 경사면에서 건조시키는 모습

그림 3-8. 압록강 하구의 모래채취선_신의주 소속의 모래채취선이다. 북한은 채취한 골재를 건설공사에 사용하거나 수출한다.

간석지가 드러난다. 특히 퇴적물이 많이 쌓이는 신의주 항은 무역항으로서 제약이 많다.

압록강은 유량이 풍부하고 하상이 완만하여 이전에는 거의 전 구간이 연안 주민의 교통로나 주변 삼림재의 벌류筏流에 이용되었으나, 댐이 축조되고 토사가 쌓이면서 가항수로可航水路의 기능을 거의 상실하였다. 그러나 밀물 때는 수심이 깊어 지금도 신의주항을 통해 신의주-하단·상단 구간과 신의주-유초도-황금평-비단섬 간 하류 구간에는 큰 배가 운항된다. 중·상류에서 유량이 많은 일부 구간은 연안 주민의 교통로나 뗏목 운송(그림 3-6)에 이용되고 있다. 압록강은 수로로 이용될뿐 아니라 연안 주민의 생활 근거지로서 양어 기지이고(그림 3-7) 관개나 공업 용수원이며 포장 수력도 풍부하여 양국의 전력 공급원이기도 하다. 또 하천 바닥에 쌓인 모래는 주요한 골재로 북한 내 수요뿐만 아니라 중국으로도 수출한다(그림 3-8).

(2) 두만강 연안 지역

521km의 두만강은[4] 백두산 남동쪽 기슭에서 발원하여 괴암절벽과 울창한 수림으로 이루어진 협곡과 험준한 산 사이를 흘러 나선시 우암리에서 동해로 흘러드는 국경 하천이다. 두만강은 여러 갈래의 작은 하천이 합하여 발원한다. 적봉赤峰 기슭의 홍토수紅土水, 원지圓池에서 흘러나오는 약류하弱流河, 대연지봉 동남쪽에서 발원한 석을수石乙水가 합류하여 동쪽으로 흐르다가 마천령산맥에서 나오는 홍단수의 큰 물줄기를 합류하면서 동북쪽으로 흐른다.

발원지에서 무산(중국 측은 난핑)에 이르는 상류부 양안에는 용암대지가 넓게 발달해 있다. 발원지에서 허룽 시 쿠오핑廣坪에 이르는 구간은 두꺼운

그림 3-9. 두만강 상류의 계곡과 용암대지_백두용암대지를 개석(開析)하며 소홍단수가 흐르고 있다.

그림 3-10. 용암대지상의 감자밭_백두삼천리벌이라 불리는 대홍단 종합농장의 일부이다. 평균 해발고도는 960m이나, 경사도가 5° 내외로 평탄하다. 1952년부터 대규모 농장을 건설하여 주로 감자, 밀, 보리 등을 재배하고 있다.

그림 3-11. 두만강 중류의 하안단구와 하천퇴적지형_산지 사이를 심하게 곡류하면서 흐르는데 하폭이 넓은 하곡분지는 토양이 비옥하고 수리 조건이 좋아 벼농사를 한다.

현무암층으로 하천 양안에 넓고 평탄한 용암대지를 형성하였다(궁계서·정덕권, 1985). 북한의 백무고원에서 발원한 소홍단수·서두수·연면수·성천수와 중국 측의 홍기하紅旗河 등 지류가 용암대지를 침식하여 곳곳에 깊은 계곡을 만들며 두만강으로 유입한다(그림 3-9). 두만강 중·상류는 전형적인 산지하천이다. 하상이 좁고 경사가 급하며 곳곳에 여울과 폭포가 있어 물살이 빨라 포장수력이 풍부하다. 그러나 이 유역에 강수량이 많지 않고 본류는 유량이 적어 수력발전은 대부분 지류에서 이루어진다.

두만강 상류 곳곳에는 현무암의 주상절리柱狀節理가 발달한 급애를 이루고 그 위에 넓고 평탄한 용암대지가 발달해 있다. 용암대지는 삼림이 우거지고 토지가 평탄하여 개간에 적합하나 중국 측에는 마을이 거의 없고 북한 측은 밭으로 개간하여 경작을 하고 있다(그림 3-10).

두만강 중류는 무산에서 훈륭(중국 측은 사이완즈)에 이르는 구간으로 약 241km이다. 함경산맥과 중국의 남강南崗산맥 사이를 심하게 곡류하며 협곡을 이루고 연안에는 하안단구와 하곡분지가 발달해 있다(류충걸·심혜숙, 1993)(그림 3-11). 두만강 중류의 상부는 심한 감입곡류를 보이는데[5], 특히 무산-회령(중국 측은 난핑-싼허) 사이는 협곡을 이루며 유로 변화가 심하고(그림 3-12), 하상경사가 커서 물살이 매우 빠르다. 이러한 지형적 특성을 이용하여 회령시 계상리와 마주 보는 룽징 시 바이진白金 안개골에는 수로식 발전을 하는 백금 수력발전소가 세워져 있다.

두만강 중류의 곳곳에는 침식단애와 하안단구가 발달하였고 지류가 합류하는 지점이나 곡류부의 퇴적사면에는 하중도와 사주들이 형성되어 계속 성장하고 있다. 중류 구간의 하곡분지에 입지한 취락인 루구워蘆果, 카이산툰開山屯, 싼허三合는 범람원으로 토양이 비옥하고 농업용수가 풍부하여 벼농사가 성하다. 북한 측의 회령과 온성에도 작은 퇴적평야가 발달해

그림 3-12. 두만강 중류의 감입곡류

있다.

중류까지 협곡을 이루며 흐르던 두만강은 북한의 회령천·보을천과 중국의 해란하海蘭河·부얼하퉁허布爾哈通河 등의 지류와 합류한 후 북북동으로 흐르다가 투먼에서 가야하嘎呀河를 합류한 후 온성군 왕재산리(중국 측은 미지앙密江)에서 흐름을 크게 바꾸어 동남으로 흐른다. 비교적 큰 지류를 받아들이면서 유량이 급격히 불어난 두만강은 하곡이 넓어지고 유속이 느려지면서 카이산툰에서 사이완즈甩彎子에 이르는 구간에 많은 모래와 자갈을 퇴적하여 홍수 시에 재해가 쉽게 발생한다.

북한의 경원군 훈륭리(중국 측은 잉안英安)로부터 두만강은 하류로 접어드는 데 훈춘 시의 훈춘 강과 경원군의 오룡천이 유입되면서 강폭이 더욱 넓어져 유속이 급격히 감소한다. 평상시에는 하류의 강폭이 240~500m 정도이나 큰 홍수 시에는 2,000m가 넘어 범람한다(류충걸·심혜숙, 1993). 연안에는 범람원과 충적지가 형성되어 있는 데 북한 측 연안의 훈륭訓戎에는 작은 평야가, 중국에는 훈춘 벌과 징신敬信 벌 등 비교적 큰 평야가 발달해 있다. 하류 양안은 제3기 지층으로 형성된 대지臺地로 지세가 평탄하며 일대에는 갈탄이 많이 매장되어 있다.

두만강의 평균 유사량은 460만 톤에 달한다. 엄청난 양의 토사가 퇴적되는 하류에는 하상경사가 매우 작고 유로 변화가 심하여 온성섬·류다

섬·사회섬·큰섬을 비롯한 수십 개의 크고 작은 하중도가 생겨났다. 그리고 하구 양안에는 바람에 의하여 쌓인 사구砂丘와(그림 3-13) 충적지 그리고 두만강 물길의 변화 흔적인 하적호河跡湖가 발달해 있다.

두만강이 동해로 들어가는 하구에는 하천과 바다의 작용으로 운반물이 퇴적되어 삼각주가 형성되었는데 하구 좌안 지역인 연해주 핫산 남부는 이 삼각주가 계속된 토사의 퇴적작용으로 러시아에 연륙되었다(이옥희, 2004). 녹둔도鹿屯島로 불리던 이 지역은 사구와 늪, 작은 지류가 흐르는 습지로 자연생태보존지구로 지정되어 있다(그림 3-14).

두만강 유역은 집중호우가 적고 삼림이 울창하며 일부 지류들의 상류부에 저수지가 건설되어 유량 변화가 심하지 않다. 그러나 본류는 유량이 적고 온성 이상의 중·상류에는 급류 구간이 많아 주운舟運이 발달하지 못하였다. 하류 구간도 큰 배가 통항하기 위해서는 토사의 퇴적으로 낮아진 강바닥(그림 3-15)을 준설해야 하고 겨울에는 하천의 하구까지도 결빙(그림 3-16)하므로 팡촨防川에 항구를 건설하여 직접 동해로 나아가려는 중국의 계획을 어렵게 하였다.

(3) 백두산 지구

백두산 지구에는 화산활동으로 형성된 화산체와 용암대지가 발달해 있다. 대표적인 화산체인 백두산은 북한 양강도 삼지연군三池淵郡과 중국 지린 성 옌볜 자치주 안투 현이 접하는 국경지대에 위치하며, 높이 2,744m, 총면적 약 8,000km²로 산세가 웅장하고 경관이 수려한 세계적인 명산이다. 백두산을 정점으로 중국 측에는 장백산맥長白山脈이 북동에서 남서 방향으로 연이어 달리고, 북한에는 마천령산맥摩天嶺山脈이 2,000m 이상의 연봉連峰을 이루며 동해를 향하여 동남으로 뻗어 있다. 백두산의 동쪽과

그림 3-13. 두만강 하구 연안의 사구_두만강 골짜기로 불어오는 바람에 의해 하천 양안에 수많은 사구가 형성되어 있다.

그림 3-14. 두만강 하구 좌안의 녹둔도 경관_늪과 사구, 샛강으로 이루어진 습지이다. 개간되지 않아 토종 식생과 고라니, 사슴, 꿩 등 야생동물이 서식하는 생태보존지구이다. 20세기 초까지 이주 조선인이 거주하였으며 지금은 군사 지역이다.

그림 3-15. 두만강 하류에 퇴적된 토사_(상) 여름, 좌측에 팡촨 항이 보인다.
(하) 겨울

그림 3-16. 두만강 하구의 결빙_겨울에 3~4개월 정도 결빙하고 한겨울에는
하구 부근의 얼음 층 두께가 1m가 넘는다.

서쪽은 완만한 용암대지가 펼쳐 있어 한반도와 멀리 북만주까지 굽어볼 수 있다.

환태평양화산대에 속하는 백두산은 신생대 이래 수차례의 화산활동을 통해 형성되었다. 1597 · 1668 · 1702 · 1900년 네 차례에 걸쳐 백두산이 폭발했다는 기록으로 볼 때 최근까지도 활동한 휴화산임을 알 수 있는데, 비룡폭포(중국명은 창바이 폭포) 인근 2km 거리에 걸쳐 있는 온천군溫泉群은 백두산이 아직 잠재적으로 화산활동을 계속하고 있다는 것을 보여 준다☞6.

화산활동이 활발했던 제3기에 형성된 백두산의 산정부山頂部는 알칼리성 조면암粗面岩이 분출한 종상화산鐘狀火山으로 경사가 가파르고, 해발고도 1,800m 이하는 제4기에 현무암玄武岩이 분출하여 용암대지를 이룬 순상화산楯狀火山으로 완만하다. 화산 분출 시 화구 주위에 2,000m가 넘는 16개의 연결된 산봉우리外輪山가 생겼다. 최고봉은 북한 영역에 있는 높이 2,744m의 백두봉(일명 장군봉)이고☞7, 중국 측의 최고봉은 2,691m의 백운봉白雲峰이다.

백두산 중앙의 화구인 천지天池는 화산활동 후기에 팽창한 용암동lavadome의 정상 부분이 함몰하여 생성된 칼데라caldera 호이다. 용왕담龍王潭이라고도 불리는 천지는 남북의 길이 4.85km, 동서의 너비 3.35km, 둘레 13.11km, 수면의 면적은 9.82km²이다. 수심이 가장 깊은 곳은 384m이고 평균 수심은 204m, 적수량積水量은 20억 400만m³에 이른다. 천지 주위의 화구벽火口壁은 플라이스토세 말기 빙하의 활동으로 형성된 권곡(圈谷, Kar)☞8이 발달하여 400~500m 높이의 절벽을 이룬다(그림 3-17). 따라서 천지 수면에 닿으려면 북한의 백두봉 사면이나 중국의 달문闥門을 통해서만 접근이 가능하다. 천지의 물은 북쪽으로 뚫린 화구뢰火口瀨☞9인 달문을 거쳐 승사하乘磋河☞10가 되어 흐른다. 승사하는 1,250m의 단층곡을

그림 3-17. 백두산의 빙식지형, 천지 북동사면의 층암산 카르

그림 3-18. 승사하와 비룡폭포_(우) 천지
에서 흘러내리는 길이 1,250m의 승사
하, (좌) 높이 68m의 비룡폭포

흘러 68m의 비룡폭포를 이룬 후(그림 3-18) 송화강이 되어 북류하여 흑룡강과 합류한다. 백두산은 압록강과 두만강뿐만 아니라 송화강의 발원지이기도 하다.

백두용암대지는 제4기에 백두화산대의 열하裂罅를 따라 크게 분출한 현무암으로, 그 용암류熔岩流가 개마고원의 일부와 만주에 걸쳐 동서 240km, 남북 400km에 이르는 대규모의 용암대지를 형성하였다. 백두산 동쪽 북한의 삼지연三池淵에서 신무성神武城을 지나 중국의 원지圓池에 이르는 해발고도 1,500m 지역에는 반경 30km에 달하는 대표적인 용암대지가 발달해 있다. 천리천평千里千坪이라 불리는 평탄한 이 일대는 삼림이 울창하며 일부는 일찍부터 화전火田으로 개간되었다(강석오, 1971).

백두산은 기후의 수직적 변화가 심하기 때문에 고도에 따라 식생의 차이가 뚜렷하다. 북한 측인 동남사면과 중국 측인 북사면 간 다소 차이가 있으나 대략 해발고도 500~1,000m 지대는 혼합림지대로 낙엽송·가문비나무·사시나무 등 침엽수와 자작나무·황철나무 등 활엽수가 혼재한다. 1,000~1,750m 지대는 침엽수의 원시림을 이루고 있으며, 2,100m까지는 관목림지대로 이깔나무·월하나무 등이 주요 수종이고, 2,100m 이상은 한대림지대로 강풍이 불며 털진달래·풍모버섯·바위솔 등이 자생하는 고산식물지대이다(그림 3-19).

백두산은 장엄한 산세와 수직적인 자연경관의 아름다움, 화산활동과 빙하작용이 만들어 낸 독특한 지형경관, 해발고도 2,155m에 형성된 천지, 청조淸祖의 발상지로 알려진 원지(그림 3-20)[11], 희귀한 야생의 동·식물 등 다양한 천연자원의 보고이다. 백두산 천지로 오르는 길은 북한의 삼지연에서 동쪽 능선을 오르는 동파東派와 중국 바이산 시의 쑹장허松江河에서 오르는 서파西派, 안투 현 얼다오바이허에서 오르는 북파北派가 있고,

창바이에서 오르는 남파南派는 북한을 거쳐 오를 수 있다. 각 사면의 독특한 경관과 다양한 자연 생태계가 잘 보존되어 있고 양질의 온천군과 약수, 고산지대의 서늘한 기후 조건 등 백두산은 관광지로서 탁월한 조건을 구비하고 있다. 2008년 백두산 일대는 세계 자연문화유산으로 지정되어 세

그림 3-19. 백두산의 고산화원_백두산에는 2,400여 종의 다양한 식물이 있으며 해발고도에 따라 온대성에서 한대성 식물 군락까지 식생의 수직적 분포가 나타난다.

그림 3-20. 청조의 발상지로 알려진 원지(圓池)와 건국 설화가 새겨진 비석_만주원류고(滿州源流考)에 원지는 선녀가 내려와 목욕하던 곳으로, 선녀가 붉은 과일을 먹고 잉태하여 낳은 아이가 청의 황제라는 전설이 있다.

계적인 관광지 및 피서지로 개발되고 있다.

백두산은 관광자원으로써의 가치 외에 천지를 중심으로 반경 70km 지역을 뒤덮은 화산석인 백색의 부석浮石이 분포해 있는데, 이는 구멍이 많고 가벼워 건축 시에 천연 단열재나 경골재輕骨材로 활용도가 높아 천연자원으로써의 가치도 가지고 있다.

기후 특성

압록강과 두만강 연안 지역은 대략 북위 40~43℃에 걸친 냉대에 속하고 아시아 대륙의 동쪽 변두리에 위치하여 계절풍의 영향이 크며 한서寒暑의 차가 심한 대륙성기후의 특성을 보인다. 이 지역의 지세는 북서쪽으로 열려 있어 한랭한 시베리아 고기압의 영향을 직접 받아 겨울이 매우 춥고 길며 건조하다. 반면, 여름은 짧고 온난하며 태평양에서 불어오는 습윤한 동남풍으로 인해 비가 잦다. 봄과 가을은 짧은 편이나 4계절이 뚜렷하다.

그림 3-22, 3-23, 3-24는 북 · 중 접경지역의 여름과 겨울 기온 및 강수량의 분포도이다☞12.

이 접경지역은 산지가 많아 지형이 복잡하고 해발고도의 차이가 커서 위도보다는 높이나 사면 방향에 따라 기온과 강수량의 지역 차가 나타난다. 그림 3-22는 최한월인 1월의 평균기온 분포도로 격해도隔海度와 해발고도에 영향을 받는 것을 알 수 있다. 압록강과 두만강 연안의 겨울 기온은 하류에서 상류 내륙으로 갈수록 점차 낮아져 등온선이 대각선으로 나타난다. 압록강 하구 신의주 부근은 위도가 낮고 바다의 영향으로 1월 평균기온이 −8~−10℃ 내외이나, 백두산지구는 고도가 높고 바다와 멀리 떨어져 있어 −20℃ 이하로 기온이 매우 낮다. 내륙 산간인 백무고원이나 중강(진)은 최저 −43℃까지 내려간 기록이 있다☞13.

그림 3-21. 한여름에도 녹지 않는 백두산 지역의 적설(2008년 7월 촬영)

　천지 주변은 한랭한 고산기후로 1월 평균기온은 −24℃, 7월은 10℃ 내외이며, 북한 기상소에서 측정한 백두산의 최저기온은 −47.5℃(1965년 12월 15일)[14]이다. 겨울이 춥고 길어 8월 말경에 첫눈이 오기 시작하여 6월 말까지도 눈이 내려 적설 기간이 9개월에 이른다. 백두산의 평균 적설량積雪量은 약 30~50cm 정도로 응달에서 쌓인 눈은 연중 내내 녹지 않는다(그림 3-21). 이에 비해 백두산 아래 해발고도 561m에 위치한 쑹장허는 1월 평균기온 −18.5℃, 7월은 19.8℃로, 해발고도에 따른 기온 차가 매우 크다.

　그림 3-23은 7월 평균기온 분포이다. 이 지역의 여름기온은 태평양 열대성 저기압과 대륙의 영향으로 기온이 높다. 18℃ 이하인 내륙 고지대를 제외하고는 20~22℃ 내외로 기온의 지역 차가 심하지 않다. 대부분의 지역에서 최고기온이 7월에 나타나는 것과 달리 바다의 영향을 직접 받는 압록강 하구와 두만강 하구 지역에서 최난월은 8월이다. 내륙인 중·상류 지역은 기온의 연교차가 30~35℃에 이르나 하구 지역으로 갈수록 바다의 영향으로 한서의 차가 줄어든다.

그림 3-22. 겨울(1월 평균) 기온의 분포

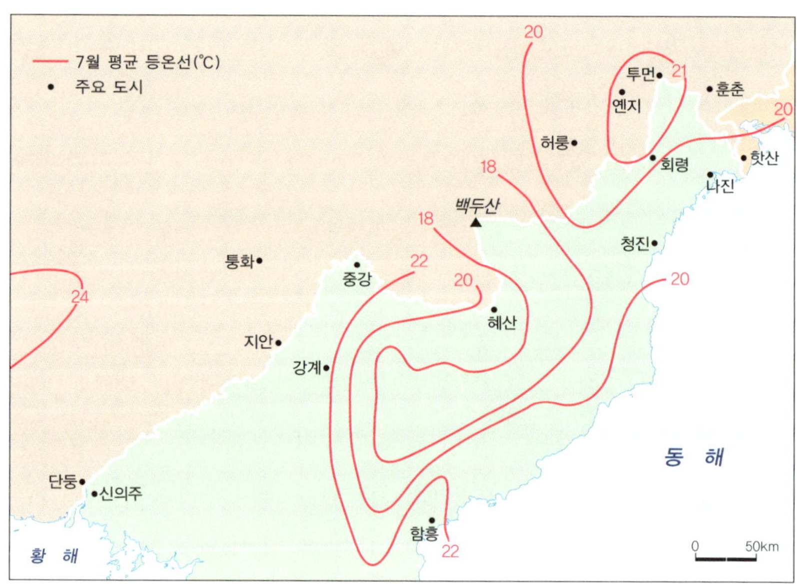

그림 3-23. 여름(7월 평균) 기온의 분포

이 접경지역의 강수는 동남 계절풍의 영향으로 7~8월에 집중하며, 강수의 분포는 격해도나 지형에 따라 지역 차가 크다(그림 3-24). 압록강 하구의 연평균 강수량은 900~1,000mm이고, 중류의 수풍 지역은 남서 기류의 바람맞이로 비가 많은 편이다. 하류에서 중류로 갈수록 강수량이 줄어들어 상류 연안은 700mm 내외이나, 백두산 일대는 태평양에서 불어오는 습한 해풍의 바람맞이가 되는 높은 산지가 많아 다우지에 속한다. 해발고도가 높을수록 강수량이 많아 백두산 천지의 연강수량은 1,300~1,400mm에 이르나[15] 백두산 아래의 낮은 지대에 위치한 쑹장허 지역의 연 강수량은 700mm에도 못 미친다.

두만강 연안의 연평균 강수량은 500~700mm 내외로 압록강 연안에 비해 적다. 이 지역 역시 격해도나 지형에 따라 강수의 지역 차가 크다. 두만

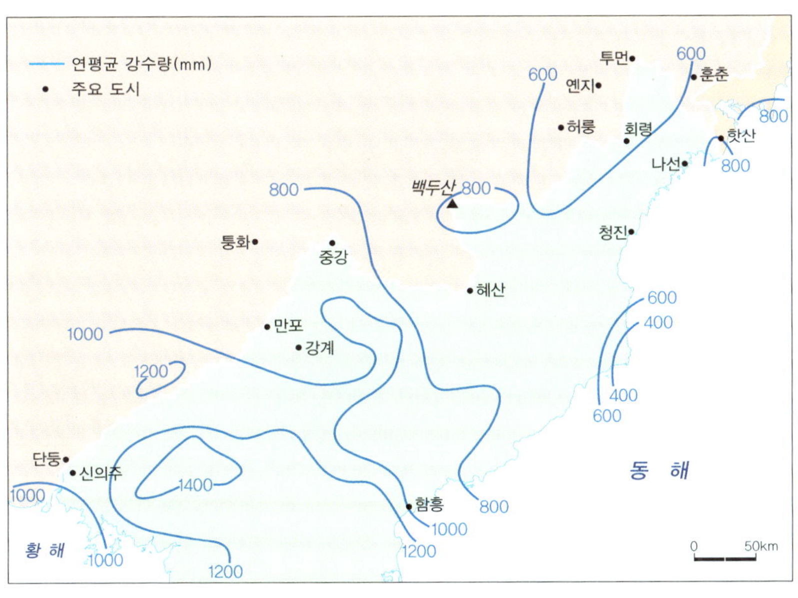

그림 3-24. 연평균 강수량 분포

그림 3-25. 천지 주변의 화산퇴적물_북서풍이 탁월하여 화산퇴적물인 회백색의 부석(浮石)이 남동 방향으로 펼쳐 있다.

강 유역에는 북동—남서 주향의 함경산맥과 남강南崗산맥이 가로놓여 태평양과 동해에서 불어오는 계절풍이 서북 방향으로 이동할 때 기류가 상승하면서 지형성강우를 동반한다. 따라서 동해에 가까운 하류나 동해에서 불어오는 습한 바람을 맞는 풍상 지역은 강수가 많고 동남에서 서북의 내륙으로 가면서 감소한다. 두만강 상류 상단은 풍상 지역이므로 연강수량이 800~1,000mm로 많으나, 옌지·룽징·허룽은 비그늘이며 분지에 위치하여 연 강수가 500~600mm에 지나지 않는다(류충걸·심혜숙, 2002).

압록강과 두만강 연안은 계절풍의 영향을 받아 겨울에는 북서풍이 탁월하고, 여름에는 동남풍이 불지만 편서풍대에 속하므로 서풍이 탁월하다. 고도가 높은 백두산은 편서풍대의 영향을 직접 받아 연중 서풍이 강하게 불어 천지 주변에 쌓인 화산퇴적물이나 적설이 남동방향으로 펼쳐있다(그림 3-25).

2. 천연자원의 분포와 개발

삼림자원

압록강과 두만강의 중·상류 연안은 삼림자원이 풍부하다. 특히 백두산은 오래 전부터 동북아에서 삼림자원이 가장 풍부한 곳으로 알려져 있다. 개마고원 일대에는 약 200여 만 정보의 삼림지대가 펼쳐져 있는데 그 중 백두용암대지는 원시림이 우거진 삼림의 보고寶庫이다. 특히 해발고도 1,800~2,000m의 자작나무 지대는 전형적인 삼림지대이다. 수종樹種은 침엽수가 탁월하여 압록강 유역은 70%, 두만강 유역은 75%에 이른다.

두 하천 유역에 거대한 삼림이 생성된 것은 한랭하고 산지와 고원지대라는 자연 여건뿐 아니라 청조 때 봉금정책으로 200년 가까이 '공백지대空白地帶'로 남아 있었기 때문이다.

백두산 일대의 삼림자원은 일제강점기 때 대대적으로 개발되었다. 두 하천의 상류 지역에서 벌채된 원목들은 뗏목으로 중·하류 도시나 제재소로 운반되었다. 그러나 상류의 뗏목을 출발시키기에 유량이 부족하여 압록강 상류의 북한 양강도 보천군과 중국 지린 성 창바이 현 원농산原農山 사이에는 콘크리트 수문을, 두만강 상류의 양강도 삼지연군 삼장리와 지린 성 허룽 시 충산崇善 사이에 목조木造수문을 설치하였다(그림 3-26)☞16. '뗏동'으로 불리는 이 설치물은 임산철도와 임장林場도로가 놓이면서 기능을 잃었다.

압록강에 댐이 건설된 후에는 임산철도인 혜산선·백무선·만포선 등을 통해 혜산·길주·무산·만포 등지로 운반되었다. 현재 뗏목의 벌류는 주로 북한이 이용하는 데, 남벌로 삼림이 많이 고갈되어 지금은 김정숙군삼수, 김형직군후창과 운봉댐 상류 등 유량이 많은 일부 구간에서만 이용되

그림 3-26. 뗏목 벌류를 위한
수문 _(상) 압록강 상류의 수문,
(하) 두만강 상류의 수문

그림 3-27. 압록강의 뗏목_김형직군(후창) 부근

그림 3-28. 백두산 삼림지대의 **임장도로**_얼다오바이허 부근의 임장으로 도로 폭이 좁아 1차선으로만 이용할 수 있다.

고 있다(그림 3-27).

중국 측 접경지대에는 국가에서 관리하는 수십 개의 임장林場이 분포하며, 백두산 삼림지대에 거미줄처럼 수많은 임장도로(그림 3-28)와 임산철도를 설치하여 목재를 운반하고 있다. 철저히 관리되고 있는 중국 측 임장과 달리 북한 측 산지 사면에는 삼림이 제거된 자리에 다락밭[17]이 대신하고 있다(그림 3-29). 1970년대 이후 계속되어 온 북한의 심각한 식량 부족과 경제난으로 삼림자원의 보고로 불려왔던 북부 산지의 삼림이 남벌되기 시작하였다. 중국의 식량과 맞바꿀 목재를 수출하기 위해 대대적인 벌목이 자행되었고 주민의 땔감으로 야산의 나무가 잘려 나갔다. 더욱이 1970년대 중반부터 농업 생산성을 높이기 위해 경사 16° 이상의 산간지대까지 다락밭으로 개간 및 확장되면서 삼림이 급속히 줄었다. 1990년대 들어 식량난이 가중되자 산지 개간 규모가 확대되면서 거의 모든 산지가 황폐화되었다. 혜산이나 회령 같은 큰 도시 주변의 야산에는 다락밭이 수

그림 3-29. 다락밭

그림 3-30. 다락밭과 악지형

km씩 뻗어 있다. 북한 측의 산지사면에는 험한 급애를 제외하고 경사도 20°가 넘는 비탈까지도 개간되어 사면침식이 심각하고 곳곳에 우곡gully 같은 악지형惡地形을 쉽게 볼 수 있다(그림 3-30). 잦은 하천 범람의 원인이 되는 토사 유출을 막기 위해 뒤늦게 다락밭 주위에 나무를 심는 사방공사가 시행되고 있으나 큰 효과가 없는 것으로 보인다.

수력

압록강과 두만강은 험한 산지를 흐르므로 잠재 수력이 풍부하다. 큰 낙차를 얻을 수 있는 두 하천의 지류에는 크고 작은 발전소가 입지한다. 본류에는 압록강 네 곳, 두만강 한 곳에 수력발전소가 세워져 있다(표 3-1). 본류에 설치된 수력발전소들은 양국의 합의에 따라 건설되어 공동으로 관리 및 운영되고 있다. 가장 먼저 세워진 수풍발전소는(그림 3-31) 일제가 대륙의 침략을 위해 조선을 공업화하는 기초 작업으로 1937~1941년에 걸쳐 건설한 것이다. 댐의 길이 900m, 낙차 93m, 시설 용량 70만kW로 당시에는 동양에서 최대 규모였다.

압록강 중류의 운봉발전소는 일제강점 말기인 1942년에 착공하였는데 일본의 패전으로 공사가 중단되었다가 1970년에 완공되었다. 압록강 본류의 사행부蛇行部 지형을 이용하여 745m의 도수導水 터널을 뚫어 발전하는 댐 수로식 발전소이다. 운봉댐의 규모는 수풍댐과 비슷하고, 전력 공급뿐 아니라 용수 공급, 홍수 방지, 하천 운수 목적으로 건설되었다. 댐 공사는 북한이, 수로와 발전소는 중국이 담당하고 양측이 공동으로 관리 및 운영하며 발전소는 중국 지안 시 칭스靑石진에 있다(김의원, 1982). 운봉댐 하류의 곡류 구간은 토사의 퇴적으로 건기나, 댐 수문을 닫아 유량이 줄어

그림 3-31. 수풍댐과 발전소

가 댐

나 발전소(위성사진 ○ 부분)

다 ★ 지점에서 남쪽을 바라본 모습

그림 3-32. 운봉댐 부근의 지형과 수력발전 시설(○ 토사의 퇴적이 심한 구간)

들 때는 육지화되어 북·중 밀무역자나 밀입국자의 통로가 되고 있다(그림 3-32).

압록강에서 가장 하류에 위치한 타이핑완 발전소는(그림 3-33) 1987년 중국 측이 북한 땅을 빌려 1,158m이 교량 댐을 건설하여 관리하는 발전소이다. 운봉, 타이핑완 발전소에 이어 3번째 중국과 합작으로 만든 위원발전소는 댐 수로식으로 1976년 착공하여 1990년에 완공된(그림 3-34) 북·중 공용 발전소이다. 현재 운봉댐은 북한이, 위원댐은 중국 측이 관리하며

표 3-1. 압록강과 두만강의 수력발전소

명칭	발전 양식	수계	소재지 (북한-중국)	설비 용량 (만kW)	준공 년도	이용	관리 주체
수풍 발전소	댐식	압록강	평안북도 삭주군 -콴뎬 자치현	64*	1944	북·중 공용	북한
운봉 발전소	수로식	압록강	자강도 자성군 -지안 시 칭스	42	1970	북·중 공용	중국
타이핑완 발전소	댐식	압록강	평안북도 의주군 -콴뎬 자치현	19	1987	중국 회사 에서 전력 판매	중국
위원 발전소	댐식	압록강	자강도 위원군- 지안 시 라후샤오	39	1990	북·중 공용	북한
바이진 발전소	수로식	두만강	옌볜 자치주 룽징 시 바이진	0.2	1971	중국 소유 주가 룽징 과 북한에 판매	중국 개인

자료 2007년 7월과 2008년 9월 현장 답사를 통해 확인
* 10만kW 능력의 지하 발전소까지 합쳐 현재 총 용량이 80만kW에 이른다는 주장도 있다.

그림 3-33. 타이핑완(태평만) 댐과 발전소

그림 3-34. 위원 댐과 발전소

생산된 전력은 반분하는 것으로 알려져 있다. 북한의 근본적인 전력 부족 문제 해결을 위해 중국은 기존 수력발전소의 보수를 지원하고 있으며, 양국은 2006년 5월 압록강 중류의 림토와 문악 두 곳에 총 설비용량 8.4만 kW급 수력발전소를 공동 건설하기로 합의한 바 있다(조명철·정승호, 2007).

두만강 본류에 위치한 유일한 수력발전소인 바이진白金 발전소는 1960년 중국 측이 건설에 착수하여 십년 만인 1971년에 완공하였다. 이 발전

그림 3-35. 압록강 최상류 창바이 현 마루거우(馬鹿溝) 지역의 소수력 발전소

소는 두만강 상류에서 하천이 심하게 굴곡되는 부분인 안작도의 사행부를 이용하여(궁계서·정덕권, 1985), 600m의 도수 터널을 통해 1.4m의 낙차를 얻어 발전하는 소규모의 수로식 발전소이다. 원래는 국가 소유였으나 2002년부터 개인이 경영하고 있다. 현재 연간 발전량은 1,000만kW로 4계절 내내 발전하고 있다(박청산, 2005).

본류 외에 중·상류의 지류 곳곳에는 지형 조건을 이용한 유역 변경식 발전소[18]와 소규모의 수로식 발전소가 세워져 있다. 압록강 최상류에는 급사면을 이용한 소수력 발전소가 많다(그림 3-35).

광물자원

북한 북부와 중국 동북부는 지질구조가 복잡한 만큼 다양하고 풍부한 광물자원이 매장되어 있다. 이 지역의 광물은 일제의 대륙 침략기, 특히 1931년 만주사변을 계기로 본격적으로 개발하여 채굴되었으며 이를 바탕으로 중국 동북 지역과 북한 북부 지역은 중화학 공업지대로 발전하였다.

북한에는 대략 220여 종 이상의 유용광물이 부존되어 있다. 그 중 경제성이 있는 광물만 40여 종이 넘는 것으로 알려져 있는데 특히 중석·몰리브덴·흑연·중정석·마그네사이트·석회석 등은 품질이 우수하고 세계적 수준의 매장량을 보유하고 있다. 광물자원의 분포는 지질구조에 따라 결정되는데 북한 북부 지역은 선캄브리아기 이전의 화강암과 편마암, 고생대에 형성된 석회암, 중생대와 신생대 3기의 화강암이 고르게 발달하여 갈탄과 철광석, 금·은·동과 흑연·고령토 등 다양한 광물자원이 분포한다. 북한 접경지역의 대표적인 지하자원으로는 무산 지역의 철광, 두만강 연안의 갈탄, 혜산 일대의 동광銅鑛을 들 수 있다.

그림 3-36은 북한 북부 지역의 주요 탄광의 분포이고, 그림 3-37은 주요 광물자원의 분포이다. 북한의 석탄 매장량은 무연탄 117억 톤 유연탄 30억 톤으로 추정된다. 무연탄은 평안북부탄전과 평안남부탄전에 전체 매장량의 반 정도가 매장되어 있고 그 외 함경남도 고원·금야지구, 자강도 강계·진천지구, 양강도 혜산지구 등에 분포한다. 유연탄과 역청탄은 없고 대부분 갈탄이며 일부 니탄도 부존한다. 신생대 제3기 중신세 지층이 발달한 두만강 연안의 회령·온성·경원·경흥군 일대 900km^{2}에 걸쳐 19억 8천만 톤이, 함경북도 남부의 길주–명천 지구대 일대에 4억 8천만 톤에 이르는 갈탄이 매장되어 있다. 이 갈탄층은 두만강 건너 훈춘 분지에도 460km^{2}에 걸쳐 광범하게 분포한다.

두만강 중·하류 일대의 갈탄은 1940년대부터 개발되었다. 함경북도 경흥군의 아오지 탄광을 비롯하여 온성·고건원·화대 탄광 등이 유명하고, 매장량 7~8억 톤으로 추정되는 훈춘 탄광은 연 채탄량 100만 톤이 넘는 지린 성 최대의 석탄 기지이다. 이 지역의 갈탄은 지표 가까이 매장되어 경사도가 작고 탄층이 두꺼워 채탄에 유리하나 발열량이 적어 산업용보다는 가정용 연료로 적합하다. 훈춘의 반스板石 일대에는 개인이 경영하

그림 3-36. 탄광 분포

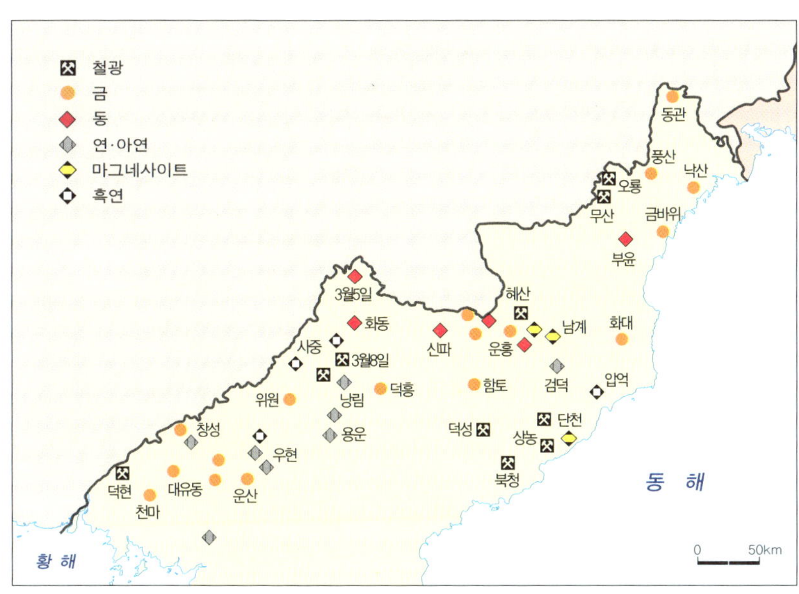

그림 3-37. 주요 광물의 분포

그림 3-38. 소형 탄광의 갈탄 채굴 작업_탄층이 지표 가까이에 있어 수m 깊이의 수직갱을 통해 도르레로 끌어올리는 원시적인 방법으로 채탄을 한다.

는 수십 개의 소형 탄광이 원시적인 방법으로 채굴되고 있다(이기석 · 이옥희 · 류충걸, 1994)(그림 3-38).

성천강 골짜기의 무산광산은 매장량이 13억 톤에 이르는 아시아 최대 자철광 산지로 외부에 드러난 부분만 243m에 달하는 노천광이다. 1916년에 발견되었으나 철 함유량이 35~40%로 낮아 보류되었다가 채광과 선광 기술이 발달된 1935년 이후에 개발되기 시작하였다(강석오, 1971). 무산 철광은 청진제철 기업소의 주요 원료 공급원으로서 1976년에 가설된 무산-청진 간 98km 길이의 수송관을 통해 연 700만 톤의 철 정광을 수송해 왔으나 설비 노후화로 제대로 운행되지 못하고 있다.

양강도 혜산에서 함경남도 이원으로 이어지는 골짜기에는 동 · 연 · 아연 등 금속광상이 대상帶狀으로 분포한다. 최대의 황동광상인 혜산을 중심으로 갑산과 운흥, 함경남도 허천군, 자강도 화평군과 중강군 일대에 많이 분포한다. 혜산동광은 1960년대 석탄 탐사 과정 중에 연 · 아연이 발견되면서 1970년부터 동광산으로 개발되어 생산해 왔다.

북한에서 채취 산업광업은 수출 주력 상품으로 국민 총생산의 12~13%를 차지할 정도로 비중이 크다. 그동안 기술 부족으로 원광 상태로 수출해 왔으나 최근에는 1차 가공이나 제련 과정을 거친 반제품이나 완제품 형태로 수출한다. 그러나 광산 개발에 필요한 전력과 운송 기반이 열악하고 광산 설비가 노후하며 노동력에만 의존하여 점차 생산량이 감소하자 북한은 외국 기업의 자본과 기술을 도입하는 협력 사업을 적극 추진하고 있다. 2000년대 초부터 중국을 비롯한 일본·싱가포르·이집트·EU 국가의 기업들이 이미 북한 광산 개발에 투자를 하였거나 합작 개발을 논의해 왔다. 이 국가들 중 정치적 우방이며 인접국인 중국이 가장 큰 비중을 차지하고 있다. 특히 동북진흥전략 이후 중국의 대북 투자가 광산 개발에 집중되어 현재 북한에 진출하였거나 합작 개발을 타진 중인 해외 기업의 80%가 중국 기업이다.

중국은 동북 지역 개발에 부족한 철광을 확보하기 위해 2004년 옌볜 텐즈 회사의 무산광산에 대한 설비 투자를 시작으로, 2006년 통화 강철과 우쾅五鑛그룹이 컨소시움을 형성하여 무산의 광업에 70억 위안을 투자하고 50년간 채굴 계약을 맺었다. 현재 철 정광은 주로 무산의 칠성리–난핑을 통하거나 삼장–충산이나 회령–싼허 간 교량을 통해 트럭으로 운반되고 있다. 교역량이 늘어나면서 원활한 운송을 위해 2007년 무산 칠성리와 난핑 간 철 정광 수송 파이프라인 건설에 합의한 바 있고, 내륙으로의 수송을 위해 난핑–허룽 간 철도 가설 공사가 진행 중이다[19].

지난 수년간 무산 아래의 두만강에는 무산철광의 채광 과정에서 강에 버려진 폐기물로 부터 철광분쇳가루 추출 사업이 성행하고 있다[20]. 그림 3-39는 바이진 부근의 두만강에서 철광분 채취 과정을 보여 준다. 주로

그림 3-39. 철광분 채취 작업_㉮ 모래와 쇳가루가 함유된 두만강의 강물을 ㉯ 파이프를 통해 끌어 올린 후 ㉰ 자석 터빈을 작동하여 철광분만 분리시킨 후, ㉱ 건조시켜 부근 제철 공장으로 보낸다.

퇴적물이 많이 쌓이는 하천의 굴곡부에서 진행되는데, 공유 하천이라 양국 모두 작업이 가능하나 북한은 장비가 부족하여 현재 대부분 중국 측에서 시행하고 있다[21].

헤산동광은 1993년 자연재해에 의한 침수로 생산이 중단되었다가 2003년 중국의 원조로 복구되었다. 이를 계기로 2005년 창바이 경제개발구의 초금광업유한공사와 합작 투자에 합의하였고, 2008년 중국 완샹 그룹과 공동으로 헤중광업합영회사를 설립한 것으로 알려져 있다.

표 3-2는 중국이 현재 투자하고 있거나 보류 또는 타진 중인 북한의 광산이다. 대상 광물은 철광을 비롯해 금광·동광·연·아연광 등 다양하며 광산의 반 이상이 중국과 지리적으로 근접한 북한 북부 변경지역에 위치

표 3-2. 중국이 투자한(또는 타진 중인) 북한의 광산

광물	광산명	소재지	매장량	비고(중국 측 투자 기업)
철광	무산	함북 무산군	가채매장량 13억 톤, 추정 매장량 30억 톤	'04년 옌벤 톈즈공업무역유한회사설비투자, '06년 퉁화강철 및 우쾅그룹과 컨소시엄 구성 50년 채굴권
	오룡	함북 회령시	신개발 광산, 철광석 3천 여 톤 생산	'06년 옌벤대원조철공사와 금대광산개발무역회사 설립
	문락평	양강 갑산군	1억 3천만 톤	지린수광과 개선무역회사 합작 계약
	덕현	평북 의주군	1억 톤	'07년 홍콩평황투자집단공사와 합작 계약
	덕성	함남 덕성군	3천만 톤	'04년 헤이룽장 성 민족경제개발총공사와 합작 투자 합의
	옹진	황남 옹진군		'08년 랴오닝 성 서양그룹과 공동 개발 서해합영회사 설립
동	혜산청년	양강 혜산시	16.3만 톤	'05년 창바이초금광업공사 투자 합의, '08년 완샹그룹과 혜중광업합영회사 설립
	8월	양강 갑산군	6.3만 톤	'06년 충위안광업과 개선무역총회사 공동 개발 계약
금	안원	함북 경원군	신개발 광산, 금 61톤	
	보천	양강 보천군		'06년 베이징 광업과 공동개발 계약
	수안	황북 수안군	150만 톤	'07년 중국 지질탐사대와 금강연합기업소 공동 탐사

광물	광산명	소재지	매장량	비고(중국 측 투자 기업)
은	등광	자강 장강군		
금, 은	선천	평북 선천군	추정 매장 광석량 380만 톤	'06년 중국 유색광업집단 및 지린하오롱 집단 공사와 공동 개발 MOU 체결
금, 동	상농	함남 허천군	2억 톤	'04년 초원산동국대황금고빈유한공사와 금 채굴 MOU 체결
연, 아연	은파	황북 은파군	광석량 1415만 톤	'06년 칭하이 성 서부광업유한회사와 합작 합의
몰리브덴	장진	함남 장진군		'04년 단둥위민공사와 합영집단공사 설립
	용흥	평남 성천군	3.3만 톤	'07년 저장 성 광저우집단공사와 대광합영회사 설립
갈탄	강안	함북 온성군	3500만 톤	'05년 선양요신유한공사와 합작 계약
무연탄	용등	평북 구장군	1억 2500만 톤	'05년 중국 우쾅그룹과 연합기업소 합작 합의
	용문	평북 구장군	5245만 톤	'05년 베이징 구룡주국제무역공사와 합작 회의
	2.8 직동 청년	평남 순천시	3400만 톤	'05년 홍콩투자유한공사 및 허계집단국제공정유한공사와 MOU 체결
	천성 청년	평남 은산군	7000만 톤	'05년 홍콩투자유한공사 및 허계집단국제공정유한공사와 MOU 체결

자료 한국광물자원공사, 2008, 북한 광물자원개발 현황.
　　　남북교류협력지원협회, 2009, 언론보도에 나타난 북한광산 동향정보 '06~'08.
　　　각종 일간지의 보도 내용을 종합하여 재작성

해 있다. 초기에는 동북 지역의 기업들이 중심이었으나 점차 투자 기업이 중국 전역으로 확대되고 있으며, 투자 대상 광산도 북한 전 지역으로 확대되고 있다.

앞으로 중국의 경제성장과 동북3성의 개발로 원자재의 수요는 계속 늘어날 것이며 인접한 북한이 주요 공급원이 될 것이다. 한국은 광물자원이 절대적으로 부족하여 거의 수입에 의존하고 있다. 광물이 한계성 자원이라는 점을 감안할 때 남북 간 광물자원의 공동 개발이 하루 속히 이루어져야 할 것이다.

3. 이주 조선인의 점이지대 형성 과정

접경지역은 양측의 문화가 혼재된 점이적 특성을 갖는다. 북·중, 북·러 접경지역은 오랜 시간 조선민족, 만주여진족, 한족 등 여러 민족이 어우러져 접촉과 교류를 해 왔다. 압록강과 두만강 대안의 만주와 연해주는 일찍이 우리 민족에 의해 개발되었고 지금도 많은 한민족이 살고 있는 우리의 고토故土이다. 발해의 멸망으로 잃어버렸던 땅으로 조선 중기 이후 많은 조선인들이 이주해 오면서 중국 측 접경지역에는 조선인·만주족·한족이, 러시아 측 접경지역에는 조선인과 러시아 민족이 어울려 살면서 문화적 점이지대를 형성하였다. 이러한 역사적 배경 때문에 양안의 주민들은 일상적으로 교류하며 수시로 어울려 실제 이 접경지역에서 국경은 큰 의미가 없었다.

이 접경지역에서 강을 건너 국경을 넘나드는 접촉과 교류는 이주 조선인들이 주도해 왔다. 이들은 사회·경제·문화적으로 본국과 교류를 지속하면서 변경 문화를 만들어갔다. 원래 압록강과 두만강 연안은 지세가 험한 오지로 조선 초기까지도 사람이 거의 살지 않았다. 그러나 압록강 대안의 파저강(婆猪江, 지금의 혼강) 부근에서 백두산 북쪽에 이르는 광범위한 지역을 근거지로 삼고 있던 여진족들이 자주 평안도 지역에 들어와 노략질을 일삼자 이를 방비하기 위해 태종 16년(1416)에 여연閭延군을 시작으로, 세종 15년(1433)에 자성慈城군, 18년에 무창武昌현, 25년에 우예虞芮군에 4군을 개척하였다. 그리고 두만강을 넘어 함경도에 자주 출몰하는 야인의 침입을 막고 수비를 튼튼히 하기 위해 세종 16년(1444)부터 함경도 도절제사 김종서의 책임 하에 회령會寧 · 부령富寧 · 종성鐘城 · 온성穩城 · 경원慶源 · 경흥慶興에 6진을 설치하였다. 4군6진四郡六鎭의 개척을 통해 변방에 거점을 마련한 후 방비防備를 강화하고 지역을 안정시키기 위해 대규모 도민徙民 정책을 실시하면서 국경 취락이 형성되기 시작하였다.

백두산 정계 이후 백두산과 두만강 상류에 대한 지리적 정보가 축적되면서 조선에서는 압록강과 두만강 및 백두산 이남 지역에 대한 개발이 꾸준히 진행되었다. 18~19세기에 이르러 백두산 일대와 압록강, 두만강 중 · 상류 지역까지 주민의 입거와 개간이 허용되면서(강석화, 2000), 자연스럽게 월강越江하는 주민도 늘고 장기화 및 집단화되어 갔다.

두만강 하류의 좌안 지역인 연해주 남부 일대에도 이주 조선인의 마을이 있었다. 연해주 역시 고구려와 발해의 영역이었으나 발해의 멸망으로 여진족의 활동 지역이 되었다. 후에 이들이 청을 건국하였고, 베이징 조약 이후에는 러시아 영역이 되었으나 이 지역을 처음 개척한 것은 이주 조선인들이었다. 조선 초기 육진의 개척으로 두만강 연안이 조선에 복속된 이후, 함경도 변방의 주민들이 비옥한 농토를 찾아 두만강을 건너갔다. 조선 초기부터 두만강 하구의 녹둔도鹿屯島에는 경흥 조산보造山堡의 방어와 농경을 위해 군민軍民이 주둔하며 둔전屯田을 두고 농사를 지었다는 기록도 있다☞22.

조선인이 중국 동북 지역에 들어온 이주 노선은 모두 3개 방면의 20개 노선이 있었다. 첫째 방면은 압록강과 두만강을 건너 동북으로 들어오는 경로로 조선인 대부분의 이동 통로였다. 둘째는 조선의 서해안으로부터 랴오닝 성 서남부의 항구를 통해 들어오는 통로이다. 셋째는 조선의 동해안에서 러시아 연해주를 거쳐 옌볜이나 헤이룽장 성의 동부 변강으로 이주하는 노선이었다(심혜숙, 1992). 그림 3-40은 이를 기초로 19세기 중엽부터 광복 직전까지 압록강과 두만강을 건넌 조선인의 출입 통로를 그린 것이다. 20개의 노선 중 이주민이 가장 많이 들어 온 노선은 두만강 중류의 종성-카이산툰-룽징 노선과 온성-투먼 노선, 압록강 중류의 만포-지

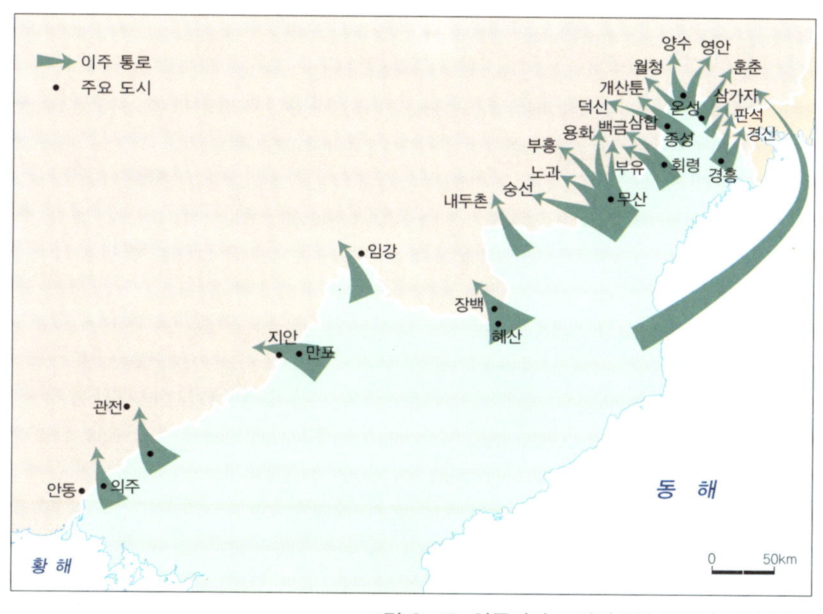

그림 3-40. 압록강과 두만강상의 조선인 이주 통로

안 노선이고, 대부분의 구간에는 현재 국경 교량이 건설되어 있다.

발해의 멸망으로 대륙에서의 근거지를 잃었던 조선 민족이 다시 압록강과 두만강을 넘어 만주나 연해주로 이주한 시기에 대해서는 다양한 견해가 있다[23]. 본 연구에서는 19세기 중엽 이후 조선인이 만주나 연해주로 이주해 간 과정을 사회 · 정치 · 경제적 특성에 따라 네 시기로 구분하여[24] 이주 경로와 조선인 취락의 형성에 대해 살펴보았다.

19세기 중엽 – 정치 · 사회적 혼란과 조선 이주민의 잠입(潛入)

17세기 후반 이래 백두산과 압록 · 두만강 북안은 청조의 발상지라 하여 일반인의 출입이 금지된 봉금지역으로 책정되었다. 조선 또한 두 하천의 남안에 4군과 6진을 설치하고 변경을 봉쇄하여 범월자는 월강죄越江罪로 극형에 처하였다. 그럼에도 불구하고 수년에 걸친 자연재해로 궁핍해진 조선 변경의 주민들은 죽음을 무릅쓰고 경작지를 찾아 월강하였다. 19세기 중반에 이르러 조선인의 이주는 이전과 달리 일시적인 월경越境에 그치지 않고 만주 지역의 미개간지를 개척하여 정착함으로써 두만강과 압록강 대안지역에 조선인 마을이 형성되기 시작하였다.

기록에 의하면 최초의 이주자는 1831년 압록강 상류 린장臨江 부근 모아산冒牙山 북쪽에 거주한 2명의 조선인이었다. 이어 1845~1849년경 압록강 중류 린장 현에는 수십 명의 조선인이 들어와 고려문 · 고려성 · 조선보자朝鮮堡子 마을을 이루었다(심혜숙, 1992). 가장 일찍 개척된 이주 경로는 압록강 상류의 혜산–창바이 경로였다. 1869년 조선 북부에서 발생한 심각한 한해로 수많은 기아민飢餓民이 압록강 중류의 고산진(지금의 만포시 고산)을 통해 지안으로 들어갔고, 초산–콴뎬 구간도 주요 이주 경로였다(류충걸 · 심혜숙, 1992). 압록강 연안은 상류 구간이 가장 먼저 개척되었고 하류의 북안 지역은 이미 만주족과 산둥 성 이주민이 들어와 거주한 후에 조선인이 이주해 왔다.

두만강 중류의 종성-카이산툰 경로는 가장 먼저 개척된 노선으로 많은 조선인의 이주 경로였다. 강을 건넌 조선인들이 처음으로 닿았던 곳은 카이산툰의 촨커우船口 나루였다. 이 나루는 1883년에 체결된 '길림조선상민무역지방장정吉林朝鮮商民貿易地方章程'에 따라 싼허·구청리古城里와 함께 설치된 통로로서 그 당시 수준으로는 규모가 매우 커 3대의 곡식 수레를 싣고도 20여 명의 행인을 실을 만큼 큰 배가 오갔다(박청산, 2005). 촨커우 나루터는 두만강 물길이 바뀌면서 모습이 변하였으나 선착장의 흔적이 아직 남아 있다. 이 일대는 비옥한 하천 퇴적물과 풍부한 용수로 쌀의 질이 좋고 수확량이 많아 1940년대 초기에 위만주국 강덕 황제의 어곡전御穀廛이었으며 지금도 양질의 벼를 생산하고 있다(그림 3-41).

그림 3-41. 촨커우(船口) 마을과 천평벌(강덕황제의 어곡전)

초기의 이주민들은 대부분 평안도와 함경도 변경지역의 농민들로서 농사철에만 강을 건너 일시적으로 거주하다가 점차 정착하여 마을을 이루었다. 그러나 불법 이주였으므로 하천 연안의 비옥한 하곡평원을 두고 나무가 많아 은폐하기 쉬운 대지나 구릉, 낮은 산지의 골짜기로 숨어들어가 밭농사를 하였다. 그 결과 압록강 중·상류, 두만강 중류, 해란하 지류인 육도하六道河 상류에 조선인 취락이 집중적으로 들어섰다(심혜숙, 1992). 한편 두만강 하류에서도 함경도 지역의 빈곤한 농민들이 두만강을 건너거나 동해 연안을 거슬러가 훈춘의 징신 향이나 연해주로 잠입하여 조선인 마을을 형성하였다.

19세기 말 – 봉금령의 해제와 조선 이주민의 정착

아편전쟁에서 패한 청은 1860년 영국·프랑스·러시아와 체결한 베이징 조약으로 우수리 강 동쪽을 러시아에게 할양하게 되었다. 또 수시로 침범하는 러시아에 대응한 변방 수비와 군량 문제를 해결하기 위하여 봉금령을 해제하였다. 1875년 봉천 지역을 먼저 해제하고, 1880년 이민실변移民實邊 정책을 실시하면서 봉금령에 묶여 180여 년간 버려져 있던 백두산 일대와 압록강과 두만강 북안으로 조선인과 산둥 지방의 한족漢族이 대거 이주해 왔다.

한족은 주로 압록강 하류에 터전을 잡았고 조선인은 자유로이 강을 건너 압록강 중류와 상류, 두만강 중·하류 지역의 황무지를 개간하기 시작하였다. 압록강 연안의 고산진–지안 구간과 초산–콴뎬 구간은 도선장導船場을 이용한다. 대량 이주가 가능하여 19세기 말경 압록강 중류에는 많은 조선인 마을이 분포하였다. 당시 이주한 조선인은 주로 압록강 연안에서 목재를 벌채하거나 뗏목을 몰던 노동자들로 지안 상류의 비옥한 땅을 찾아 수전水田을 개발하였다(류충걸 · 심혜숙, 1992).

두만강 연안도 종성–카이산툰–룽징 경로를 통해 많은 조선인이 이주하였다. 1885년 청이 두만강 지역에도 봉금령을 폐지하고 두만강 북안에 길이 350km, 너비 20~25km 규모의 개간 구역을 정하여 조선인들의 황무지 개간을 합법화하고 독려하면서 조선인의 이주가 급속히 늘어났다. 두만강 중류 허룽의 더화德化 · 롱시엔龍峴 · 루구워 · 충산과 룽징의 싼허 · 밍동明東 · 카이산툰뿐 아니라 두만강 하류 훈춘의 징신에도 조선인 마을이 생겨났다. 그리고 이미 포화 상태에 달한 두만강 연안으로부터 내륙의 해란하 유역과 부르하통하 상류의 단구나 대지로 거주지가 확산되어 갔다.

강을 건너 이주한 조선인이 정착한 조선의 대안지역을 간도(間島 또는 墾島)라 부르기 시작하였다[25]. 간도가 어디를 지칭하며 그 명칭이 언제부터 사용되었는지에 대해서는 여러 주장이 있으나[26], 초기에 함경도에서 강을 넘어가 개간을 하던 조선 농민들 사이에서 가강假江으로 불리던 하중도사잇섬가 간도로 보인다. 점차 두만강을 넘어오는 조선 개간민이 늘면서 간도 지역의 범위가 확대되어 두만강 이북 지역은 북간도(또는 동간도)로, 압록강 유역의 동변도 지역은 서간도로 부르게 되었다[27].

일제의 조선 침략 초기 – 파산 농민의 이주

1910년 일제가 조선을 합병하고 토지를 강점하자 파산한 많은 농민들이 압록강과 두만강을 건너 만주로 이주해 갔다. 이들의 출신지와 이주 원인은 이전과 다소 차이가 있었다. 종전에는 변경지역인 평안도와 함경도 출신들이 생계를 위해 이주해 갔으나, 일제 침략 후에는 소작인으로 전락한 남부지방의 농민, 상인, 철도나 광산 노동자를 비롯해 반일反日 투사도

적지 않았다.

압록강 북안으로 이주한 조선인의 수는 한일합방 직후에는 6만 명 정도 였으나 압록강 철교가 개통된 후인 1920년경에는 33만 명을 넘어섰다. 이 시기 압록강의 이주 경로는 종전의 혜산-창바이, 중강진-린장, 고산진- 지안, 초산-콴뎬뿐 아니라 신의주로부터 단둥을 거쳐 평청丰盛, 푸순抚顺, 선양으로 확대되었다.

두만강 유역의 이주민은 초기에는 1만 7천 명 정도 였으나 점차 늘어나 1920년대 중반에는 30만 명에 달했다. 두만강을 건너 이주 및 정착한 조 선인의 마을은 해란강 유역에 58개 촌, 부르하통하 유역에 32개 촌, 두만 강 연안에 30개 촌에 이르렀으며 토양이 비옥하고 개간에 유리한 하천 범 람원과 1급 단구 지역으로 모여 수전水田을 개발하였다(류충걸 · 심혜숙, 1992).

일제의 대륙 침략을 위한 전략으로 새로운 항구가 건설되고 한반도와 만주를 잇는 철도 부설 공사, 삼림과 광산 개발, 공업 발전이 진행되면서 조선 이주민의 직종이 다양해졌다. 나진과 웅기가 개항하고 투먼에 철로 가 놓이면서 새로운 이주자들 가운데는 경작지를 찾아 나서는 농민보다 상인과 광산 노동자가 급속히 늘어났다. 인구가 급증하여 교역 · 교육 · 행 정 등 각종 서비스업이 필요하자, 일본은 문호 개방과 기회균등을 내세우 며 청 정부를 핍박하여 동북 지역의 많은 도시를 상부지商敷地로 개방하고 약탈 경제의 거점으로 삼았다☞28. 그 중 조선인이 많은 룽징 · 옌지 · 투 먼은 행정상업도시로 발전하였고, 만주 지역 철도 교통의 요지인 투먼 그 리고 훈춘은 상업 중심지로 성장하였으며, 카이산툰과 스샌石峴은 공업도 시로 발전하였다.

일제의 만주 점령기 – 파산 농민의 강제 이주

1931년 만주사변 이후 일본의 대륙 침략이 본격화되면서 모든 경제활동은 일제에 의해 유린되고 도시의 상품 시장은 일제를 위한 군수물자의 기지가 되었다. 일제는 한반도뿐 아니라 중국 대륙까지 완전히 식민지화하기 위해 '만선일본滿鮮一本', '일선만제日鮮滿提'라는 구호를 내걸고, 자원 개발과 철도나 공장 건설에 필요한 노동력을 충당하기 위해 수많은 조선인을 강제적으로 이주시켰다. 일제의 수탈과 탄압이 심해지자 농토를 빼앗긴 소작농, 항일 세력, 애국지사들이 만주로 들어갔다. 더욱이 경부선·경의선·호남선·경원선·함경선 등 한반도 종단 철도가 연이어 개통되면서 전국 각지로부터 이주민이 발생하였고 새로 가설된 철도는 이들의 이주를 촉진시켰다. 그 결과 일제 말 중국 동북 지역에 거주하는 조선인은 200만여 명에 달하였다. 대부분의 이주 조선인은 하곡평원에 집중 분포하였으나 점차 내륙으로 들어가 멀리 헤이룽장 성까지 확산되어 갔다. 이 시기 동안 조선과 중국 동북 지역 간에는 '경계선 없는 국경'이 있을 뿐 일제의 식민지 약탈을 위한 동일 경제권 내에 편입되어 있었다(박창욱, 1994).

조선인이 두만강 하구의 대안지역에서 농사를 시작한 때는 조선조 초기로 볼 수 있으나, 러시아 공식 문건에서는 연해주로 이주해 간 시기를 1860년 중반으로 기록하고 있다. 연해주는 1858년 청과 러시아 간의 아이훈愛琿 조약으로 양국의 공동 관리하에 있다가 베이징 조약 후 러시아 영토가 되었으나(한국사연구협의회, 1984), 조선 변경지역의 주민들은 여전히 두만강을 건너가 농사를 지었다. 러시아 문헌에 따르면 조선인이 연해주로 이주하여 정착촌을 형성한 것은 1860년대이다. 1863년 연해주 노브고르드만 포시에트posyet의 관유지에 두만강을 건너온 조선인 14가구가 정착하여 최초로 조성한 마을이 지신허知新墟이다(반병률, 2003).

19세기 말경 두만강 하류에서 연해주의 수도인 블라디보스토크에 이르는 광대한 지역을 그린 「아국여지도(俄國輿地圖)」☞29에는 두만강 좌안의 29개 마을에 2만여 명의 조선인이 거주한 것으로 수록되어 있다. 연해주로 이주해 간 조선인은 북부지방에 흉년이 든 1869년에 1만여 명, 1902년 3만여 명이 넘는 등 20세기 초까지 계속 증가하였다. 당시 두만강 하구 경흥과 녹둔도 사이의 나루터인 용현龍峴–와봉(臥峰, 지금의 핫산), 조산造山–와룡臥龍, 토리土里–작포도雀浦島는 함경도와 연해주를 잇는 주요 통로였다.

당시 러시아는 조선인의 이주를 방관 내지 협력하기까지 했는데, 이는 조선인들이 개간한 미개척지를 영토로 확보하려는 계책으로 보인다(이왕무, 2007). 1938년 스탈린이 연해주의 한인들을 중앙아시아로 강제 추방

그림 3-42. 녹둔도의 조선인 취락 자취_ 조선인이 강제 추방된 이후 군사 지역이 되면서 개발을 하지 않아, 지금도 농사를 지었던 흔적(상) 외에 집터와 연자방아 등 생활 집기들(하)을 볼 수 있다.

하기 전까지 두만강 하구 좌안에는 수많은 조선인 마을이 있었음을 여러 기록에서 확인할 수 있으며(반병율, 2003; 이옥희, 2004), 지금도 곳곳에 조선인이 거주했던 흔적을 볼 수 있다(그림 3-42).

현재 중국 동북 지역에는 180만여 명(2007)의 조선족 동포가 살고 있다. 이들은 옌벤 조선족자치주와 창바이 조선족자치현에 집거구集居區를 이루었고 그 외 동북3성에는 43개(지린 성 11개, 랴오닝 성 13개, 헤이룽장 성 19개)의 조선족 향鄕과 진鎭[30]이 있다. 또 중앙아시아로 강제 추방되었던 많은 고려인들이 러시아의 개혁 개방 후 다시 연해주로 돌아오고 있다. 중국 조선족이나 러시아 고려인들이 그 사회에 동화되었으나, 한반도와 국경을 접하는 압록강과 두만강 연안의 접경지역에는 아직도 우리의 민족문화가 상당히 남아 문화적 점이지대를 이루고 있다.

4. 국경선과 잠재된 국경 분쟁

국경선과 영토 문제

압록강 · 백두산 · 두만강으로 이어지는 북 · 중, 북 · 러 접경지역은 조선인과 여러 북방 민족의 접촉지대라는 지리적 특성 때문에 조선 초까지도 국경이 명확치 않았다. 조선 세종조 4군6진이 설치되면서 두 나라 간 경계는 압록강–두만강 선으로 잠정 합의된 상태라 이후 조선과 청의 변경사에서 이 문제는 제기되지 않았다[31].

압록강과 두만강을 국경으로 간주하는 데는 별 이의가 없었으나, 두 하천의 발원지인 백두산 부근의 국경선에 대해서는 조선과 청 사이에 명확한 합의가 없어 충돌이 잦았다. 만주족이 세운 청은 백두산 일대를 조상의 발상지라 신성시하여 봉금지대封禁地帶로 책정하고, 간도에 대한 봉금을 확실히 하기 위해 정계定界 문제를 거론하였다. 그리고 경계가 명확치 않은 두 하천의 발원지 부근을 조선과 공동으로 답사하여 1712년 백두산에 정계비를 세웠다. 그러나 비문에 기록된 토문강土門江의 소재와 두만강 발원지에 대한 이견으로 양국 간의 국경선 분쟁은 계속되었다. 더욱이 우리의 주권을 일본에 빼앗긴 후 청과 일본 사이에 체결된 '간도협약(1909)'에서 청은 일본에 만주 철도를 넘기는 대신 간도 영유권을 확보함으로써 조선과 청의 국경선은 잠정적으로 압록강-백두산 정계비-석을수-두만강 선이 되었다.

지금의 북한과 중국 간 국경선은 1962년 김일성과 저우언라이周恩來가 체결한 '조·중 변계(朝·中 邊界)조약'의 규정에 근거하여 1964년 구체화된 '조·중朝·中국경선에 관한 의정서'에 따라 확정되었다[32]. 북한과 중국은 국경 하천인 압록강과 두만강 부분 외에 그동안 경계가 분명하지 않았던 백두산 구간의 경계를 정식으로 확정하기 위하여 백두산 천지의 경계선 획분劃分과 압록강과 두만강상의 섬과 사주沙洲들의 분할 근거를 마련하였다[33].

백두산 지역의 국경선을 획정하기 위하여 천지 서측에 5호 경계비를(그림 3-43), 동측에 6호 경계비를 세워 양쪽 경계비를 연결한 선으로 천지를 나눈 후[34], 이를 각각 압록강 상류와 두만강 상류로 연장하고 전체 연결선상에 1~21까지 번호를 새긴 총 28개 국경 표지비를 세웠다. 압록강 발원지에서 천지의 서쪽 등성까지는 1호에서 5호까지의 경계석을(그림 3-44), 천지의 동쪽 등성에 세운 6호 비碑부터 두만강 발원지인 홍토수紅土水와 약류하弱流河가 만나는 지점에 21호 비(그림 3-45)까지 경계석을 세움으로써 백두산 일대에 45,092.8m의 육지 경계선을 획정하였다[35]. 그림

그림 3-43. 천지 서측에 세워진 북·중 5호 경계비

그림 3-44. 압록강 발원지 부근에 세워진 북·중 4호 경계비

그림 3-45. 두만강 발원지 부근에 세워진 북·중 21(2)호 경계비_21호 경계비는 모두 3개로 21(1)은 북한 영내에, 21(2)와 21(3)은 중국 영내에 있다.

그림 3-46. 두만강 발원지 부근의 홍토수_수심은 약 60cm이고, 폭은 0.5~1m이다. 개울 건너가 북한땅이다.

3-46은 21호 경계비 부근의 홍토수로 하천 너비가 1m도 안 된다.

두 하천상의 섬들은 북·중 국경조약 2조 1항인 '조약 체결 전에 이미 한쪽의 공민公民이 살고 있거나 농사를 짓고 있는 섬과 모래톱은 그 국가 의 영토로 하며, 그 외의 섬과 사주들은 북한 측에 가까운 곳은 북한에 속 하고 중국 측에 가까운 곳은 중국에 속하며 양안의 중간에 있는 것은 쌍방 이 협의하여 그 귀속을 결정한다' 라는 원칙에 따라 북한과 중국 소속의 섬 으로 각각 구분함으로써 국경선을 확정하였다.

당시 두 국경 하천에는 총 451개의 하중도와 사주가 있었다. 그중 압록 강에 205개(북한이 127개, 중국이 78개), 두만강에 246개(북한이 137개, 중국이 109개)였다. 북한 소속의 섬이 264개로 중국의 187개 보다 많았으며, 섬의 수뿐만 아니라 전체 섬 면적의 85%가 북한 영토였다☞36. 북한 소유의 섬 이 많은 까닭은 압록강과 두만강의 북안은 180여 년간 봉금 지역으로 무

인지경이었다가 봉금이 해제되면서 비로소 사람이 살게 된 데 반해, 남안
에는 조선 사람들이 계속 살고 있었기 때문에 자연히 섬도 그들의 생활 근
거였고 터전이었으므로 주요 섬들이 대부분 북한에 귀속될 수밖에 없었다
(서길수, 2009).

하천 퇴적지로 토양이 비옥하여 450여 개의 섬 중 농경지로 개간된 섬
은 100여 개가 넘었고 그 중 3/4은 북한 측 농민이 개간한 섬이었다. 표

표 3-3. 압록강과 두만강의 주요 하중도*

(단위 : km²)

	섬 이름	소속 행정구역	면적	경지면적	주민
압록강	비단섬綢緞島	평북 신도군 비단섬구	26.5	26.0	거주
	황금평黃金平	평북 신도군 황금평리	10.4	9.2	거주
	유초도柳草島	신의주시 유초도	5.2	4.0	거주
	신도(薪島, 새섬)	신의주시 하단리	3.0	2.0	거주
	임도(荏島, 깨섬)	신의주시 하단리	3.375	3.010	거주
	위화도威化島	신의주시 상단, 하단리	15.5	13.0	거주
	다지도多智島	신의주시 다지리	13.4	12.9	거주
	어적도於赤島	평북 의주군 어적리	5.15	4.0	비거주
	구리도九里島	평북 의주군	7.2	4.5	비거주
	수구도水口島	평북 의주군	1.315	0.43	비거주
	삼강도三江島	자강도 만포시 삼강리	0.632	0.18	거주
두만강	온성도穩城島	함북 온성군	1.61	1.40	비거주
	봉천도奉天島	옌볜 자치주 훈춘 시	1.12	0.52	거주
	유다도柳多島	함북 경원군	1.85	1.64	거주
	옥천도玉泉島	옌볜 자치주 훈춘 시	1.02	0.80	비거주
	사회도四会道	함북 나선시	1.83	0.42	비거주

자료 1964년 북·중 간 체결된 「조선민주주의 인민공화국 정부와 중화 인민공화국 정부의
　　　조·중 국경에 관한 의정서」의 부록 '섬(島嶼)과 모래섬(沙州) 귀속(歸屬) 일람표'에서
　　　발췌
* 주민이 상주하거나 면적이 1km² 이상인 섬

3-3은 당시 압록강과 두만강의 주요 섬들이다. 면적 1km² 이상의 비교적 큰 섬들은 거의 북한 소유로서 두 하천의 하류와 하구에 위치하는데 주민이 상주하여 농사를 짓는 섬도 10여 개나 되었다.

현재 압록강과 두만강 일대의 하천지형은 북·중 국경 의정서가 작성된 1964년과는 크게 달라져 있다. 여름에 강우가 집중되고 특히 북한 쪽 산지의 토사침식, 퇴적작용으로 인한 홍수와 범람 같은 자연현상 외에, 댐 건설로 많은 섬들이 물에 잠겼고, 제방 건설과 간척사업으로 하류와 하구 부근의 지형이 빠르게 변하였다. 1972년 북·중 양측의 연합 조사에 의하면 두만강의 섬과 사주는 모두 361개로, 1964년에 비해 113개 늘어난 것으로 확인되었고(서길수, 2009) 몇몇 섬과 모래톱이 사라졌다.

특히 압록강 하구는 토사의 퇴적이 왕성하고 간척사업이 활발하여 하천지형이 크게 바뀌었다. 북한의 소다사도小多獅島와 신도薪島는 간척지 개발사업으로 연륙되어 지금은 섬이 아니며, 중국 측의 3호 표지도 돌출부가 바다 쪽으로 많이 확장되어 내륙에 위치하게 되었다. 이처럼 계속 변하는 하천지형으로 인해 국경선이 불분명해지자 양국 간 국경선에 대한 재조정의 필요성이 제기되고 있다.

한편, 두만강 하구에서 북한과 러시아 간 국경이 구체화 된 것은 베이징 조약 이후이다. 1860년 베이징 조약이 체결되고 그 이듬해 청과 러시아가 맺은 흥개호 계약興凱湖契約에서 청이 우수리 강 동쪽의 연해주를 러시아에 할양함에 따라 두만강 하구에서 북·중·러 3국은 국경을 접하게 되었다. 3국 접경의 기점인 토자비土字碑(그림 3-47)주37로 부터 팡촨防川의 장고봉張鼓峰을 지나 사초봉沙草峰과 양관평洋館坪에 이르는 중·소 경계선에 대해 이견이 있어 잠시 공동 관리하에 있었고, 1886년 중·러 간 '훈춘 계약琿春界約을 체결함으로써 중국 선박이 두만강을 통해 동해로 나가는 것이 허용 되었다.

두만강 하구는 동해에서 대륙으로 들어올 수 있는 길목으로서 항시 분쟁의 대상이었다. 일제의 대륙 침략기 동안 두만강 하구는 만주국을 대신한 일본과 러시아가 대치하는 최전방이었다. 1938년 장고봉 사건(핫산 전투)은 두만강 하구 일대를 가장 멀리까지 조망할 수 있는 전략적 요충지인 장고봉157m을 빼앗기 위한 러·일 간의 국경 분쟁이었다. 이 전투에서 일본이 완패함으로써 러시아가 주장하는 경계선을 따라 현재와 같은 중·러 경계는 물론, 북·러 간의 국경이 획정되어 중국이 두만강 하구를 통해 동해로 나아갈 수 있는 출해구를 잃게 되었다

1957년 북한과 러시아는 '국경 문제 조정에 관한 협정'을 체결하여 두만강 하구에서 국경 경비나 국경 통과에 관해 합의하였다. 그러나 구체적 노선 획정보다는 구한말 이래 관행적으로 인정되어 오던 '두만강 항행 중심선을 따라 국경선을 확정한다' 는 내용을 확인하는 데 그쳤다. 북한과 러시아가 구체적인 국경선을 획정하고 명확히 표기한 것은 1985년 4월에 체결한 '북·소 국경 조약' 이후이다. 이를 기초로 1986~1990년에 시행된 현지 실사와 회의, 실무자 협의를 통하여 경계 표식 설치☞38에 합의하였으며, 1990년에는 '국경 체제의 유지 및 국경에 관한 문제 해결에 대한 법적 기초'를 확인하기 위한 47개 조항의 구체적인 협정을 추가로 체결하였다(서울국제법연구원, 2007).

그림 3-47. 토자비_우수리 강 동쪽 땅이 러시아로 편입될 때 청·러 양국이 세운 가장 남쪽의 국경비이다.

현재 두만강 하류 중국 측 남쪽 끝인 팡촨에서 하구로 16.93km 구간은 북·중·러 3국이 국경을 접하며, 그로부터 동해에 이르는 22.2km 구간은 북한과 러시아 간의 국경이다. 북·중·러는 1998년 11월에 3국 국경 수역의 분계선을 확정하는 협정을 맺고, 3국 국경의 접경점을 표시하기 위하여 두만강 양안 3국 국경 수역 분계선의 연장선에 3개의 표지를 설립하였다. 실제 3국 국경의 접경점이 두만강 수면 위에 있기 때문에 1호 표지물은 두만강 좌안의 중·러 국경 423호 계표를 사용하였고, 2호는 두만강 우안 북한 경내에, 3호는 두만강 좌안 러시아 경내에 설립하였다. 그림 3-48는 1999년 연해주 핫산에 세운 3호 경계비로 화강암 3면체에 조선·中國·Россни 3국명이 새겨져 있다.

압록강 하구처럼 두만강 하구 역시 강의 흐름이 바뀌고 침식과 퇴적이 심하여 하천지형이 변하자[39] 2004년 2월 북·러 간 두만강 국경에 관한 추가 의정서를 체결하였으며, 최근 하구의 변화 상황을 반영하는 신국경 조약의 체결 문제를 협의 중인 것으로 알려져 있으나 자세한 내용은 확인

그림 3-48. 북·중·러 3국 접경 경계비(핫산)

되지 않고 있다.

국경 하천의 이용과 문제점

북한과 접하는 중국 및 러시아 국경선의 길이는 1,438.5km이다. 대부분이 하천 경계이나, 두 하천의 발원지인 백두산 부근의 약 45km 정도는 육지에 경계가 있다. 그러나 근래 하천의 퇴적작용이 활발한 압록강 하구에서 북한 섬인 황금평黃金平, 우적도于赤島, 수구도水口島와 중국 측의 안민安民, 후산虎山, 구러우즈古樓子 사이에 토사가 퇴적, 육지화되면서 국경의 일부가 하천경계에서 육지경계로 바뀌고 있다. 단둥 시 외곽 압록강 국경지대에 있는 후산 장성[40] 아래 마을은 폭 3m 남짓한 개천을 사이에 두고 북한 섬 우적도와 마주하며(그림 3-49), 부근의 일도보一步跨는 한 발짝만 내밀면 바로 북한 땅이라 하여 붙여진 이름이다(그림 3-50). 그림 3-51은 압록강 하류의 토사 퇴적으로 북한 섬인 수구도가 중국 콴뎬 현 구러우즈古樓子 향鄕에 연륙되자 양국은 1990년 6개의 북·중 경계비와 철책을 세워 육지 국경선을 재설정하였다[41].

이처럼 압록강이 운반해 온 진흙과 모래가 하구에 있는 북한 소유의 섬에 쌓여 중국에 연륙되면서 북한 내지와 쉽게 통할 수 있어 밀무역이 성행하고, 때때로 탈북자들의 탈북 코스가 되기도 한다. 여러 가지 국경 문제를 야기할 가능성이 커지면서 최근 중국은 북한의 황금평·비단섬 사이에 수십km의 경계 철책을 세웠다.

압록강뿐 아니라 두만강 역시 활발한 토사의 퇴적으로 하천지형이 변하고 있다. 두만강 하류에 있는 북한 섬인 유다섬柳多島은 토사의 퇴적으로 중국에 연접하게 된 반면, 훈춘의 봉천도奉天島는 중국의 영토이지만 토사가 퇴적되어 북한과 연륙되면서 중국 측에서 배를 타고 건너는 불편함이

그림 3-49. 후산 장성 아래의 접경지대_오른쪽 위의 산에 후산 장성이 있고, 강 건너가 북한의 우적도이다.

그림 3-50. 일도보_압록강 연안의 대표적인 국경 관광지로 북한 조망을 위한 유람선과 망원경이 설치되어 있다.

있다.

　사회주의를 표방하며 혈맹 관계를 맺어 온 북·중 양국은 1949년 수교한 이래 여러 분야의 국경 협약을 통해 국경과 관련된 문제를 원만하게 해결해 왔다. 그러나 최근 북·중 관계의 변화에 따라 국경선에 대한 개념이

'변경frontier' 에서 '국경border' 으로 바뀌면서 국경 하천의 이용과 관련하여 여러 가지 문제가 제기되고 있다. 예를 들면 북한이 1960년대 압록강 하구의 황금평과 비단섬, 신도 등에 수십km에 달하는 제방을 쌓게 되자 압록강의 유속이 빨라져 강 건너편 중국 영토의 상당 부분이 침식되었다. 또 중국은 압록강 하류에서 유일한 중국 소유의 섬인 웨량다오月亮島를 개발하였으나, 북한이 국경조약 17조☞42를 근거로 섬 주위에 쌓은 제방을 문제 삼아 공사가 지연되기도 했다. 이처럼 홍수나 양측의 제방 축조로 인해 유속에 변화가 생기면서 하천의 퇴적과 침식작용으로 하중도들이 서로 연결되거나 해안이 침식되는 등 하천지형이 변하고 있으며 이를 정비하는 과정에서 발생하는 문제들이 양국 간의 새로운 현안이 되고 있다.

북·중 '국경 조약' 제3조 1항에 압록강과 두만강의 국경선의 너비幅는 항상 수면의 폭을 기준으로 한다고 규정하고, 하천상의 국경선은 하천의 최심선最深線이나 중앙선이 아닌 양국의 하안선河岸線으로 정해져 있다. 이에 따라 물이 흐르는 하상면은 완충지대로 공유하여 양국 사람들이 공동으로 이용하고 관리하며 선박 운행·어로·강물의 사용 등이 포함된다.

그동안 양국은 국제하천의 성격을 가진 두 하천을 이용만 하고 관리에는 별 관심을 두지 않았다. 그 결과 압록강과 두만강은 하천 양안의 공장이나 탄광 및 철광에서 방출되는 산업 폐수와 주변 도시의 생활하수로 인해 하천 오염이 심하다. 압록강 상류에는 혜산이나 창바이 같은 비교적 큰 도시와 탄광과 동광에서, 중류에는 지안과 만포 그리고 만포 시멘트 공장으로부터 폐수와 생활하수가 유입되며, 하류로 갈수록 주변 농경지로 부터 농약 성분이 흘러들어 수질오염이 가중된다. 압록강에 비해 유량이 적은 두만강의 경우 오염 상태는 더욱 심각하다. 연안 도시로부터 오수가 유입되고, 함북 무산철광과 아오지의 화학 공장, 투먼 시 스샌의 제지 공장

그림 3-51. 압록강 하류 하중도의 연륙과 경계비_연륙된 수구도의 북동쪽 끝 ◯ 표시된 부분에 새로이 경계비와 경계 철책이 세워졌다.

과 룽징 시 카이산툰의 펄프 공장 등에서 방류한 폐수로 인하여 무산 하류의 두만강 수질은 5급수 기준에도 못 미쳐 식수나 수자원으로서의 이용 가치를 상실한 지 오래 되었다.

무산철광에서 흘러나온 철광분 채취 작업이 붐을 이루면서 두만강의 수질오염에 의한 피해뿐 아니라, 두만강으로 흘려보낸 슬러지sludge로 인한 부유물 때문에 두만강 상류의 백금 발전소는 터빈을 매해 교체하여 경제적 손실이 크다. 또한 철 성분을 추출한 후 버려진 모래더미가 바람에 날

러 강 주변 식생과 농사 등 자연생태환경이 피해를 입고 있다(그림 3-52). 최근 중국은 두만강의 수질 개선을 위한 오염처리 및 오염방지 계획을 추진하고 있으나 양국의 협조 없이 해결되기는 쉽지 않다.

그림 3-52. 두만강의 오염과 환경파괴

국경 하천인 압록강과 두만강은 유로의 변화나 하천의 퇴적작용에 따른 하중도의 영유권이나 영토 문제뿐 아니라 양국이 공유하는 국제하천으로서 앞으로 하천 자원의 이용과 개발에 따라 발생하는 문제 또한 만만치 않을 것으로 예상된다. 2007년 북·중 양국은 영유권과 국경 관리 문제 등을 해결하기 위해 압록강 하구 준설, 국경 지역 공동 조사, 지도 제작을 통해 '신국경 협정' 체결을 추진 중인 것으로 알려져 있다.

1 '한국 하천 일람(건설교통부, 2000)' 자료이다. 그러나 압록강의 길이를 북한 측은 803km, 중국 측은 795km로 발표하고 있다.

2 오리가 많이 서식하고 강물이 녹색을 띤다 하여 붙여진 이름이라는 설도 있다.

3 비단섬은 압록강 하류의 충적섬인 무명평, 말도, 양도, 신도, 마안도 등을 하나로 연결하여 '비단섬(중국명—綢緞島)'이라는 이름을 지었다. 이들 섬은 각각의 섬이 아니고 너비 약 5km, 길이 약 16km인 하나의 섬이다.

4 '한국 하천 일람(건설교통부, 2000)' 자료이다. 두만강의 길이는 발원지에 대한 합의가 이루어지지 않아 다양하다. 북한에서는 547.8km(조선자연지리)로, 중국은 기관이나 학자의 연구목적에 따라 497.9~525km로 다르게 사용하고 있다.

5 유로 변화의 원인을 융기 이전에 자유곡류한 흔적으로 보고 있다(강석오, 1971).

6 한국의 일부 학자들은 최근 백두산 주변지역에서 지진과 화산이 활동하면 나타나는 미소(微小)지진의 증가와 지하에서 뿜어져 나오는 가스 중 헬륨 양의 급증 등을 근거로 가까운 시일 내에 백두산 폭발의 가능성을 제기하고 있다. 이에 대해 중국 측은 백두산 천지의 화산은 아직 폭발 단계에 이르지 않았고 당장 폭발할 위험성은 없다고 반론하고 있다(다음 미디어, 한국일보 등 2010년 7월 17일자 언론 보도 발췌).

7 백두봉의 높이를 북한은 2,750m로, 중국은 2,749.2m로 발표하고 있다.

8 권곡(圈谷; Kar)은 고산지에서 빙하가 흘러내릴 때 하중에 의해 움푹하게 파 놓은 말발굽 모양의 침식곡이다. 백두산에서는 플라이스토세 말기 빙하 활동에 의하여 천지 내측과 북측 사면에 형성되었다. 백운봉(白雲峰), 청석봉(靑石峰), 옥설봉(玉雪峰), 해산(海山) 카르 등이 있다.

9 화구뢰(火口瀨)는 화산의 화구에 모인 물이 화구벽의 일부를 침식하고 새어서 흐르는 개울이다. 천지의 달문이 화구뢰를 이룬다.

10 승사하(乘磋河)는 천지에서 비룡폭포에 이르는 단층곡에 발달한 직선 형태의 하천이

다. 이 하천 유역에서 나무배를 보았다는 과거의 기록이 있어 뗏목을 뜻하는 승사하로
불린 것으로 추측된다. 경사가 매우 급하여 멀리서 보면 강이 하늘로 올라가는 것처럼
보여 통천하(通川河)라고도 불린다. 하천의 길이는 1.250m이고, 하곡의 너비는 천지
부근에서 약 1,200m이나 폭포 쪽으로 갈수록 점점 좁아져 약 300m가 되며, 계곡의
깊이는 100~250m이다(류충걸 · 심혜숙, 1993).

11 백두산에서 동쪽으로 20km 떨어진 현무암대지에 있는 화구호이다. 형태가 원형으
로 직경은 대략 180m이다. 물이 맑고 얕으며 풀도 많고 물고기도 서식한다(류충걸 ·
심혜숙, 1993).

12 자료 : 북한 기상 20년보(1981~1994).
강석오, 1972, 신한국지리.
백과사전출판사, 2001, 조선대백과사전.
통일원, 1993, 북한지지 요람.
궁계서 · 정덕권, 1985, 연변 자연지리.
류충걸 · 심혜숙, 1993, 白頭山과 延邊朝鮮族 −地理學的 接近−.

13 1933년 1월 12일 중강(진)은 −43.6℃, 1960년 1월 24일 포태는 −43.4℃를 기록한
바 있다(백과사전출판사, 2001).

14 같은 날 중국 측 천지 기상대의 측정 기온은 −44℃였다.

15 백두산의 강수는 6~8월에 집중되며 특히 천지 주변은 연중 264일이 안개에 덮여
있다(류충걸 · 심혜숙, 1993).

16 1966년 체결한 '조 · 중 간 압록강 · 두만강 수문 설치에 관한 의정서' 내용이다.

17 다락밭은 정부의 허가를 얻거나 묵인하에 개인이나 기업이 산간지대를 개간하여 작
물을 재배하는 것이다. 뙈기밭은 산간 오지나 하천 주변의 공터에 근처 주민이 비공식
적으로 경작한 밭이며, 부업밭은 국가가 기업소 등에 공식적으로 분양한 것으로, 각 기
업소는 배정 받은 야산을 개간, 경작하여 생산물을 자체적으로 소비한다. 경작 규모는
50여 평 정도이다.

18   유역 변경식 발전은 장진강 발전소와 부전강 발전소가 대표적이다. 압록강 지류인
     장진강과 부전강이 흐르는 상류의 고원지대에 대저수지를 만들어 이 물을 척량산맥인
     함경산맥을 관통하는 터널을 통해 동해로 도수(導水), 역류(逆流)시켜 발전한다.

19   지린일보(吉林日報) 2009년 8월 29일자에 의하면 지난 수년 간 허룽 시와 북한 간
     화물 운송량의 급속한 증가로 도로를 이용한 운송에 한계가 있어 총 투자 11억 9천만
     위안을 들여 허룽에서 난핑에 이르는 길이 41.68km의 철도가 건설되고 있다고 한다.
     이 철도는 동변도 철도의 지선이다.

20   무산철광 전체 채광 물질의 1/3만이 정광이고 1/3은 폐석, 나머지 1/3은 폐기물이
     다. 이 폐기물은 두만강 지류인 성천수로 방류되어 두만강으로 흘러든다.

21   2007년 8월과 2008년 9월 현지답사를 통해 확인.

22   녹둔도는 두만강 토사의 퇴적으로 조선 후반기 즈음 러시아에 연륙된 것으로 보인
     다. 원래 하구에 있는 섬이었는지 또는 삼각주 같은 퇴적지형이었는지 밝혀지지 않았
     다(이옥희, 2004).

23   조선족이 만주 지역으로 이주해 간 역사에 대해 옌볜 대학 민족연구소 박창욱
     (1993) 교수는 다음 세 가지 설로 정리하고 있다. 첫째는 원-명(元-明) 시기로, 몽골군
     이 고려를 침범했을 때 납치되거나 투항한 군민, 봉건통치에서 벗어나기 위해 도망해
     온 많은 고려인들이 랴오둥이나 옌볜 일대에 거주하였는데 이들은 오랜 세월에 걸쳐
     다른 민족과 집거(集居)하는 과정에서 동화되었으므로 순수한 조선인으로 보기 어렵다
     는 견해이다. 둘째는 16세기 말에서 17세기 초에 걸친 명 말기에서 청 초기로 보는 견
     해이다. 조선 봉건통치의 억압과 수시로 자행된 건주여진의 침범, 명·청간의 전쟁, 정
     묘·병자호란, 잦은 자연재해 등 정치·사회적 불안으로 조선 북부의 수만 명의 빈민
     과 군민들이 압록강과 두만강 이북으로 잠입하거나 포로 또는 노예로 납치되었다. 비
     록 강제적으로 이주 정착하게 되었지만 오랜 시간이 흐르면서 이들 대부분은 한족으로
     동화되어 갔다. 그러나 고려인의 후손이라는 자아의식이 강한 일부 후예들은 1980년
     중국 국무원들이 공포한 '민족 성분을 회복 또는 개정하는 원칙에 관한 통치'가 발표
     되자 조선인이라는 원래의 신분을 되찾는 숙원을 실현하였다. 셋째는 19세기 중엽 이
     래 조선 조정의 당쟁과 분란, 외적의 침략으로 인한 정치·사회적 불안과 계속되는 극

심한 자연재해로 인해 기아 상태에 달한 조선인들이 중국 동북 지역으로 잠입하였으며, 이후 일제가 패망할 때까지 거의 80여 년에 걸쳐 이루어진 조선 이주민에 의해 지역성이 형성되었다는 주장이다.

24 류충걸과 심혜숙은 1993년 발간한 「백두산과 연변조선족」에서 조선족 이주 시기를 중국의 상황에 따라 1. 함풍년 전후, 2. 광서 시기(1875~1908), 3. 선통-민국년 시기(1909~1930), 4. 위만 시기(1931~1945)로 구분하였다.

25 공식적으로는 1903년 조선 관원 이범윤(李範允)이 청 정부에 보낸 공문에서 최초로 간도라는 지명이 사용되었다.

26 간도의 유래에 대해 중국의 학자들은 다음과 같이 주장하고 있다. 원래 간도는 두만강의 오랜 퇴적작용으로 형성된 광제욕(지금의 룽징 시 카이산툰 진 광소촌) 강변에 있는 충적평지를 일컬었다. 봉금령이 해제되기 전인 1878년경 대안인 종성 지역 농민들이 몰래 두만강을 건너와 이곳을 개간하면서 월강죄를 피하기 위하여 광제욕 앞에 도랑을 파 강물이 흐르게 하여 섬처럼 만들었다. 중국 측에서는 이 섬을 가강(假江), 가도(假島) 또는 협강(夾江)이라 부르게 되었다. 이곳의 현재 지명은 룽징 시 촨커우(船口)마을인데, 두만강의 퇴적작용으로 육지화되었다(박청산, 2005).

27 간도는 백두산의 동북방 두만강의 대안인 북간도와 백두산의 서남방 압록강 대안의 서간도로 이루어져 있다. 간도의 연장 개념으로서 서간도라는 호칭은 압록강 대안 남만주 지방의 한인 정착 지역을 지칭하게 된 것이고, 원래 간도의 호칭을 서간도와 구별하기 위해 북간도라고 하였다(윤병석, 2003).

28 1906년부터 1909년까지 만주에는 26개 도시가 상부지(商敷地)로 개방되었다. 본 연구지역에 해당하는 상부지는 봉천(현재 선양), 단둥, 훈춘, 쥐즈제(局子街, 현재의 옌지), 룽징 등이다(曲堯范·耗保安, 2001).

29 아국여지도(俄國輿地圖)는 1884~1886년(고종) 사이에 김광훈과 신광욱이 두만강과 연해주 지역을 정탐하여 작성한 지도이다. 조선인들의 러시아 이주 현황과 녹둔도를 비롯한 두만강 연안의 군병 수, 관방 시설, 생산물 등을 기입해 놓은 군사용 지도이다.

30 1990년경 중국 동북 지역에는 30여 개의 민족자치향과 100여 개의 조선족 민족자
치촌이 산재(散在)해 있었다(박창욱, 1993).

31 김득황(1989)은 조선과 청 간의 국경선으로 '레지선'을 제기하고 있다. 이 선은 강
희제의 명으로 당시의 국경선을 그린 실측도인 당빌(D'Anville)의 새 중국지도(中國地
圖)를 근거로 한 것이다. 이 자료에 의하면 대체로 압록강 상류와 상류의 모든 수계를
포함하는 동서산맥에 선을 긋고 혼강의 약간 북쪽을 따라 내려와 봉황성의 남쪽을 지
나 압록강 하구의 서쪽 대동구(大東溝)에 이르는 땅과 두만강 북쪽의 흑산산맥(黑山山
脈) 이남의 땅을 모두 조선 영토로 인정하고 있다.

32 북한 측 요구에 따라 남북통일이 될 때까지 공개하지 않기로 양국이 합의함으로써
그동안 정확한 내용이 밝혀지지 않았으나, 2000년 10월 중국에서 우연히 조약의 원
문이 발견되어 북·중 간 협의 과정과 조약 내용이 상세히 밝혀졌다고 한다. 본 연구
에서 북한과 중국 간 국경선에 관한 내용은 이 의정서를 바탕으로 서술하였다.

33 북한과 중국은 국경 조약을 체결한 후 국경 연합회를 설립하여 조약의 규정에 의해
국경을 탐사하고 국경 표지비를 설치하여 국경 하천의 섬들과 모래톱(沙洲)의 귀속 여
부를 확정한 다음, 의정서와 국경지도를 작성함으로써 양국의 국경선을 명확하고 구체
적으로 결정하였다.

34 백두산 천지를 대략 동서로 가로지르는 5호비와 6호비 구간의 국경선 길이는
5,305m이며, 이 선의 남측 부분인 천지의 54.5%는 북한 영토에, 북측 부분 45.5%는
중국 영토에 속한다.

35 북·중 국경조약 체결에 관한 자세한 내용은 이종석(2000)의 「북한—중국 관계」
1945~2000을 참고.

36 고구려 발해학회 2008년 동계 학술발표회에서 발표한 서길수 교수의 '백두산·압
록강·두만강 국경 연구'에서 인용.

37 1860년 북경 조약과 1861년 청·러 간 홍개호 계약으로 우수리 강 동쪽의 연해주
지역이 러시아 영토로 편입되면서 양국이 세운 국경비 중 가장 남단에 있는 경계비이

다. 중국 훈춘의 상와봉 서북 산록의 두만강 하구에 세워져 있다.

38   이 협정의 제2조에는 구소련과 북한 사이의 국경은 강의 하류를 향하여 22개 국경
     의 표지와 2개의 방향 표지를 표시하고, 또 국경 획정 의정서에는 국경 하천 내 1개
     섬을 소련에, 16개 섬을 북한에 귀속한다고 정하고 있다.

39   19세기 중엽 이래 토사의 퇴적으로 러시아 쪽으로 연륙되었던 녹둔도가 두만강의
     흐름이 바뀌면서 연안이 침식되기 시작하자 이를 막기 위하여 러시아 측이 2004년부
     터 최근까지 제방 공사를 해 왔다.

40   중국 국가문물보호국은 2009년 후산 장성을 만리장성의 동쪽 기점이라고 공식적으
     로 선언하였는데, 중국 사서에는 만리장성이 간쑤(甘肅) 성 가욕관에서 허베이(河北)
     성 산해관(山海關) 까지로 기록되어 있다. 원래 후산 장성은 고구려의 박작성이 있던
     곳으로 지금도 성벽과 고구려 때 팠던 우물터가 남아 있다. 이는 동북공정의 일환으로
     볼 수 있다.

41   국경선의 재설정은 1964년 체결된 '북·중 국경선에 관한 의정서' 제9조 4항 '만일
     홍수, 물 흐름의 변동 혹은 기타 원인으로 인하여 섬들의 위치와 모양이 변화하거나
     압록강과 두만강 강변의 토지가 섬이나 상대방 육지와 연결된다 하더라도 그 소속은
     변하지 않는다' 는 규정에 따른다.

42   '한 일방이 항도를 고치거나 물 흐름에 변동을 주어 충돌할 수 있는 건축물을 경계
     하천상에 세울 때는 먼저 상대방의 동의를 구해야 한다' 고 규정하고 있다.

Ⅳ. 국경 연결로와 변경도시

국경 연결로

변경도시의 발달

산지가 많은 북·중 접경지역에서 압록강과 두만강은 양국을 분리하는 국경의 역할보다는 양안 주민의 삶의 터전인 동시에 접촉과 교류를 위한 연결 통로가 되어 왔다. 일찍이 강 건너 만주로 이주해 간 조선인들은 고향의 친·인척들과 지속적으로 교류해 왔는데, 겨울 동안 결빙한 압록강과 두만강은 훌륭한 길이 되어 왔다. 강의 중·상류는 강폭이 좁고 개울처럼 얕아 건너기 수월하고 강 위에 가설된 많은 교량을 통해 사람뿐 아니라 기차와 자동차도 왕래해 왔다.

본 장에서는 북·중, 북·러 접경지역에서 국경 도시네트워크 형성의 기반이 되는 양국의 국경 출입 통로와 접경지역의 교통로 그리고 변경도시에 대해 살펴보기로 한다.

1. 국경 연결로

국경 출입 통로

압록·두만 두 하천 연안의 주민들은 수심이 얕은 상류나 겨울 동안 결빙하는 강을 통해 쉽게 오고 갈 수 있다. 교량이 가설되기 전에는 장마나 홍수 시에는 불어난 강물로 왕래가 어려웠으나, 강폭이 좁은 구간 곳곳에 나루나 가교가 설치되어 사람과 짐을 운반하였다. 표 4–1은 압록강과 두만강 교량의 건설 시기를 정리한 것이다. 두 하천상의 교량들은 대부분 일제강점기에 세워졌다. 대륙 침략의 야욕을 가졌던 일제는 한반도와 대륙을 잇기 위해 1911년 압록강 철교(지금의 압록강 단교)를 시작으로 하천 교량들을 계속 건설하였다. 만주국을 세운 일본 관동군은 중국 동북 지역에 대한 대대적인 경제적 약탈을 목적으로 1932년 중국과 국제육로교國際陸路橋

협정을 체결하고 두만강 중·하류에 교량을 집중적으로 건설하여 광복 직전까지 압록강과 두만강에는 댐의 제방까지 포함하여 20여 개의 연결 통로가 생겼다. 광복 이후 건설이 뜸하다가 중국이 개방화된 후에 건설된 교

표 4-1. 압록강과 두만강상의 교량

건설 시기 구분	일제강점기	광복 이후
압록강	신의주–단둥丹東 철교(1943) 청수–상허커우上河口 철교(1911)* 만포–지안集安 철교(1939) 운봉–칭스青石 철교(1940년대)* 압록강 단교(1911~1951)** 청성 단교(1942~1951)** 중강–린장临江 도로교(1935)	혜산–창바이長白 　도로교(1985)
두만강	삼봉–카이산툰開山屯 철교(1927) 남양–투먼圖們 철교(1933) 회령–싼허三合 도로교(1936) 경원–사튀즈沙陀子 도로교(1936) 원정리–취엔허圈河 도로교(1936) 온성–투먼圖們 도로교(1941) 온성–량수이涼水 단교(1937~1945)** 훈룽–사이완즈甩彎子 단교 　(1934~1945)** 훈룽–사이완즈 경편철도교 　(1935~1945)*	삼지연–쌍무펑雙木峰 　육로(1969) 무산–난핑南坪 　도로교(1994) 삼장–구청리古城里 　도로교(1994) 두만강 노동자구–러시 아 핫산 철교(1952)

(　　)는 교량의 준공 또는 개통 연도
* 현재 운행 중단
** 교량 파괴로 운행 중단

량은 압록강 상류의 혜산–창바이, 두만강 상류의 삼장–충산, 무산–난핑 간 교량이 세워졌다. 그리고 북한과 러시아를 잇는 유일한 다리인 두만강 하구의 철교(일명 북·러 친선교)는 한국전쟁 시기에 개통되었다.

교량들 대부분이 개·보수되어 현재도 이용되고 있으나, 온성–량수이凉水와 훈룽–사이완즈 간 단교斷橋는 2차 세계대전 말인 1945년 8월 중국 동북 지역으로 진격해 오는 소련군을 막기 위해 일본군이 후퇴하면서 폭파하였고(琿春市地方編纂委員會, 2000), 압록강 단교와 청성 단교는 한국 전쟁 때 파괴되었다. 수풍발전소 건설을 위해 가설되었던 청수–상허커우 간 철교는 현재 폐쇄 상태에 있다.

일제 때 건설된 하천 교량들은 대륙 침략을 위해 일본 열도와 대륙을 연결하는 데 유리한 위치에 가설되었다. 한반도를 남북으로 관통하는 종단 철도와 연결되거나, 항구와 연결되어 수탈한 자원의 반출이 용이한 곳, 이주 조선인이 많이 거주하는 두만강 중·하류에 집중적으로 건설되었다. 광복 후에는 사회주의 동맹국인 러시아와 원활한 교류를 위하여 두만강 하구에 철교가 가설되었고, 그 외 교량이 없던 압록강 중·상류와 두만강 상류에 교량을 건설하는 정도였다.

표 4–2는 압록강 하구에서 백두산을 거쳐 두만강 하구에 이르는 약 1,400km의 국경지대에 분포한 국경 연결로 위치와 특징을 정리한 것이다. 여기에는 그 동안 국경 통로로 이용되었던 철교·도로교·수로·육로 뿐 아니라 수력발전용 댐의 제방 길 등 모든 형태의 연결로를 포함하였고 압록강 하구로부터 동쪽으로 두만강 하구에 이르는 순서이다.

(1) 압록강상의 국경 연결로

강폭이 넓고 유량이 많은 압록강 중·하류에는 주로 철교가 건설되었

표 4-2. 북·중 국경 연결로

연결 통로 (북–중)	위치 (북–중)	특징	기타
신의주–랑터우浪頭 항 수로	신의주–단둥 시	폐쇄된 단즈어 항을 대신하고 있는 수상 출입처로 화물 통로	
신의주–단즈어丹紙 항 수로	신의주–단둥 시		폐쇄
신의주–단둥 간 압록강 철교*	신의주시 방적 동–단둥 시	1911년 건설, 한국전쟁 때 미군기의 폭격으로 파괴	단교
신의주–단둥 간 중조우의교*	신의주시 방적 동–단둥 시	육로와 철로 겸용 교량, 길이 946m	여권, 통행권 소지자
후산虎山 제방	평북 의주군 의주읍–콴뎬寬甸 현 후산 진	후산 장성의 맞은 편, 하천 토사가 퇴적되어 후산 진과 북한의 어적도가 거의 연결	중국에서는 이부콰一步跨라 부름
삭주–타이핑완太平灣 수로	평북 삭주군 방산리 – 콴뎬 현 타이핑완 진	선박을 이용한 수운, 1995년 홍수로 인한 부두 유실로 임시 타이핑완 댐 관광 유람선 접안 시설을 이용	여권 소지자
타이핑완 제방 도로	평북 삭주군 옥강리–단둥 시 콴뎬 현 타이핑완 진	타이핑완 댐의 제방 길 이용	
청성 단교	평북 삭주군 청성 노동자구–단둥 시 콴뎬 현 창뎬長甸 진 하구	한국전쟁 때 미군기의 폭격으로 다리 파괴	단교
청성–창뎬 하구 수로*	평북 삭주군 청성 노동자구–단둥 시 콴뎬 현 창뎬 진 하구		

연결 통로 (북–중)	위치 (북–중)	특징	기타
청수–상허커우 철교	평북 삭주군 청성 노동자구–단둥 시 콴뎬 현 창뎬 진	타이핑완 댐을 가로지른 철교로 현재 보존되어 있으나 사용하지 않는 상태. 청수 역은 수풍발전소와 중국을 연결하는 역	폐쇄, 2010년 중국의 상허커우 역 개축 공사
수풍댐 제방도로	평북 삭주군 수풍 노동자구–단둥 시 콴뎬 현 창뎬 라구샤오拉古硝	수풍발전소의 댐 길 이용	
위원댐 제방도로	자강도 위원군–지안 시 위린楡林 진	위원발전소의 댐 길 이용	
위원–라후샤오老虎硝 수로	자강도 위원군–지안 시 위린 진	교량 없이 양쪽 강변에 쇠줄을 연결하여 배로 도강	여권 소지자
초산–지안 수로*	자강도 초산군 연풍리–지안 시 하이콴海關		폐쇄
만포–지안 철교*	자강도 만포시–지안 시 위린 진	일제 때 건설, 2000년 시설 확충, 중국의 대북 3대 통로 중의 하나	여권, 통행증, 국제 통로
운봉–칭스靑石 교량, 댐 길	자강도 자성군 운봉 노동자구–지안 시 칭스 진	운봉댐의 제방 길이 있으며 (1965년 완공) 현재 댐 보수공사 중, 운봉발전소 건설 시 가설 된 철로도 연결되어 있으나 현재는 폐쇄, 수로로 연결. 운봉선 철길이 운봉발전소가 있는 지안 시 칭스 진과 연결	
중강–린장 도로교*	자강도 중강군 중덕리–바이산 시 관내 린장 시	1935년 건설, 육로교	여권, 통행증

연결 통로 (북–중)	위치 (북–중)	특징	기타
두지–파다오거우 八道溝 나루*	양강도 김형직후창군 보삼리후창강구–바이산 시 린장 파다오거우	1952년 나루터가 있었으나 1985년 혜산–창바이 간 교량 건설에 따라 나루를 철수	폐쇄
혜산–창바이 도로교*	양강도 혜산시–바이산 시 창바이 조선족자치현	1985년 북·중 양국이 국제 육로대교 건설, 길이 148m, 폭 9m, 1994년 통행문 설치	여권 소지자
쌍무평 육로	양강도 삼지연군 신무성 노동자구–안투 현 얼다오바이허 진	1983년 공무구안으로 건설, 유일한 육지 통로, 2009년 임시 통상구로 승격	공무 출입처, 임시통상구
삼장–구청리古城里 도로교*	양강도 대홍단군 삼장리(흥암 노동자구)–허룽 시 충산 진	일제 때 목교로 건설, 1964년 배 활용, 1994년 대교 건설	여권 소지자
계하–바이진白金 나루	함북 회령시 계하리–룽징 시 바이진白金	현재 이용 중단	폐쇄
유선–푸위 교	함북 회령시 유선동–룽징 시 푸위富裕 현	–	–
무산–난핑 도로교*	함북 무산군 칠성리–허룽 시 더화德化 진 난핑	1929년 구안 설치 후 선박을 이용하여 왕래하였으나, 1994년 북중 공동출자로 교량 건설, 2004년 연결 대교 확충	여권, 통행증
회령–싼허 도로교*	함북 회령시–룽징 시 싼허	일제 때 건설된 육로교, 1992년 확충	여권, 통행증
삼봉–카이산툰 도로교*	함북 온성군 삼봉노동자구–룽징 시 카이산툰 진	일제 때 건설, 원래 철로와 육로로 연결되었으나 철로는 1987년 중단, 길이 649m	여권, 통행증

연결 통로 (북–중)	위치 (북–중)	특징	기타
남양–투먼 철교*	함북 온성군 남양 노동자구–투먼 시	432.9m의 철로교로 1933년 건설	국제 통로
남양–투먼 도로교*	함북 온성군 남양 노동자구–투먼 시	길이 514.9m의 육로교로 1941년 북–중 공동으로 건설, 1985년 확장	국제 통로
온성–량수이凉水 도로교(온성대교, 량수이교)	함북 온성군 구청리 – 투먼 시 량수이 진	1937년 완공. 길이 525m, 폭 6m의 교량, 1945년 일본이 패하면서 소련군의 진격을 막기 위해 폭파	단교
훈륭–훈춘 사이 완즈 단교훈륭교	함북 경원군 훈륭리–훈춘 시 사이 완즈	길이 506.8m로 1935년 완공, 1945년 일본군이 동북 지역에서 후퇴하면서 폭파	단교
훈륭–훈춘 사이 완즈 경편철교	함북 경원군 훈륭리–훈춘 시 사이 완즈	1935년 건설된 610m의 철로교, 1945년 소련군이 퇴각하면서 레일을 철거하여 현재 교각만 존재	폐쇄
경원–사퉈즈 도로교유다교*	함북 경원군 유다섬–지린 성 훈춘 시 산쟈즈 향	1936년 건설된 423m의 도로교, 1945년 일본군이 항복 직전에 폭파했으나 1966년 중국이 보수공사하여 이용	여권 소지자
원정–취엔허 도로교원정교*	함북 경흥군 원정리–훈춘 시 징신 향	1936년 건설된 도로교, 1982년 왕래 인원과 화물량 감소로 폐쇄되었다가 나선 자유무역구와 왕래 위해 1995년 재개, 2002.12 보수 준공	변경 통행증
두만강리–핫산 철교(북·러 친선교)	나선시 두만강 노동자구–러시아 핫산	650m, 1952년 준공	

자료 문헌연구(日本 外務省·陸海軍省 文書, 1936; 日本 外務省·陸海軍省 文書, 1937; 遼寧省科學出版社,1993; 琿春市地方志 編纂委員會, 2000; 圖們市地方志 編纂委員會編, 2006; 양태진, 2007) 및 현장 답사를 통해 작성
* 1965년 북·중 국경회의에서 합의한 국경출입처

다. 가장 먼저 건설된 교량은 1908년 착공하여 1911년 준공된 압록강 하구의 철교인 압록강 단교斷橋이다(그림 4-1). 신의주와 단둥을 잇는 길이 944m의 이 철교는 일제가 만주 진출을 목적으로 건설한 것으로 한반도를 종단하는 경부선과 경의선을 중국과 연결함으로써 일제의 군사적 침략과 일본 독점 자본 진출의 토대가 되었다. 한국전쟁 때 중공군의 도하渡河를 저지하려는 미군기의 폭격으로 북한 측 부분이 끊어진 채 단교로 남아 있다. 압록강 부교浮橋(그림 4-2)와 함께 단둥 시의 주요 관광자원이 되고 있다. 압록강 하구의 중조우의교(中朝友誼橋, 길이 940m)는 1931년 만주사변 후 북-중 연결 철도의 중요성을 깨달은 일제가 1937년 경부선과 경의선을 복선화하면서 추가로 건설하였다. 1943년 압록강 단교斷橋 옆 70m 지점에 건설된 이 교량은 길이 943.3m로 가운데에 철도가 놓이고 양쪽에 차도車道가 깔려 있다(그림 4-3). 평양-북경 간 국제철도가 지나고 있으며, 현재 북·중 무역의 80%를 소화하는 북·중 교류의 동맥이다.

수풍발전소와 연결되는 청수-상허커우上河口 간 철교(그림 4-4)와 운봉발전소 건설을 위해 가설되었던 운봉-칭스靑石 간 철교는 현재 폐쇄된 상태이다. 압록강 중류에는 일제 강점기에 개통되어 자강도 만포와 퉁화 시 지안을 연결하는 철교(그림 4-5)가 있다. 북한의 만포선과 중국의 매집선 철도를 잇는 내륙 지역의 대표적인 국제 통로이다.

압록강 중·하류에는 철교 외에 수력발전소 댐 길제방 도로도 통로 역할을 한다. 하류로부터 타이핑완太平灣, 수풍, 위원, 운봉댐의 제방 도로는

그림 4-1. 압록강 단교

그림 4-2. 한국전쟁 때 파괴된 압록강 부교

그림 4-3. 압록강 우의교(좌)

공식적인 상용 통로는 아니지만 공무나 간단한 교류를 위한 임시 통로로 활용되고 있다.

압록강 하류의 도로교인 청성교는 한국전쟁 때 파괴되어 지금은 관광지가 되었다(그림 4-6). 현재 이용되는 교량은 강폭이 좁고 수심이 얕은 상류 구간에 위치한다. 1935년 건설된 압록강 상류의 중강–린장 간 교량은 한국전쟁 때 중공군의 주요 도하渡河 지점이었다(그림 4-7). 혜산 시와 창바이 조선족자치현 사이에는 원래 나루터가 있어 양측의 친인척 방문이나 공무를 목적으로 이용되어 왔으나, 중국의 개방 후 변경무역량이 크게 늘어나면서 1985년 북·중 양국 간 국제도로교(그림 4-8)를 가설하였다.

수로 통행로는 강폭이 넓은 압록강 하류에 있다. 현재 이용되고 있는 공식적인 수로 연결로는 신의주–랑터우浪頭, 삭주–타이핑완, 위원–라후샤오老虎哨 수로가 있으며, 그 외 평안북도 삭주와 콴뎬 현의 창뎬허長甸河·퉈후샤오托古硝·야바거우啞巴溝·다투오즈大台子 간 수로를 통해 임시로 물자와 사람의 왕래가 이루어진다. 실제 압록강과 두만강은 강폭이 좁아 거의 전 구간에서 수로 통행이 가능하다.

그림 4-4. 청수 대교(좌)와 철교의 폐쇄(우)

그림 4-5. 만포-지안 철교

그림 4-6. 청성 단교

그림 4-7. 중강-린장 도로교

그림 4-8. 혜산-창바이 도로교

(2) 두만강의 국경 연결로

두만강에는 현재 2개의 철교와 7개의 도로교가 연결되어 있고 발원지 부근에 1개의 육로가 있다. 먼저 철로 연결로를 살펴보면, 두만강 하구의 북·러 간 철교인 두만강 친선교는 북한과 러시아를 잇는 유일한 교량이다. 북한 나선시 두만강 노동자구에서 러시아 핫산으로 통하는 이 철교는 1950년에 기공하여 1952년 준공되었다. 철도와 도로가 함께 통하며 교량의 길이는 560m로 매우 노후화되었다[1](그림 4-9).

함경북도 온성군 남양 노동자구와 옌볜 자치주 투먼을 잇는 철교(그림 4-10)는 1933년 일제가 중국 동북지방의 자원을 약탈할 목적으로 건설하였는데, 지금도 중국의 대일對日 무역 화물수송과 함경북도 김책제철소의 제선 작업에 소요되는 중국산 코크스 운송로가 되고 있다. 1927년에 건설된 삼봉-카이산툰 간 다리는 처음에는 뗏목에 철길을 깐 가교였으나 이듬해 목교로, 1927년 철교로, 1934년에 다시 도로와 철도 양용철교로 개축되었다. 1945년에 소련군이 일본군의 퇴로를 차단하려고 다리의 일부를 폭파하였으나 1953년에 복구하고 1981년에 다시 콘크리트 바닥을 깔고 난간을 세웠다(박청산, 2001). 지금은 주로 도로교로 이용되고 있으며, 1987년 여객열차는 중단되었으나 화물열차는 가끔 운행된다(그림 4-11).

훈춘 동북 지역의 임산자원과 광물자원을 실어낼 목적으로 1934년 일본인과 조선인이 자본을 모아 함북 경원군 훈륭과 훈춘 사이완즈 간에 14.8km의 경편輕便 철도를 건설하였다. 원래 협궤였는데 1938년 표준궤로 바꾸었고, 1945년에 소련군이 퇴각하면서 레일을 철거하여 지금은 교각만 남아 있다(琿春市地方志編纂委員會, 2000)(그림 4-12).

현재 이용되고 있는 북·중 간 9개의 도로교 중 6개의 교량이 두만강에 놓여 있다. 가장 하류의 교량부터 살펴보면, 함북 경흥군 원정리와 훈춘시 징신 간의 원정교(중국은 취엔허 국경 다리로 부름)는 1936년 가설되었다. 왕래 인원과 화물량의 감소로 1982년 폐쇄되었으나 나선시가 경제특구가 되면서 중국과의 교류를 위해 1995년 재개통되었다. 원정교는 나선시와 연결되는 주요 통로로서 최근 중국 동북 지역과 한국·일본·중국 남부 지역 간 화물 이동량이 증가하면서 2001년에 이어 2010년 다리를 보수 및 확장하였다(그림 4-13).

함북 경원군의 유다섬과 훈춘 사퉈즈 간 교량유다교은 1936년 건설되어 그동안 주로 친인척의 왕래나 소규모 무역에 이용되어 왔다(그림 4-14). 북한의 유다섬이 두만강의 퇴적작용으로 중국과 연륙되면서 불법적인 도강渡江을 막기 위해 이 교량 주변의 국경 경비가 삼엄하다. 그 외 두만강이 하류를 향해 휘돌아 흐르는 곡류부인 북한 경원군 훈륭과 중국 투먼 시 량수이진☞2 사이완즈甩灣子 간의 훈륭교(그림 4-15)와 함북 온성군과 투먼 시 량수이진 사이에 가설되었던 온성대교(그림 4-16)는 제2차 세계대전 말 후퇴하던 일본군에 의해 파괴된 채 남아 있다.

두만강 중류의 온성-투먼 간 도로교(그림 4-17)는 1941년 건설된 국제 통로이다. 비교적 통행 인원이 많은 편이고, 중국 측 교두橋頭의 전망대에서 북한 남양시 일대를 조망할 수 있는 대표적인 국경 관광지이다. 회령-싼허 구간은 일찍부터 북한의 회령에서 허룽욕을 지나 룽징龍井으로 드나드는 길목으로 이주 조선인의 주요 통로였다. 1924년 천도 철도의 개통으로 룽징이 북한 무역의 중심이 되자 회령과 룽징을 오가는 상인과 이주민이 크게 늘어났는데, 당시는 나룻배로 두만강을 건넜다. 1936년 일제가 회령과 룽징 간의 육로 무역을 활성화시키기 위해 지금의 회령-싼허 구간에 교량을 가설하고(그림 4-18) 해관세관도 설치하였다.

두만강 상류인 무산-난핑 간은 처음에는 선박을 이용하여 왕래하다가 임시 도로용 다리를 놓았다. 1994년에 양국이 공동출자하여 교량을 세웠으나 2000년 9월 홍수로 다리가 유실되었다. 2004년 이후 중국 동북 지역

그림 4-9. 두만강 하구의 북한-러시아 철교   그림 4-10. 남양-투먼 철교

그림 4-11. 삼봉-카이산툰 교량   그림 4-12. 훈룽-사이완즈 간 경편철도교(교각만 남아 있다)

그림 4-13. 원정리-취엔허 교량   그림 4-14. 경원-사퉈즈 교량

개발에 필요한 무산철광의 운송량이 급속히 늘자 교량을 복원하고 최근
확충하였다(그림 4-19). 대홍단군 삼장리와 허룽 시의 충산 사이는 하천 폭
이 좁고 수심이 얕아 예전부터 북한 주민의 주요 도강지渡江地였다. 처음

에는 두 나라 사이에 쇠밧줄을 걸고 배로 왕래하다가 일제 때 목교木橋를 놓았으나 홍수에 유실되어 징검다리로 왕래하였다. 1994년 북·중 공동으로 투자한 콘크리트 다리를 이듬해 10월에 개통하였다(박청산, 2005). 두만강에서 가장 상류에 있는 도로교로 강폭이 좁아 교량 길이가 두만강 교량 중 가장 짧다(그림 4-20).

북·중 국경지역에서 강을 건너지 않는 유일한 육지 연결로는 두만강 발원지 부근의 쌍두봉(양강도 삼지연군)-쌍무평(안투 현 얼다오바이허 신무성) 구간 (그림 4-21)이다. 백두고원의 삼림지대를 지나는 이 통로는 백두산 천지와 20km, 북한의 삼지연과는 35km, 중국의 얼다오바이허二道白河와는 65km 떨어져 있다. 주변에 주거 지역은 없으나 중국 측 백두산인 서파에서 백두산 남파는 관광으로 이어지는 지름길로서 중국 관광객의 백두산 관광을 활성화시킬 수 있는 위치에 있다. 원래 공무 통로였으나, 2009년 임시 통상구가 세워지면서 양국의 무역 통로로 확대되었다.

이처럼 압록강과 두만강에는 30여 개에 달하는 양국 연결 통로가 건설되어 있고 곳곳에 나루가 있다. 하류를 제외하면 강폭이 좁고 수심이 낮으며 겨울에 결빙하므로 강을 통해 양안의 주민들은 수시로 왕래할 수 있다. 더욱이 북·중 양국은 하천 수면을 공유하고 공동으로 이용하므로 압록강과 두만강은 국경이라기 보다는 양안 주민의 생활 공간이다.

해방 후 새 정권이 수립되자 양국은 국경 지역의 안정을 도모하기 위하여 국경 통행에 관한 협정과 의정서를 체결하였다. 양국의 국경지역에는 특수한 역사적 배경에서 자연 발생적으로 또는 계획하에 만들어진 수많은 연결 통로들이 있었으나, 1965년 '국경 지구의 통행 질서를 수립·유지하는 업무를 수행하기 위한 회의[주3]'에서 국경 지역의 14개 지점국경통과지점을 국경 출입처로 지정하고(표 4-2에 *로 표시한 지점) 국경통행기관을 설치하

그림 4-15. 훈룡–사이완즈 단교

그림 4-16. 온성 단교

그림 4-17. 온성–투먼 교량

그림 4-18. 회령–싼허 교량

그림 4-19. 무산–난핑 교량

그림 4-20. 삼장리–충산(구청리) 교량

그림 4-21. 쌍두봉–쌍무펑 간 육로

였다. 본 협정에서 국경통과지점(중국 원문에는 口岸으로 표기되어 있음)이란 북·중 국경 양측에 위치하고 있으며 철도·도로·정류장·하천·항구를 통하여 국경을 출입하는 쌍방 또는 제3국의 사람들과 수송 수단·화물 및 기타 물품들에 대한 국경통행 검사·세관 검사·위생 검역·동식물 검역·상품 검사 등을 하는 특정 지역을 말한다(국가정보원, 2006).

그후 2001년 '북·중 국경통과지점 및 그 관리 제도에 관한 협정'을 체결하고 각각 15개의 국경통과지점을 다시 지정하였다. 기존의 통과지점들 중 청성-창뎬, 초산-지안의 하이콴海關, 두지杜集-파다오거우 등 3개 지점이 취소되고 신의주항-단즈어 부두, 삭주-타이핑완, 위원-라후샤오, 쌍두봉-쌍무펑 등 4개 지점이 새로 추가되었다. 현재 양국 간 공식적인 국경통과지점은 단즈어 부두가 랑터우 항으로 대체되고 칭스-운봉이 추가되어 모두 16개 지점에 이른다.

접경지역의 교통로

북·중, 북·러 접경지역은 험준한 산지와 하천 계곡, 혹독한 겨울 추위 등으로 교통로 건설에 제약이 많다. 그뿐 아니라 변경지대라 경제활동이 활발하지 않아 교통 수요도 많지 않다. 접근이 어려웠던 이 접경지역이 20세기에 들어서 외부 개방을 통해 두 차례의 큰 변화가 있었다. 첫 번째는 외부 세력에 의한 강제적인 변화였다. 20세기 초 일본이 대륙 침략을 위해 한반도와 만주를 연결하는 철도망과 교량을 건설하여 국제 교통망이 구축되면서 대륙으로 나아가는 교두보로써 급속히 발전하였다. 이전에는 한적한 농촌에 지나지 않던 이 변경지역에 사람들이 모여들면서 신도시가 건설되고 현대적 교통로와 각종 기반 시설이 갖추어졌으며 산업구조도 2, 3차 산업 중심으로 개편되었다. 그러나 2차 세계대전으로 일본이 패망하자 대륙 연결 관문으로서의 기능이 크게 위축되었고, 전후 북한·중국·러시아가 함께 사회주의 영역에 속하면서 자본주의 세계에 대응하는 최전방이라는 입지적 여건으로 인해 더욱 폐쇄되었다.

침체 상태에 있던 이 접경지역에 나타난 두 번째 변화는 20세기 말 동북아에서 냉전 체제가 붕괴된 이후이다. 개혁 개방에 따른 중국의 급속한 경제발전과 1991년 유엔개발계획(UNDP)의 '두만강 유역 개발계획'으로 동북아 국가 간의 각종 협력 개발이 추진되고 있다. 또 중국이 동북 지역 개발에 박차를 가하고 있으며 태평양권과 유라시아 대륙을 연계하는 국제 교통망 건설 계획이 수립되면서 이 접경지역의 변화 발전 가능성이 커지고 있다. 이러한 변화는 인접국 간의 협력과 초국경적 연계로가 전제되므로, 접경지역에서 초국경적 교통로가 형성된 배경과 특성을 살펴보았다.

(1) 초국경 교통로의 형성 배경

최근까지도 북한과 중국 동북 지역의 주요 교통수단은 철도 교통이었다. 이 지역의 철도망은 대부분 일제가 대륙 침략을 목적으로 건설한 것이다. 19세기 말 실질적으로 한반도를 지배하게 된 일제는 경부·경인·호남·경의선 철도를 차례로 부설하였다. 이어 러·일 전쟁 중에 병참 수송을 위해 부설했던 청진-회령, 청진-나남, 서호진-함흥 구간의 경철도를 활용하여 원산-상삼봉 간 666.9km의 함경선을 착공 15년 만인 1928년에 개통함으로써 한반도에 X자형의 종단 철도망이 구축되었다. 일제가 함경선을 건설한 목적은 함경도 지방의 풍부한 광물이나 삼림의 반출, 그리고 만주와 극동 러시아로 진출하기 위한 연계로를 확충하는 것이었다. 당시 건설된 철도망의 특징은 남북 방향의 간선 노선과 임산 및 광물자원 반출을 목적으로 건설된 산업 철도 지선이 중심이었다.

한반도를 강점하고 러·일 전쟁에서 승리한 일본은 풍부한 천연자원을 보유하며 대륙 진출의 교두보이자 러시아에 대한 완충지로서 만주 지역이 갖는 전략적 이점을 노려 만주 정복에 주력하였다. 1907년 국책회사인 남만주 철도주식회사를 설립하여 다롄–봉천(지금의 선양), 안동(지금의 단둥)–봉천의 간선 철도를 장악한 후 조선 철도와 만주 철도의 운수 체계를 일원화하여 동북아 철도 네트워크를 완비해 갔다. 1928년 지린–둔화敦化 간, 1933년 둔화敦化–투먼 간 철도가 개통되어 한반도 북쪽의 도문선(동관진–웅기)과 연결, 나진항과 연계됨에 따라 중국 동북 지역과 일본 간의 거리가 크게 단축되었다☞4. 그리고 1934년 둔화–투먼 선의 차오양촨朝陽川과 카이산툰을 연결하여 조개선朝開線을 부설하고 함경북도 종성의 상삼봉과 연결함으로써 만주–조선–일본을 연결하는 또 하나의 지름길이 만들어졌다(전송림, 1911). 1930년대 들어 일제의 만주 침략이 본격화되면서 두만강 중·하류에 10여 개의 교량이 부설되어 조선과 중국은 철도뿐 아니라 도로도 연결되었다.

한편 한반도의 북부 변경지대에도 자원 반출과 군수물자 운송을 목적으로 많은 철도가 부설되었는데 개통된 주요 노선과 기능은 다음과 같다(김의원, 1982).

- 도문선(웅기–동관진, 155.6km, 1931년): 석탄과 목재의 반출, 만철과의 연락과 만주의 콩 등 잡곡 반출, 한반도 만주 국방·경비의 강화, 동해를 경유한 일본과의 연락

- 혜산선(길주–혜산진, 141.2km, 1937년): 석탄과 목재의 반출, 국방·경비의 강화, 미개지의 개발과 일본인 이민, 동해를 통한 일본과의 연락

- 만포선(순천–만포진, 286.0km, 1939년): 석탄·철광·목재의 반출, 만철과

의 연락, 국방·경비의 강화, 평안도의 개발

- 회령탄광선(회령~탄광, 11.7km, 1928년): 회령탄전의 개발

- 백무선(무산~백암, 192.1km, 1944년): 철광석 반출, 동해안 도시로 연결

- 평북선(정주-청수/수풍, 123.3km, 1939년): 수풍수력발전소 건설

- 그 외 무산선(무산~고무산, 60.4km, 1929년), 다사도선(신의주 장시~다사도, 58.0km), 웅라선(웅기~나진, 15.2km), 아오지선(아오지~오봉, 10.4km)

그림 4-22에서 볼 수 있듯이 일제 말 만주 지역과 한반도의 철도망은 자원 수탈과 대륙 진출을 목적으로 일본과의 연계를 위해 설계된 남북 축이었다. 심단선(沈丹線, 선양-단둥)은 경의선과, 매집선(梅集線, 메이허커우-지안)은 만포선과, 장도선(長圖線, 창춘-투먼)은 도문선과, 목도선(牡圖線, 무단장-투

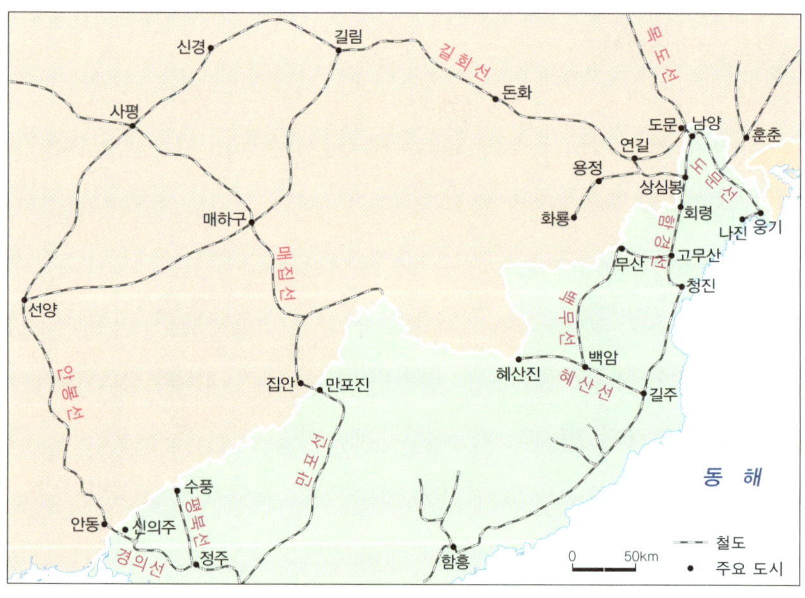

그림 4-22. 일제 말 한반도 북부와 만주 지역의 철도망

먼)은 함경선과 각각 연결됨으로써 일제강점기 동안 일본 열도에서 한반도를 통해 만주 대륙으로 연결되는 동·서·중앙부 3개의 육로 노선이 만들어졌다(그림 4-23)[5]. 가장 먼저 조성된 서쪽 노선은 일본 시모노세키下關에서 대한해협을 건너 경부선과 경의선을 거친 후, 신의주에서 압록강 철교(지금의 압록강 단교)를 지나 안봉安奉 철도(단둥–선양)와 연결되는 병참兵站 노선이다. 일본이 패망할 때까지 일본–한반도–중국 대륙을 잇는 대동맥 역할을 하였다.

동쪽 노선은 일본 니가타新潟나 마이즈루舞鶴에서 동해를 거쳐 나진·청진·웅기항에 닿은 후 함경선이나 투먼선을 통해 투먼–창춘 간 장도선으

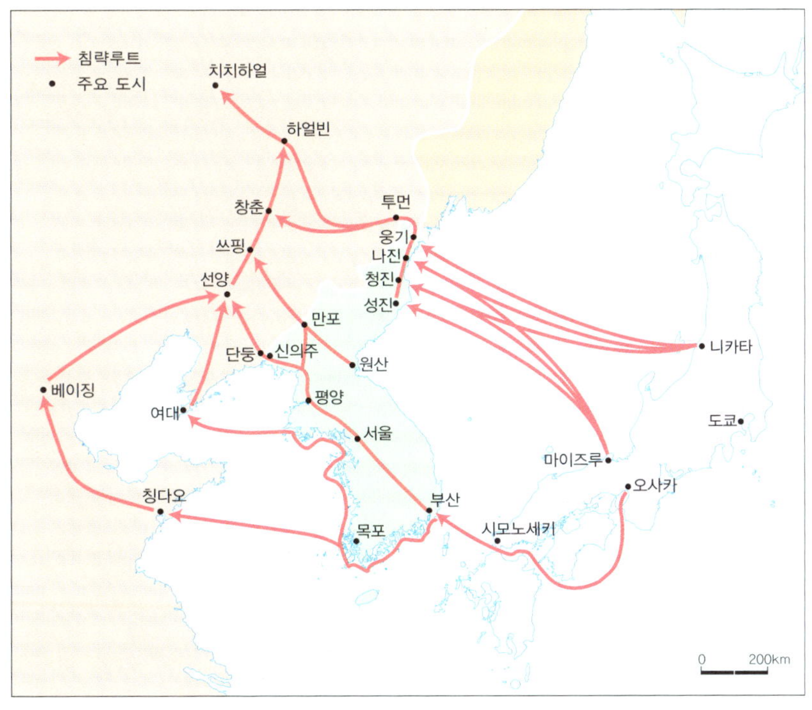

그림 4-23. 일제의 대륙 침략 루트

로 이어지는 소위 북선北鮮 루트이다. 한반도 북부와 동북 만주 일대의 식량과 자원을 일본으로 실어가고, 일본인과 조선 이주민의 이주, 일본 상품을 이 지역에 침투시키는 목적을 가진 노선으로 남양–투먼과 상삼봉–카이산툰 구간이 한반도 북부와 만주를 연결하는 국제 통로 역할을 하였다.

셋째 중앙부 노선은 만포선이 개통된 이후에 조성되었으며 보조적 성격을 가졌다. 경의선에서 갈라져 만포–지안 간 철교로 압록강을 건너 퉁화–쓰핑四平–지린으로 이어지는 내륙 루트로 주로 목재와 광물자원의 반출에 이용되었다. 이처럼 당시 대부분의 철도 노선은 자원 생산지를 중심도시나 항구와 연계시키는 식민지 수탈형의 교통망 구조로서 광복 후 국토의 효율적 이용과 발전에 큰 장애 요인이 되었다.

이 철도 노선들은 지금도 북한과 중국 동북 지역의 주요 간선 교통 역할을 하고 있다.

(2) 접경지역의 교통망

그림 4-24는 현재 북·중, 북·러 접경지역의 주요 교통망이다. 2차 세계대전이 종식되고 신정부를 수립한 북한과 중국은 국토의 균형 발전을 목표로 동서 방향의 교통로 건설에 노력을 기울였다. 그러나 이 접경지역은 산지와 계곡이 많고 국가의 중심부에서 멀리 떨어진 변방이라 교통 효율성이 낮아 새로운 교통로의 건설에 별 성과가 없었다.

지세가 험한 북한 북부 변경의 경우 중앙부 내륙에서 남북으로 뻗은 낭림산맥이 동서 교통에 큰 장애가 되어 예전부터 생활권이 관북과 관서지방으로 나뉘어졌다[6]. 관북지방의 교통은 함북선(반죽–회령–나진, 327km), 무산선(고무산–무산, 58km), 백두산청년선(길주–혜산, 142km) 그리고 평라선(평양–나진, 781km)이 주축이 되고 있다. 함북선은 함경북도 북동부를 순환

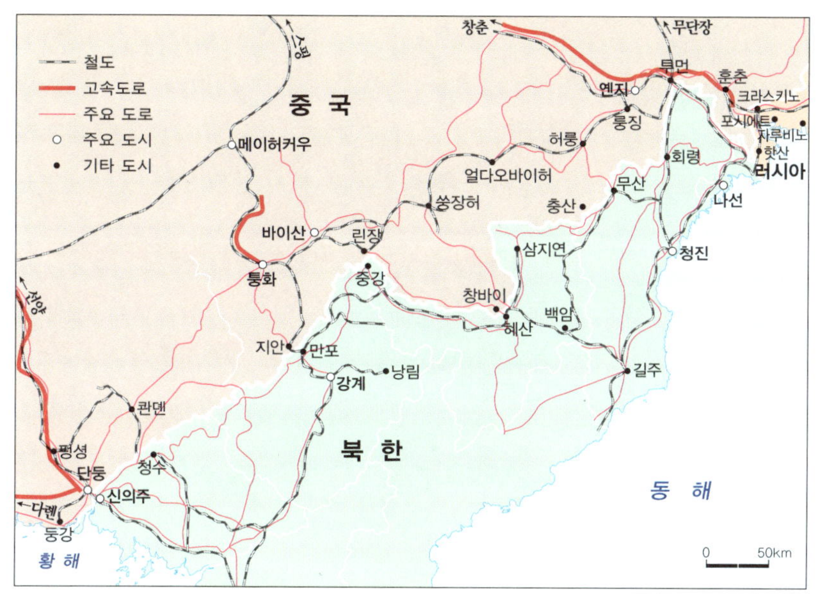

그림 4-24. 접경지역의 교통망

하며(그림 4-25) 남양 역에서 중국의 투먼과, 두만강에서 러시아 핫산 역과 통한다. 무산선은 무산에서 백암청년선으로 이어지고 백암에서 다시 백두산청년선과 연결된다. 평라선은 북한에서 가장 긴 철도로 나진에서 함경북도 동해안을 따라 달리다 평양까지 이어진다. 관서지방은 비교적 평탄하여 평양을 중심으로 교통망이 사방으로 뻗어 있으나, 관서 북부 접경지역의 교통로는 남북 방향으로 중국 단둥과 연결되는 경의선(개성–신의주, 411km), 수풍발전소와 연결되는 평북선(정주–청수, 121km), 중국 지안과 연결되는 만포선(순천–만포, 303km)이 지난다.

북부 변경에서 동서를 연결하는 교통로로 종전에는 북·중 국경의 하천 연안을 따라 연결된 좁고 험한 국경 도로가 유일하였으나, 1988년 함경산맥 북사면의 경사와 굴곡이 심한 압록강변을 따라 만포–운봉–죽전–김형

그림 4-25. 회령 부근을 지나는 함북선 순환 철도

그림 4-26. 산악지대를 지나는 혜산-만포청년선 철도

그림 4-27. 훈춘-카무쇼바야 간 철로_중국의 표준궤와 러시아의 광궤가 함께 놓인 혼합 철도이다.

직_{후창}–김정숙_{신파}–삼수–혜산–보천–삼지연을 잇는 혜산–만포청년선(옛 혜산선)의 전 구간을 전철화시킴으로써 북부 내륙의 자강도와 양강도를 이어 주게 되어 변경 내륙 지역 주민의 이동과 산지의 자원 개발이 용이해졌다(그림 4-26).

한편 중국의 동북 변경지역에서는 1974년 옌볜 자치주 바이허_{白河}와 통화 시 혼강 간 장림선_{長林線} 철도가 부설되었는데 이 노선은 동서 연결뿐만 아니라 백두산 지구의 종합개발을 목표로 건설된 것이다. 또 두만강 하류 개발을 위해 1993년 완공된 도훈(圖琿線, 투먼–훈춘) 철도는 아직 비정기 노선으로 화물열차만 통과하지만, 2001년 훈춘에서 창링즈_{長嶺子}를 거쳐 러시아의 카무쇼바야와 연결(그림 4-27)되는 등 러시아 철도망과 연계되어

그림 4-28. 동변도 철도 노선

앞으로 두만강 하구 개발에 주요 수단이 될 것이다.

중국은 동북 지역의 경제 부흥을 위해 2003년부터 동북진흥전략을 추진해 왔다. 동북 지역은 농산물·목재·건자재·광물과 석탄·석유 등 자원의 주요 생산지로서 경제발전 잠재력은 크나 교통 기반시설이 낙후하다. 동서 교통로가 부족하고 국제항인 다롄 항이 있으나 물류 적체가 심하고 다둥 항(大東 港)은 아직 활성화되지 못하였다. 이에 중국은 동서 간 연계를 원활히 하고 러시아나 북한 등의 외부와 연계에 유리한 동변도東邊道 철도를 복원하고 있다. 헤이룽장 성의 무단장牡丹江에서 랴오닝 성 다롄에 이르는 길이 1,380km의 동변도 철도는 기존 18개 노선의 연장인 970km 구간은 그대로 활용하고, 연결되어 있지 않던 3개의 구간인 첸양前陽-좡허庄河 간 165.3km, 퉁화通化-콴수이灌水 간 179.5km, 허룽和龍-얼다오바이허二道白河 간 103.2km(2008년 12월 개통)의 총 410km만 새로 부설하는 것이다. 2011년 헤이룽장 성 수이펀허綏芬河에서 중·러 국경지역, 북·중 국경지역을 지나 랴오둥 반도의 다롄에 이르는 전 구간이 개통되면(그림 4-28) 중국 동북 지역의 주요 경제발전 축이 될 것이며, 러시아 및 북한 변경지역과의 연계도 수월해 질 것이다.

북·중·러 3국의 교통은 철도 중심의 교통 체제로서 도로 교통이나 하천 운송은 보조 역할을 해왔다. 최근 중국은 경제성장과 함께 자동차 교통이 급속히 발전하면서 고속도로의 건설은 물론 변경지역의 2급 도로와 군사 도로까지 포장되고 있다. 2007년 말 단둥과 선양 간 273km의 4차선 고속도로, 2008년 말에 개통된 창춘에서 투먼까지 4차선 고속도로를 연장한 62.7km의 투먼-훈춘 간 고속도로도 2010년 완공함으로써 창춘에서 훈춘에 이르는 583km가 종전 8시간에서 4시간 30분으로 단축되었다. 압록강 하구의 둥강과 단둥 시구 간에는 압록강 대로가 완공되었고, 압록강 단둥에서 창뎬, 린장에서 창바이에 이르는 강변도로는 포장 공사가 거의 완료되었다. 백두산 순환도로도 확장 및 포장 중이다. 두만강의 강변도로 역시 하구의 팡촨으로부터 훈춘까지는 도로포장이 완료되었고 두만강 중류의 투먼·카이산툰 주변과 상류의 충산·바이진 일대의 도로도 포장 공사 중이다.

　북한도 최근 도로 운송의 중요성을 강조하여 철도 위주의 교통정책에서 탈피하고 있으나[7], 극심한 경제난과 에너지 부족으로 아직 큰 진전은 없다. 특히 북부 변경은 높은 산지와 고원이 많아 동서 내륙을 잇는 도로가 발달하지 못하였다. 신의주에서 초산-혜산-고무산 간 800km의 동서 국경도로는 경사가 심한 고개가 많고 대부분 비포장의 1~2차선 도로로 협소하여 운송이 원활하지 못하다. 함경북도 변경지역의 도로망으로는 변경도시인 무산·회령·나진에서 청진으로, 또 무산에서 나진을 연결하는 2~3급 도로와 청진-회령-온성-경원-선봉-나진-청진의 함북순환도로가 있다(그림 4-24). 이 도로들은 대부분 폭 6m 내외의 비포장 군용도로이며, 산악지대를 지나는 구간이 많아 도로 상태가 좋지 않다. 나진-원정 간 도로는 최근 양국 간 화물 이동이 가장 빈번한 주요 도로가 되었으나, 도

그림 4-29. 압록강의 수운_(좌) 수풍호의 나룻배, (우) 압록강 하류의 여객선

로의 굴곡이 심하고 비포장이라 최근 중국 기업의 투자로 도로 개선 사업
이 시작되었다.

과거 이 접경지역의 주요 운송 수단은 압록강과 두만강을 이용한 수운
이었으나 압록강에 댐을 축조한 후 강 상류까지 선박이 항행할 수 없게 되
었고 토사 퇴적으로 강바닥이 얕아져 주운舟運은 일부 구간에서만 이루어
지고 있다. 양안 통나무 수송의 50% 이상을 차지하던 떼몰이(뗏목 운반)도
이전처럼 원활하지 않고 북한 측의 일부 구간에서만 이용된다(북한지지,
2003). 현재 하운은 연안마을 주민의 이동(그림 4-29)이나 통나무, 양곡 등
화물수송에 보조적 역할을 한다. 중국의 경우도 자동차 교통이 보편화되
면서 압록강과 두만강의 내륙수로 기능은 거의 사라지고. 압록강의 지안
과 단둥, 두만강의 투먼과 팡촨 등의 관광 위락지에서 관광용 보트를 운항
하는 정도이다.

일제 침략기 동안 통합되었던 한반도와 만주 지역의 철도 네트워크는
일본의 패망, 중국의 내전, 한국전쟁을 거치면서 파괴되었고 냉전기 동안
접경지역의 국제 교통로는 노후화되고 역할도 축소되었다. 그러나 지금도

그림 4-30. 단둥 역에 정차한 평양-베이징 국제 열차

북한 접경지역에는 북·중 간 3개, 북·러 간 1개 노선 등 다음 4개의 국제철도가 지난다.

① 신의주–단둥을 지나는 평양–베이징 간 국제철도(그림 4-30)는 총 1,347km로 북·중 교류의 핵심 노선이다. 1983년부터 여객열차 운행이 시작되어 현재 주 4회 왕복하며 화물열차는 부정기적으로 운행되고 있다.

② 남양–투먼을 경유하는 청진–남양–투먼–옌지 노선은 김책 제철소의 제선 작업에 소요되는 중국산 코크스의 운송로로 이용된다. 나진·선봉 경제특구 개발과 함께 1997년 말부터 나진–남양 간 직행 화물열차를 운행하여 연간 6천 개 규모의 컨테이너 운송이 가능하게 되고, 나진을 경유하여 중국으로 들어오는 러시아 화물의 통과 운송도 이루어진다.

③ 만포–지안 구간은 현재 주 2회 화물과 여객 열차가 운행된다.

④ 북한 두만강 역–러시아 핫산 역을 지나는 국제철도는 러시아 광궤와 북한 표준궤(그림 4-31)의 혼합 철도로 핫산 역에서 청진의 남강덕 역에 이르는 134km 구간에 광궤가 놓여 있어 러시아에서 나진항이나 청진으로 바로 진입할 수 있다. 평양–청진–나진의 평라선과 함북순환선이 두만강 역에서 두만강 친선교를 통해 핫산–하바로프스크–바이칼–모스크바 간 10,214km의 시베리아횡단열차와 연계된다. 이 국제철도 구간에는 화물과 여객열차가 운행되는데 북한 여객열차는 연해주 벌목장이나 건축 현장에 파견된 노동자들의 이동 수단으로 이용되고, 화물열차는 주로 러시아 통과화물의 수송에 이용된다. 구소련 시기에는 연간 통과화물이 400만 톤 정도로 나진항을 통해 동남아로 가는 중계 화물이 상당 부분을 차지하였다.

그림 4-31. 나진과 핫산의 복선궤도_(좌) 나진, (우) 핫산

한편, 도로를 통한 초국경 연계로는 9개의 하천 교량과 1개의 육지 통로 (쌍두봉–쌍무평)를 통해 이루어지는데, 트럭을 이용한 변경 교역품의 운송이나 양안 주민의 친지방문 · 변경무역 종사자 · 사업가 · 공무원 · 관광객 등의 이동 통로로 이용된다. 최근 북 · 중 간 변경무역이 활발해지면서 국경 출입처로 통하는 중국 측 연계 도로의 개선 사업이 활발하다.

냉전 체제가 붕괴되고 세계경제의 개방화로 동북아 지역에서도 국가 간 상호의존 관계가 요구되면서 기존 국제 교통로의 복구와 활용에 대한 중요성이 대두되고 있으며 현재 중국 변경지역을 중심으로 북한 및 러시아와의 연계 교통로가 정비되거나 신설되고 있다.

2. 변경도시의 발달

변경도시의 형성

압록강과 두만강 북안北岸의 평탄한 대지나 넓은 하천 충적지에는 고구려의 국내성(國內城, 지금의 지안 시)과 발해의 동경도호부(東京都護府, 지금의 훈춘 시) 같은 고대古代 도시가 입지하였다. 북안에 비해 하천의 남안南岸은 지세가 험하여 도시 발달에 적합하지 못한 환경이었다. 그러나 고려 말과 조선 초기에 북변北邊 방어를 위해 설치한 요새要塞나 사군육진은 군사 기능을 가진 초기 국경도시로 볼 수 있다. 또 고려와 조선조 초기에 하천 양 지역의 산물을 교환하기 위해 압록강 연안 중강中江 의주에 장시場市가 열렸다. 청의 건국으로 조선과 무역이 활기를 띠면서☞8 17세기 중엽에 이르러서는 공무역뿐 아니라 사무역·밀무역까지 성하자 함경도 회령과 경원에 무역 시장인 북관개시北關開市가 열렸고(1637~1887)☞9, 옌볜의 화룡욕和龍峪·광제욕光霽峪·서포강西布江에는 호시互市가 세워져 조선의 회령·종성·경원과 통상 교류가 활발하였다. 이 도시들은 초기 변경교역도시로 볼 수 있다. 그러나 17세기 말부터 19세기 중·후반에 이르기까지 백두산·압록강·두만강 일대가 봉금지대로 책정되면서 사람의 활동과 출입이 제한되어 취락이 형성되지 못하였다.

무인지대無人地帶였던 이 접경지역에 19세기 후반부터 새로운 농토를 찾아 만주나 연해주로 월강越江하는 조선인이 점차 늘어났다. 초기에는 은폐하기 쉬운 산골짜기나 구릉지에서 밭농사를 하며 취락을 형성하였으나 논농사가 보급되면서 많은 조선인들은 비옥한 하곡평원으로 옮겨 왔다. 20세기 들어 일제가 한반도를 강점하자 탄압과 착취에서 벗어나려는 많은 조선의 농민들이 만주로 들어오면서 벼농사가 가능한 두만강과 압록강 연안의 하곡평야지대에 수많은 조선인 마을이 생겨났다.

일제의 대륙 침략이 본격화되면서 조선 북부 지방과 만주 지역의 자원 개발과 함께 항구·교량·철도·도로 등 사회 기반 시설들이 속속 건설되기 시작하였다. 그리고 자발적 또는 강제적으로 이주해 온 조선인들이 농경지나 자원 개발지, 교통의 요지에 모여들면서 다양한 기능의 신도시들이 출현하였다. 북한 북부 지역에는 일제 대륙 침략의 교두보 역할을 한 나진항과 웅기항이 건설되었고, 행정 중심지로 혜산과 신의주가 신설되었으며, 경의선과 만포선의 종점인 신의주와 만포가 만주로 가는 관문도시로 급속히 성장하였다. 또 임산자원과 광물자원이 풍부한 회령·무산·혜산은 자원개발도시로, 청진은 항구도시이며 공업도시로 발전하였다.

한편, 중국 측 변경에도 새로운 근대 도시들이 출현하였다. 이주 조선인을 관리 및 통치하기 위해 옌지와 룽징이 행정 중심지가 되었고, 단둥과 투먼은 철도 중심도시로, 식민지 교역이 늘어나면서 단둥과 훈춘은 일본과의 교역도시로 발전해 갔다. 또 백두산지의 풍부한 삼림자원을 기반으로 투먼의 스샌石峴과 룽징의 카이산툰에는 현대적 제지 공장이 설립되었다. 그러나 2차 세계대전에서 일본이 패망하자 대륙을 향한 교두보로, 또 개발 거점으로 성장해 가던 변경도시들의 기능이 급속히 위축되었다. 더욱이 2차 세계대전 후 북·중·러 3국이 사회주의 체제를 택하면서 외부 지향적이던 변경도시들은 활로를 잃고 오랫동안 침체되었다.

그러나 20세기 말 중국과 러시아가 개방하면서 반세기 가까이 외부 세계와 접촉없이 방치되었던 접경지역의 항구와 변경도시들이 새로이 개발 거점으로 주목을 받기 시작하였다. 중국은 1988년 단둥에 이어 1992년 훈춘·투먼·옌지 시를 개방도시로 지정하였다. 러시아 역시 1992년 태평양 연안의 블라디보스토크를 시작으로 나호트카·자루비노·슬라비얀카 등 항구도시들을 개방하였다. 동북아에서의 이러한 변화는 북한에도 영향을 미쳐 1992년 나진·선봉지구를 개방 지역으로 선포하였고, 2002년에는 신의주 일부 지역을 특별 행정구로 지정, 개방화를 계획하였으나 아직 본격적인 개방이 이루어지지는 않았다. 최근 중국과의 교류가 증대되면서 신의주·만포·혜산·회령·나선 등 변경도시에는 시장이 열리고 중국 변경도시와 상품교역이 활발하다.

변경도시는 대외 정치 상황에 민감하다. 인접국과 적대적인 관계일 때는 방어를 위한 군사적 기능이 강화되면서 상호 교류가 감소하고 경제는 위축된다. 반면 양국이 우호적인 관계를 유지하면 협력과 교류가 활발해지면서 접경지역의 도시들은 성장한다. 입지적으로 볼 때 북·중 변경도시들의 발전 잠재력은 매우 크다. 동북아에서 정치 상황이 안정되면 국가나 지역 간 상호보완성을 바탕으로 변경무역이 확대된다. 또 태평양권과 유라시아 대륙권의 접촉 부분으로서 운송과 물류 거점도시로 발전할 수 있다. 그 외에도 다민족 거주에 따른 독특한 문화경관, 국경지역이 갖는 특수한 정치경관, 백두산의 자연 생태환경, 고구려와 발해의 유물 유적, 일제 저항기의 자취 등 다양하고 풍부한 역사 문화유산 등은 주요 관광자원으로서 변경도시 발전의 동력이 될 것이다.

최근 조선족이 많은 동북 지역 도시들은 경제적으로 빠른 발전과 함께 사회적으로 큰 변화를 겪고 있다. 개혁 개방 후 취업이나 학업을 목적으로 한국이나 일본 등 해외로 진출한 조선족이 급속히 늘면서 외지에서 송금된 자금으로 도시경제가 활성화되는 한편, 가족해체에 따른 여러 가지 사회문제가 심각한 수준이다. 다른 한편으로는 조선족 인구 비율의 감소로 조선족자치주로서의 존립 문제도 제기되고 있는 실정이다.

주요 변경도시의 분포와 특성

북·중 접경지역에서 주요 도시들은 주로 압록강과 두만강 양안의 유역분지, 하안단구 또는 하천의 합류점이나 하구 충적지에 입지한다. 하천 양안에는 산지가 발달하여 넓은 평지가 없으며 더욱이 변방지대라 큰 도시가 발달하지는 못하였다. 대부분의 변경도시는 인구 10~30만 규모의 중

소도시이다. 그림 4-32는 주요 변경도시의 분포이다. 중국 측 접경지역에서 가장 큰 도시는 압록강 하구의 단둥 시할구와 단둥 시 외항인 둥강東港이고, 지안·룽징·훈춘·허룽 등 현급시는 인구 20만~30만 명 규모의 소도시이다. 북한 측은 평안북도 도 소재지인 신의주가 36만 명, 양강도 도 소재지인 혜산은 인구 규모가 20만 명에도 못 미친다. 인구 규모가 큰 도시는 교통이 편리한 하구 지역에 입지하고 접근이 불리한 중·상류 내륙으로 갈수록 도시 규모가 작아져, 변경도시의 발전은 외부와의 접근성이 주요 인자임을 알 수 있다.

북·중 접경지역의 주요 변경도시들은 강을 사이에 두고 마주 보며 발달하는 쌍자도시와 유사하다. 압록강 연안의 신의주와 단둥, 만포와 지안, 혜산과 창바이와 두만강 연안의 남양과 투먼은 시가지가 연결 교량을 중심으로 마주 보며 하천을 따라 선형線形으로 발달해 있다. 일반적으로 변

그림 4-32. 주요 변경도시의 분포

표 4-3. 주요 변경도시의 인구 규모

(단위 : 명)

	50만 이상	30~50만 미만	20~30만 미만	10~20만 미만	10만 미만
중국	단둥 시할구 768,771 둥강 645,896	콴뎬 44만 옌지 436,375	룽징 240,550 훈춘 218,978 허룽 205,818 안투 21만 6천 지안 230,540	린장 185,800 투먼 132,021	창바이 8만 7천
북한		신의주 359,341	혜산 192,680	나선 196,954 회령 153,532 온성 127,893 만포 116,760 무산 123,721	
러시아					핫산 2,300

자료 UNFPA, 2009, 조선 민주주의 인민공화국 2008년 인구 일제조사 전국보고서.
延邊州統計局 編, 2008, 延邊統計年監.
吉林省地方志編纂委員會 編, 2008, 吉林年監.
遼寧年監 編輯部 編, 2008, 遼寧年監.

경도시는 국가도시체계의 말단부에 위치하므로 국내 도시보다는 국경 너머 상대국 도시와의 상호보완 관계를 통해 발전한다. 현재 이 변경도시들 간에는 소규모 변경무역과 친지 방문 수준에서 교류가 이루어지나, 앞으로 북한의 개방화가 진전되어 접경지역의 경제가 활성화되면 상호보완성을 바탕으로 한 보다 긴밀한 도시네트워크가 형성될 것을 예상할 수 있다.

다음은 하천을 사이에 두고 서로 마주한 주요 변경도시들의 특성을 개략적으로 살펴보았다.

(1) 압록강 하구의 신의주와 단둥

압록강 하구에 마주한 신의주와 단둥은 입지적 여건으로 인해 오랫동안 밀접한 관계를 맺어 왔다. 먼저 신의주는 20세기 초까지도 의주부義州府에 속한 이름 없는 한촌閑村이었으나 경의선이 완공되면서 철도 교통의 중심지로 발전하였다. 원래 신의주는 압록강 하구의 범람원으로 갈대가 우거진 저습지였으나, 1905년 경의선 철도를 부설할 때 하천의 범람을 막기 위해 제방을 축조하면서 새로이 건설한 계획도시이다(강석오, 1971). 1909년 경의선이 완공되고 1911년 압록강 철교의 완공으로 신의주는 남만주 철도와 연계, 국제 교통 관문도시가 되었고, 1921년 평안북도 도 소재지가 의주에서 신의주로 이전된 후 급속히 발전하였다.

단둥 역시 16세기 중엽까지도 압록강을 따라 왕래하던 랴오둥인과 조선인의 통행로에 위치한 한적한 어촌이었다. 청조 때 봉금 지역에 속한 후 180여 년 동안 방치되었다가 19세기 중반부터 조선인에 의해 개간되기 시작하였다. 1882년 청 정부는 둥강을 개항하여 조선과 통상 무역을 개시하였고(白光潤 외, 2005), 1894년 중일전쟁이 시작되면서 일본이 안동(安東, 현재 단둥)[10]을 침략하였다. 1904년 러일전쟁에서 승리한 일제는 이곳을 군사 중심지로 만들기 위해 안봉선(安奉線, 지금의 심단선)을 부설하였다. 그리고 안동항(현재의 둥강)을 개항하고 단둥에 통상국을 설치, 정식으로 무역항이 되면서 단둥은 일제 침략기 동안 일본과 대륙을 연계하는 제1관문 역할을 하였다.

신의주는 평안북도 도 소재지이며 서해안 최북단에 위치한 한반도의 대륙 관문이며 북·중 교류의 전초기지로써 북한 제1의 변경무역도시이다.

단둥 시는 중국에서 가장 동쪽에 위치한 항구도시이며, 서해에서 중국 내륙으로 통하는 전략적 요충지이다. 단둥 시는 둥강東港 시, 펑청風城 시, 콴뎬寬甸 만족자치현과 단둥 시구 내에 전싱振興 구, 위안바우元寶 구와 전안振安 구를 포함한다. 시 전체 인구는 242만 7천여 명(2008)이며 그 중 단둥 시구 인구는 768,771명(2008)으로 신의주 인구의 2배에 가깝다.

신의주와 단둥은 일찍부터 경공업이 발달한 교통과 교역도시이다. 신의주는 수풍댐이 만들어지기 전까지 압록강 상류에서 벌류한 목재의 집산지로서 목재 관련 공업과 압록강 하구 비단섬에서 나는 갈대를 원료로 제지공업이 발달하였다. 압록강 수계의 전력을 배경으로 화학 · 제분 · 제련 · 방직 · 기계 등 대형 공장이 많았다(김의원, 1972). 그 외에도 1962년 설립된 북한 최대 규모의 신의주 화장품 공장이 입지한 북한 최대의 경공업 도시로 발전해 왔다.

해방 후 중국이 방어에 불리한 변경에는 대규모 공장을 세우지 않는다는 공업입지 전략을 시행하자 단둥은 명주, 제지공업 등 전통 가공업 위주의 낙후된 산업구조에서 벗어나지 못하여 1960년대까지도 경제적으로 신의주에 의존하였다. 그러나 개혁 개방 후 중국 정부가 경공업을 적극 장려함에 따라 이미 경공업 기반을 갖추고 있던 단둥은 경방, 전자공업 등을 바탕으로 동북 지역의 대표적인 경공업도시로 부상하였다.

외부로 열린 유사한 입지 조건을 가진 두 도시는 국내 · 외 정세에 따라 도시 발전에 차이가 크다. 북한의 경제난이 심하지 않던 1970년대 까지도 단둥의 경제는 신의주에 의존적이었으나, 중국의 경제가 급성장하면서 역으로 단둥의 경제력이 신의주를 거의 지배하고 있다. 두 도시의 시가지는 연결로인 압록강 철교 주변부터 개발되기 시작하여 각각 강을 따라 선형線形으로 발달하였다(그림 4-33), 최근 단둥 시가지가 서쪽으로 둥강까지 확

그림 4-33. 신의주와 단둥
(□ 위성사진의 범위)

그림 4-34. 대조적인 모습의 신의주와 단둥_단둥 시내 고층 건물 사이로 강 건너 신의주 시가지가 보인다.

장되고 동쪽으로도 강변을 따라 고층 건물과 주택이 들어서고 있는 데 반해, 신의주 시내의 주택은 낡고 공장은 멈추어 활기를 찾을 수 없어 매우 대조적인 모습이다(그림 4-34).

압록강에서 서해로 나아가는 길목에 위치한 두 도시는 다른 도시들에 비해 교통이 편리하여 근대 이후 교역과 교통의 도시로 발전해 왔다. 신의주는 경의선 철도와 1호 국도를 통해 평양과 연결되고 덕현선과 백마선이 지나며 북부 국경지대를 지나는 10호 국도의 기점이다. 일찍부터 압록강 하운도 발달하여 만조를 이용하면 500톤급 기선이 소항遡港할 수 있었다. 그러나 조차가 크고 토사의 퇴적으로 수심이 얕고 고르지 못하여 국제무역항이 되기에는 단둥에 비해 항만 조건이 불리하다(평화문제연구소, 2005).

단둥은 중국 내륙으로 향하는 서해안의 해상 관문이다. 선양과는 고속도로와 철도로, 다롄과는 고속도로로 연결되었고 동변도 철도도 곧 개통

그림 4-35. 수산업 기지 둥강 어항_서해에서 어로작업을 하는 중국 어선들이다.

된다. 단둥 시구에서 43km 거리에 있는 외항인 둥강은 1907년 청 정부가 대외 개방을 한 후 변경의 작은 도읍에서 랴오닝 성의 상업 무역 중심지로 성장해 왔다(盧嘉, 2005). 다롄에 이어 중국 동북 지역 제2의 항만으로 1988년 개방되었는데, 만 톤급 부두가 10개나 되는 랴오닝 성의 주요 수출항이며 수산업 기지(그림 4-35)이다. 인천과 주 3회에 걸쳐 페리가 운항되고 있다.

최근 단둥의 급속한 발전은 북한과의 관계에서 비롯되었다. 단둥은 북한이 식량과 에너지 등 생존에 필수적인 물자를 들여오는 무역항구이다. 압록강 철교와 압록강변의 송유관 기지는 그 상징이며[11], 대북한 전용 무역항인 랑터우도 있다. 두 도시 사이에는 철교뿐만 아니라 부두 시설, 송유관 등 운송 시설이 설치되어 있다. 잘 갖추어진 인프라 외에도 1960년대 전후 중국에서 정치적 박해나 기근을 피해 신의주로 이주해 갔던 중국 조선족과 한족 등 화교 7,000여 명이 북·중 무역 활동을 주도하고 있다. 하루에도 수차례 화물 트럭들이 중국산 생필품이나 가전제품 등을 싣고 압록강 철교를 건너고, 북한에서 수산물이나 광물을 싣고 온다. 화물열차도 이틀에 한 번 압록강 철교를 왕복하고, 수로를 통한 하운도 활발하다.

이러한 배경을 바탕으로 단둥의 변경무역액은 매년 25% 이상씩 증가하며 도시의 발전을 이끌고 있다(于国政, 2005). 물류 운송 외에 사람의 왕래도 많다. 베이징–평양 간 국제 열차가 이틀에 한 번씩 통과하며 2004년부터 평양과 단둥 사이를 오가는 정기 국제여객버스가 신설되었다. 이는 북·중 간의 무역 및 관광 교류가 활성화되고 있음을 보여 주는 것이다. 중국 정부는 단둥을 대북 교류의 교두보로 육성하고 있다.

최근 단둥은 변경교역도시이자 관광도시로도 발전하고 있다. 후산 장성 같은 역사 유적, 한국전쟁과 관련한 압록강 단교나 항미抗美 전쟁기념관, 북한 신의주 조망 및 압록강 수변시설 등 관광자원이 다양하고 풍부하여 내국인뿐만 아니라 한국 관광객도 크게 늘고 있다(그림 4-36).

중국의 경제 개방이 가속화되면서 단둥은 1988년 연해개방도시로 지정되고 1992년 변경경제합작구가 설치되었다. 2002년 단둥–선양, 2005년에는 단둥–다롄大蓮 고속도로가 개통되었고, 둥강東港까지 신압록강 공로도 완공되었다. 현재 동변도 철도 공사도 마무리 단계에 있고, 하구 연안을 따라 단둥신구丹東新區, 중조경제합작구中朝經濟合作區, 항구공업원구港口工業園區를 조성하고 있으며, 신압록강 대교 건설도 시작되어 중국 동북 지역 최대의 변경도시로 눈부시게 발전하고 있다.

한편 북한은 2002년 신의주 일대를 특별행정구로 지정하고 홍콩처럼 일국양제一國兩制를 도입, 경제개혁의 시범 지역으로 조성하는 계획을 세

그림 4-36. 단둥 시 압록강변 관광지_북한 상품과 한국 상품을 함께 판매한다.

였다. 신의주 시가지는 물론 인근의 용천군과 의주·염주·철산군 일부 지역을 특구에 포함시킴으로써 내부적으로는 북한 경제 재건의 중심으로, 외부적으로는 동북아 물류 중심지로 발전시킨다는 복안을 가지고 있었다. 특구 지역은 홍콩보다 면적이 넓으며, 섬인 홍콩과 달리 해안 국경도시이 므로 중국 내륙과 해안, 한반도 남쪽과 북쪽을 모두 연결할 수 있는 강점 을 가지고 있다. 장기적으로 볼 때 경의선과 대륙횡단 철도가 연결되면 남 한 기업과 일본을 포함한 서방기업들의 투자 유치에 유리하여 발전 잠재 력이 큰 도시이다.

(2) 압록강 중류의 만포와 지안[12]

만포와 지안은 압록강 중류 내륙의 국경 관문도시이다. 두 도시는 철교 로 연결되어 일찍부터 양국의 무역과 주민의 왕래에 중요한 내륙 통로 역 할을 해왔다. 만포의 중심 시가지는 지안에서 동으로 5km 정도 떨어진 대

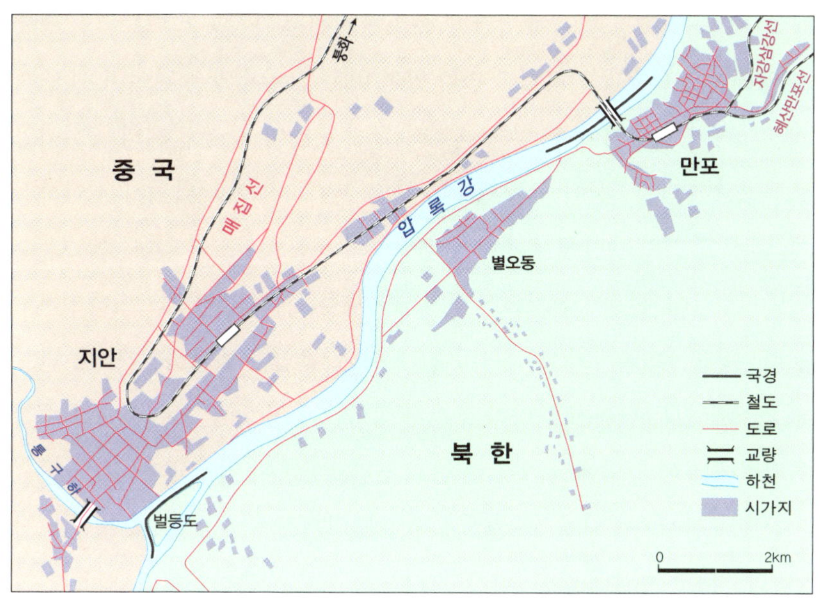

그림 4-37. 만포와 지안

안에 위치하며 철도와 강을 따라 길게 발달하였다(그림 4-37).

'만포滿浦'라는 지명은 압록강으로 다니는 많은 배가 머물던 고장이라는 데서 비롯되었으며(평화문제연구소, 2005), 조선 초기 북방 경비를 위하여 성城을 쌓고 진鎭을 설치하면서 만포진으로 불렸던 국방상 요지였으며, 지금도 북한의 전략상 요지이다. 낭림산맥과 강남산맥에서 갈라진 산맥들이 뻗어 있는 방어에 유리한 입지 조건으로 광복 후에는 자강도 도 소재지인 강계와 함께 병기 제조와 탄약 공장 등 군수공업기지로 개발되었다. 자강도 만포군이었으나 1967년 만포시로 승격하였다. 인구 11만 7천 명(2008)의 소도시로, 시가지는 강남산맥 북사면의 저산지와 압록강과 독로강 연안의 충적지와 철로를 따라 북동–남서 방향으로 약 50km에 걸쳐 좁고 길게 발달하였다.

　압록강과 건포강 연안에 발달한 좁은 평지에는 자강도의 대표적인 평야로 알려진 고산벌과 건하벌이 펼쳐 있어 비교적 논이 많은 편이며 시 면적의 77.7%가 삼림지이다. 일제 때부터 목재 산업이 지역 경제의 중심이었으며 1939년 만포선이 개통된 이후부터 본격적으로 개발되기 시작하였다. 주변이 전력 생산에 유리하여 대규모의 운봉발전소와 함께 중소형 수력발전소들이 곳곳에 설치되어 있는 데 풍부한 전력을 바탕으로 타이어·전력·방직·피복·기계·식료·건재·화학공업이 발달하였다. 또 만포와 강계를 잇는 단층선을 따라 조선계 석회암이 대상帶狀으로 분포하여 압록강변에는 이 지역에서 가장 큰 만포 시멘트공장이 입지한다.

　만포는 관서지방 내륙 교통의 요지이다. 만포선(만포–순천)으로 평양과 연결되고, 혜산–만포청년선, 자강삼강선(만포–운봉)의 출발지이며, 압록강 철교를 통해 중국의 매집선과도 연결된다. 만포와 지안 간에는 2008년부터 주 3회 여객열차가 운행되고 있으며, 매일 열차 두 량이 지안으로 나가 당일로 돌아오는데 그 중 하나는 혼합열차로 여객과 화물을 함께 운송한다. 주로 석탄과 비료를 비롯한 화물을 취급하고 있으며 목재와 광석 등을 중계 수송한다(평화문제연구소, 2005).

　지린 성 통화 시에 속하는 지안集安은 1988년에 현급 도시가 되었다. 인구 23만 명(2008)으로 한족·조선족·만족·회족 등 9개 민족이 어울려 살고 있다(吉林省 地圖册, 2007). 압록강을 사이에 두고 자강도 만포시 및 자성·초산·위원 군과 마주한다. 철교를 통해 만포와 연결되는 대표적인 대북한 통상구이며, 지린 성 통화 시의 남북을 관통하는 대동맥인 매집선의 기점으로서 압록강 중류 내륙 교통의 결절이다.

　지안은 오랜 역사도시이다. 압록강과 비류수라 불렸던 혼강渾江을 끼고 있는 중·저산지대로 동북이 높고 서남이 낮다. 시의 북쪽에서 동남으로 뻗어 있는 노령老嶺산맥이 찬 북서 계절풍을 막아 주고 여기에서 발원한 수많은 지류가 압록강으로 흘러들며 토질이 비옥하여 하천 유역을 중심으로 기원전 3천 년 전부터 인류 문명이 있었다. 또 기원전 1~5세기에 걸쳐 430년 간 고구려 두 번째 도읍都城인 국내성國內城이 자리 잡았던 정치 · 경제 · 문화의 중심지였다. 지금도 도시 곳곳에 1,200여 개의 고분군古墳群을 비롯하여 광개토대왕비, 장군총, 환도산성 등 수많은 고구려 유물과 유적이 산재해 있는 역사 · 문화도시이다.

지안 일대는 천연자원이 풍부하다. 특히 삼림자원이 다양한데 천녀목란 · 자송 · 측백 등 진귀한 수종들과 귀한 약재, 특히 신개하新開河 유역에서 생산되는 백두산 인삼은 지안의 특산물로서 지안을 인삼성人蔘城이라 부르기도 한다. 이외에도 포도 · 오미자 · 양봉 등 지역 특산물을 기초로 한 농산물 가공업이 특화되어 있다(白光潤 외, 2000). 이처럼 탁월한 생태 환경과 왕성과 왕릉 등 고구려 문화 유적이 2004년 세계문화유산으로 지정되면서 관광산업이 크게 발전하고 있다. 최근 지안-만포-묘향산-평양-판문점의 북한 관광 코스가 생기는 등 2000년 이후 해마다 관광객이 30%, 관광 수익이 50~60%씩 늘어나[13] 관광업은 지안 경제발전의 원동력이 되고 있다(陈绍辉 · 陈楠, 2005). 또 1988년 경제 개방구로 지정된 후 변경무역도시로 발전하고 있으며, 압록강상의 북한 섬인 벌등도筏登島에 변민호시무역구를 개설할 계획도 있다.

(3) 압록강 상류의 혜산과 창바이

백두산지의 남쪽 산록에 위치한 혜산과 창바이는 압록강 상류 연안에서 가장 큰 도시이다. 혜산은 양강도 도 소재지이며 국경도시로서 중심 시가지는 동으로 4km 대안의 창바이 조선족자치현과 마주한다. 두 도시의 시가지는 압록강으로 유입하는 지류와 압록강변을 따라 형성되어 있다(그림 4-38, 4-39). 하천 상류 지역이라 수심이 얕고 강폭이 좁아 일찍부터 양측 주민의 교류가 활발하였다.

혜산시는 1954년 양강도가 신설되면서 도 소재지가 되었으나 내륙 산간이라 발전이 늦어 도 소재지임에도 낙후하여 인구가 20만 명에도 못 미친다. 도시의 규모는 작으나 백두산 혁명 전적지 건설의 중심으로서 정치적 중요성은 큰 도시이다.

혜산은 압록강과 지류인 허천강이 합류하는 하곡분지상에 위치한다. 시의 동북은 백두산 용암류의 영향으로 1,000m 이상의 고원을 이루며, 시의 동쪽과 남쪽 경계에 높은 산들이 솟아 있고 서쪽에는 허천강이 흐른다. 도시의 3/4이 산지로 경작지가 절대적으로 부족하여 도시에서 멀리 떨어진 급경사의 산지까지도 다락밭으로 개간되어 있다. 농경지는 시 전체 면적의 18%에 못 미치고 그나마 대부분이 밭이다. 주택은 낡았으나 개인 집 울타리 안에는 텃밭☞14이 잘 가꾸어져 있고, 압록강은 혜산 주민의 중요한 생활공간이다(그림 4-40).

'혜산'이라는 지명에서 짐작할 수 있듯이☞15 혜산의 지역 경제는 산지 의존도가 높다. 일찍이 백두산 일대의 대삼림을 노린 일제가 북부 지역의 개발을 빌미로 육성한 임산도시이다. 1937년 일제가 동해를 통해 일본으로 통나무를 실어 나르기 위해 혜산과 길주를 잇는 혜산선 철도를 가설하고 영림서營林署를 설치하면서 혜산은 고원지대의 교통과 경제의 중심지가 되었다. 백두산 동남쪽 산림자원을 집산 · 벌류 · 제재하는 목재 관련 산업이 크게 발달해 왔으나, 1970년대 이후 산림자원이 고갈되어 지금은 약초 · 산나물 · 호프와 모피 생산지이다. 방직 · 제지 · 신발 · 임업기계 · 들쭉술 가공업 등이 주산업이며, 동 · 아연 · 금 등 광물자원이 풍부하여

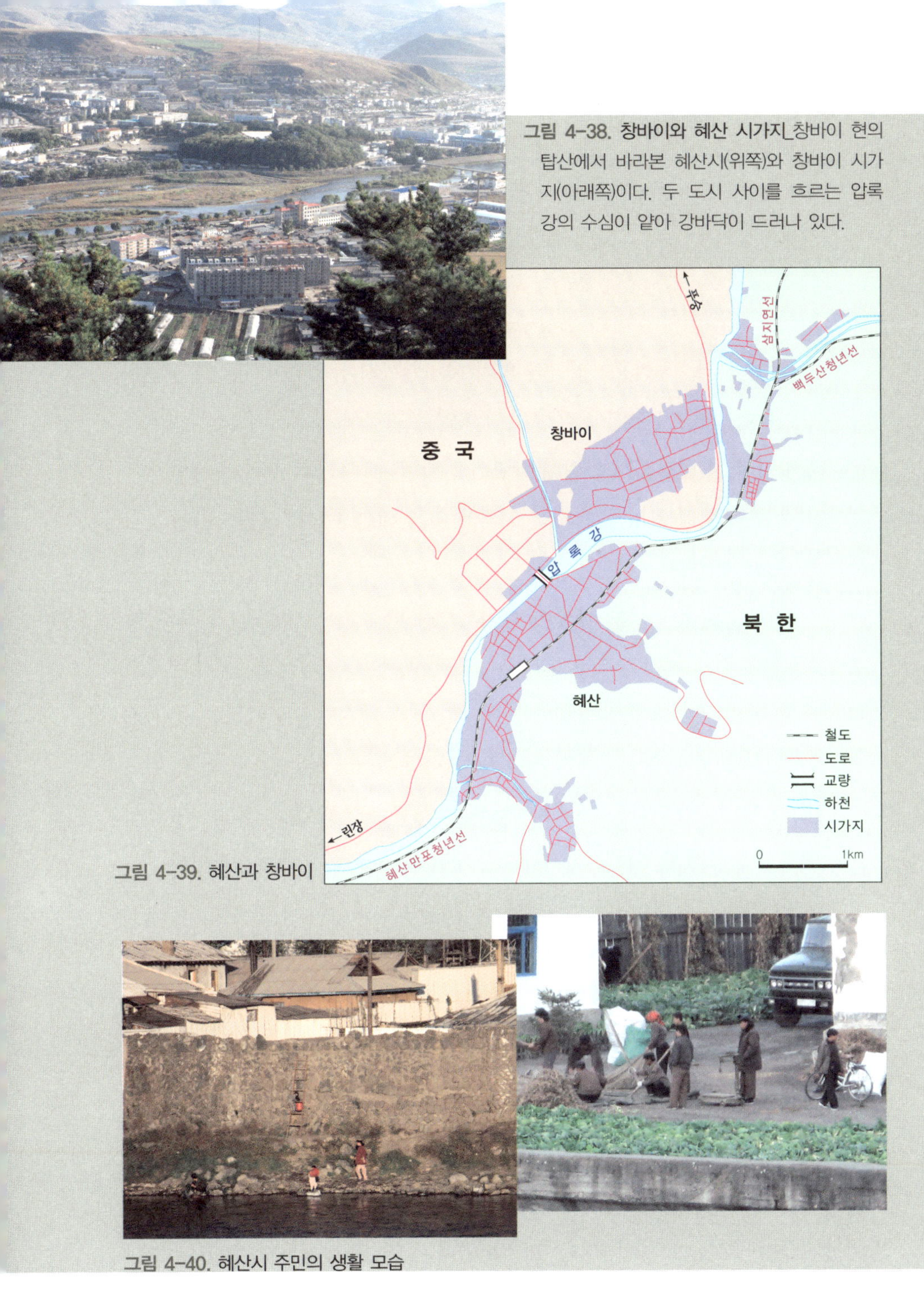

그림 4-38. 창바이와 혜산 시가지_창바이 현의 탑산에서 바라본 혜산시(위쪽)와 창바이 시가지(아래쪽)이다. 두 도시 사이를 흐르는 압록강의 수심이 얕아 강바닥이 드러나 있다.

그림 4-39. 혜산과 창바이

그림 4-40. 혜산시 주민의 생활 모습

채취산업광업이 발달하였다. 최근 중국 허베이 성 롼허의 실업 집단 유한 공사와 혜산 동광 개발을 위한 합작 회사도 세워졌다.

최근 혜산은 임산도시라기보다는 양강도 행정의 중심이며 변경무역 도시로 커가고 있다. 1980년대 이후 북한 경제가 계속 침체되고 중국의 영향이 확대되면서 창바이 통상구를 통해 들어 온 중국산 상품이 혜산시장을 거쳐 신의주·함흥·평양과 멀리 사리원까지 유통되어 전국의 상인이 모여든다. 접근이 어렵고 감시가 쉽지 않은 변경에 있는 지대라 밀수가 성행하여 다른 변경도시에 비해 상업이 활발하다. 혜산을 '리비아 혜산' ☞16 이라 부르는 데 이는 북한 다른 지역에 비해 혜산 주민의 생활수준이 높다는 것을 의미한다.

혜산은 양강도 도로 교통의 중심으로서 북청–혜산 간 1급 도로와 혜산–길주 간 도로가 동해안 도시와 연결되고, 신의주–우암 간 동서 국경도로가 지난다. 동해안으로 통하는 혜산선, 백두산청년선과 국경을 따라 혜산–만포청년선, 삼지연선이 지나 내륙 지역의 농·임산물 집산지가 되고 있다. 특히 1988년에 완공된 혜산–만포청년선은 총연장 252km의 동서 연결 철도로서 북부지대의 지하자원 개발에 큰 도움이 되는 철도이다.

창바이는 압록강 건너 동남 방향으로 양강도 혜산시 및 삼지연·보천·삼수·김정숙·김형직 군과 마주한다. 백두산 남쪽 사면에 위치한 창바이는 외부에서 접근이 어려운 오지奧地이나 혜산의 대안이라는 입지 조건으로 일찍부터 마을을 형성하였다. 압록강 상류로 수심이 얕고 강폭이 넓지 않아 이주해 온 조선인이 개발한 도시로 1988년 현으로 승격한 유일한 조선족자치현이다. 전체 인구 8만 4천 명(2008) 중 조선족이 16.4%를 차지하는데 다른 조선족 지역과 마찬가지로 외지로 나가는 조선족이 많아 그 비율이 줄어들고 있다. 내륙 지역이라 다른 도시보다 뒤늦은 1991년에 개방되었으나, 대안의 혜산시와 교류를 통해 내륙의 교역 중심지로 성장하고 있다.

창바이 현의 일부는 북쪽의 얼다오바이허 진, 서쪽의 쑹장허松江河 진과 함께 장백산자연보호구로 지정되어 있다☞17. 백두산 남쪽 산록의 높은 산지들이 솟아 있고 중국 측 최고봉인 2,051m의 망천아望天鵝에서 흘러내린 수많은 지류들이 압록강으로 흘러든다. 산지와 하천이 어우러져 삼림 피복율이 80%에 달하며 원시림도 다소 남아 있다. 목재 보유량이 2771만 m³이고 연 채벌량은 16만m³로 지린 성의 대표적인 임업지이다. 지역 내의 14개 임산물 가공 공장에서 만든 위생저·합판·바닥재·악기 제조용 목제품 등 10개 계열 60여 종의 목재 생산품을 일본·한국·대만·홍콩 등에 수출한다. 그 외 20여 년의 연구와 개발을 통해 구역 내 400만m³에 달하는 인삼 재배지를 조성하여 연간 250만kg에 달하는 인삼을 생산하고 있다.

백두화산지대에 속하여 광물자원이 다양하고 풍부하다. 마안산馬鞍山 규조토硅藻土는 매장량이나 품질이 중국 최고 수준으로 잠재 매장량은 2억 톤으로, 현재 미국회사와 합자경영을 하고 있다. 그리고 마루거우馬鹿溝에는 매장량 210만 톤의 카올리나이트Kaolinite 광산, 100만 톤의 지개석誌蓋石 광산, 220만 톤에 달하는 명반석 광산의 탐사를 마침으로써, 머지않아 광업은 이 지역의 주요 경제원이 될 것이다. 또한 압록강 상류 지역으로 포장수력이 풍부하여 지역 내 18개의 크고 작은 수력발전소와 철 합금·금속 제련 등 전력 소모가 큰 기업들이 입지해 있다.

창바이 현은 북·중 접경지역에서 가장 내륙으로 지형이 험하고 교통이 불편하다. 창바이와 외부를 연결하는 철도는 없고, 북서쪽 푸쑹(扰松, 무송) 현과 서쪽으로 바이산 시와 연결되는 성급 도로와 북으로 얼다오바이허로 이어지는 2급 도로 외에 외부로 통하는 도로도 없다(그림 4-39). 창바이에서 바다로 나가려면 랴오닝 성의 단둥이나 지린 성의 훈춘보다 북한 혜산을 통하는 것이 훨씬 가깝다. 2008년 쑹장허에 창바이 삼림 공항이 세워져 창춘과 베이징 노선이 개설되었다.

(4) 두만강 상류의 무산과 허룽

두만강 상류부 연안의 단구상에 입지한 무산은 함경산맥 북서쪽 백무고원의 일부로 시 면적의 90% 이상이 산지이다. 두만강 연안 계곡을 중심으로 형성된 무산 시가지는 두만강 연안과 지류인 성천수와 연면수 유역을 따라 펼쳐져 있다. 함경북도 최대의 광업도시로 인구는 12만 4천 명(2008)이며 대부분이 무산철광과 관련된 노동자와 그 가족이다(그림 4-41).

무산은 고구려와 발해의 영역이었으나 발해가 멸망한 후에는 여진인이 살면서 동북량東北涼으로 불렸다. 조선 초 북방의 방어를 위해 세운 6진의 하나로 국방상의 요지였는데, 두만강을 따라 장성을 쌓을 때 나무가 무성하고 산이 많은 고장이라는 뜻에서 무산茂山이라는 지명을 갖게 되었다(평화문제연구소, 2005). 원래는 감자나 보리를 심던 빈곤한 화전 농업지대였으나, 일제 때 두만강 연안의 목재 집산지가 되면서 통나무 생산과 목재 가공이 성하여 임산도시로 발전하였다. 두만강재豆滿江材로 불리던 두만강 연안의 삼림은 주로 무산과 백암에서 채벌하여 임산철도인 백무선(백암-무산)을 통해 동해안으로 반출되어 일본으로 실려 갔다.

성천수 골짜기의 무산광산은 매장량이 13억 톤에 달하는 아시아 최대 자철광 산지로 외부에 드러난 부분만 243m에 달하는 노천광露天鑛이다. 1916년에 발견되었으나 철 함유량이 35~40%로 낮아 채굴이 보류되었다가 채광과 선광 기술이 발달된 1935년 이후 활기를 띠었다(강석오, 1971).

그림 4-41. 무산의 광산과 시가지

광복 후 북한은 채취 산업을 발전시키기 위해 대규모 시설을 갖춘 무산광
산연합기업소를 건설하였고 여기에서 생산되는 철광은 주로 청진·김
책·송림 제철 및 제강소의 원료로 이용되고 있다. 최근 중국은 북한과 합
의하에 동북 지역 개발에 필요한 철을 무산철광에서 공급 받아 많은 철광
분鐵鑛粉이 중국으로 실려 나가고 있다.

무산은 큰 산지가 둘러 있으나 하천 계곡을 따라 건설된 교통로를 통해
외부로 연결된다. 성천수를 따라 동남 방향으로 무산선이, 연면수를 따라
남서 방향으로 백무선이 놓여 있으며, 이 밖에 전용선으로 사용되는 철
광–무산광산연합기업소 간, 무산 역–무산 제재공장 간(3.5km) 철도와 임
산철도가 부설되어 있다. 도로 교통은 두만강 기슭을 따라 동서 국경 도로
인 신의주–우암 간 도로가 통과하며, 고무산–무산, 홍암–연사 간 도로가

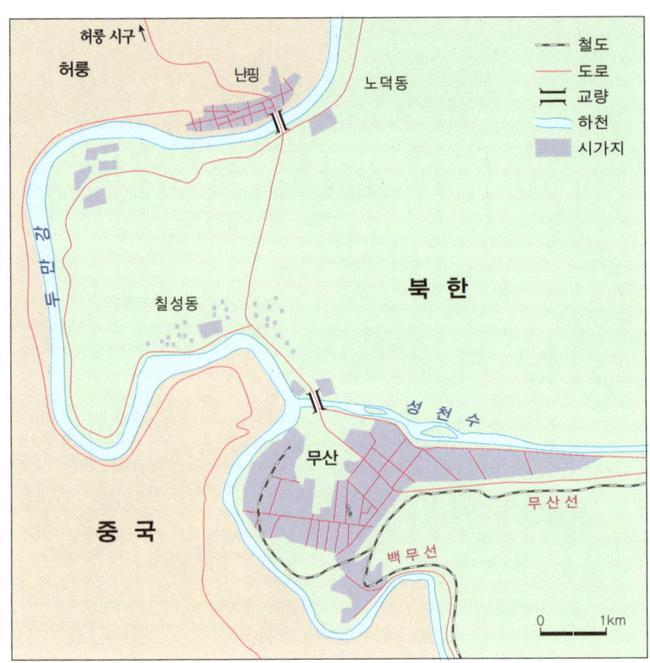

그림 4-42. 무산과 허룽 시 난핑

개설되어 있다(그림 4-42).

　허룽 시는 두만강 상류의 옌볜 조선족자치주 서남부에 위치하며 1993
년 현급시가 되었다. 인구는 20만 5천 명(2008)이고 조선족이 60%를 차지
한다. 두만강을 사이에 두고 북한 양강도의 대홍단군, 함경북도의 무산군
과 마주하는 데 두만강변의 충산진은 무산군 삼장리와, 난핑진은 무산군
칠성리와 각각 교량으로 이어진다. 허룽 시의 중심 시구는 두만강에서 떨
어진 내륙에 위치하며 두만강변은 산지가 임박하여 상류 연안에는 충산
이외에는 취락이 발달하지 못하였다. 충산을 지나면서 두만강은 북동 방
향으로 흐르는데, 활주사면을 따라 발달한 단구는 현무암 급애急崖에 평탄
한 대지를 만든다. 대지에는 삼림이 우거지고 평탄하여 개간에 적합한 토

지가 비교적 많아 작은 마을이 입지한다.

시의 서부는 백두산에 가까워 고산준령을 이루며 높이 1,676m의 증봉산甑峯山 외에 1,000m 이상의 봉우리가 55개나 되며, 상류연안 쿠오핑廣坪에는 넓은 용암대지가 발달해 있다. 여름 평균기온은 18~20℃, 연평균 강수량은 500~700mm로 삼림 생육에 적당하며 남강南岡산맥이 시 중앙부를 가로질러 삼림 피복율이 81.5%에 달한다. 시의 중앙부를 북동으로 흐르는 해란하와 남동으로 흐르는 홍기하紅祺河를 따라 간선도로가 지나며, 삼림이 울창한 임장林場 사이로 도로가 이어져 있다. 장도선長圖線 철도가 룽징 시 차오양촨에서 허룽 시구까지만 연결되어 있었으나 2008년 허룽에서 안투 현의 얼다오바이허에 이르는 동변도 철도가 연결되면서 동서 간 교통이 편해졌다.

허룽 시는 구청리 구안과 난핑 구안을 통하여 북한과 무역을 하며, 2005년부터 구청리 구안을 통한 북한 측 백두산 관광 코스가 개통되어 관광객이 해마다 증가하고 있다. 난핑진은 허룽 시에서 남쪽으로 50km 거리의 두만강변에 위치한(그림 4-42) 인구 1만 명 정도의 작은 마을로 주민의 3/4이 조선족이다. 해발 390~760m의 산지로 콩·옥수수·담배·벼를 재배하고 삼림이 풍부하여 임업이 발달하였다. 최근 북·중 철광 교역이 활발해지면서 운송 트럭 주차장이 들어서 허룽 시구와 철도가 연결되는 등 급속히 발전하고 있다.

(5) 압록강 중류의 회령과 룽징

두만강 중류 연안의 회령시는 옌볜 자치주 룽징 시와 마주한다. 두만강 중류는 강폭이 좁고 얕아 과거 조선인의 주요 도강지渡江地였다. 특히 회령 부근은 월경인越境人이 가장 많아 상삼봉, 남양과 더불어 한반도 동북부의 국경 관문으로서 중요하였다. 회령시는 북한에서 옌볜 자치주로 향한 관문이며, 함경북도 동북지방의 교통 중심지로서 청진·온성·무산과는 철도와 도로로, 나진과는 도로로 직접 연결된다. 주변이 함경산맥과 여맥들에 둘러싸인 큰 분지이며, 시가지는 두만강과 지류인 회령천·팔을천·보을천 연안의 충적지에 형성되었다. 두만강 연안에서 가장 큰 도시이며(2008년 인구 15만 3천 명), 김일성의 처인 김정숙의 고향이라는 상징성 때문에 북한 변경지역의 다른 도시들에 비해 시가지가 잘 정비되어 있다(그림 4-43).

역사적으로 회령시는 한반도에서 중국 내륙으로 통하는 국경 요충지였다. 조선 초기 김종서가 여진을 물리치고 6진을 설치할 때 회령에 진을 설치하면서 도호부로 승격되었고, 조선 중기에는 청과의 무역을 위해 회령 개시가 개설되는 등 일찍부터 군사 요지이며 변경무역도시로 발달하였다.

그림 4-43. 회령 시가지

일제의 만주 침략 후 무역 왕래가 더욱 빈번하였고 특히 1924년 창춘–투먼 간 철도가 개통되면서 룽징과 함께 상품 무역의 중심지로 발전하였다. 일대에 석탄과 석회석이 많이 매장되어 있어 일제 때 회령탄광이 개발되었고, 무산에서 벌류한 원목을 이용한 제재 공업이 발달하였다. 광복 후에도 풍부한 삼림과 석탄을 기반으로 한 채굴업·기계공업·제지업이 중심 산업이 되고 있다.

교통은 함북선이 시의 중심을 남북방향으로 지나고 있으며 여기에서 회령–유선 간, 금생–궁심 간, 신학포–세천 간의 산업용 지선이 분리되고

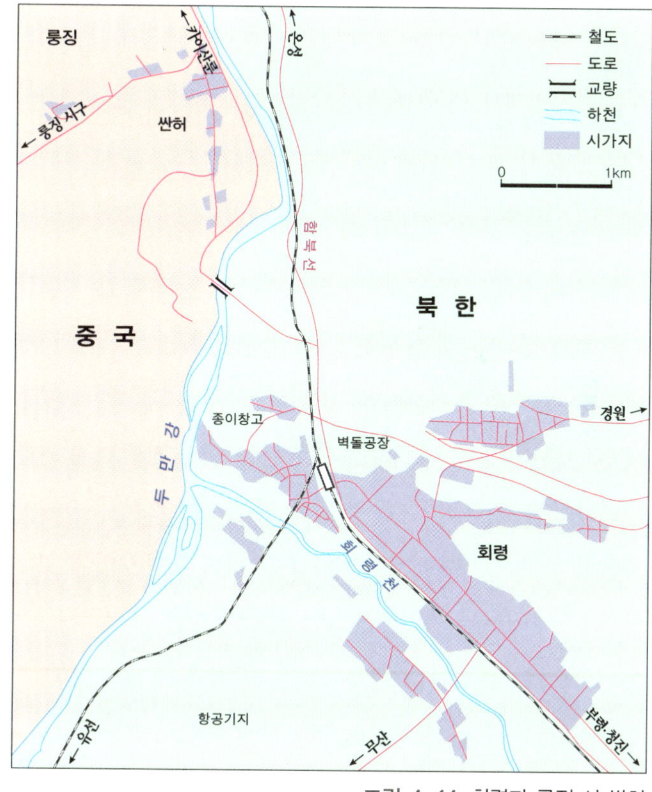

그림 4-44. 회령과 룽징 시 싼허

있다. 청진-회령 간 2급 도로와 회령-무산, 회령-온성, 회령-경원 간 도로는 함경북도 북부 지역의 순환선을 이룬다(평화문제연구소, 2005)(그림 4-44).

룽징 시는 옌볜 조선족자치주의 중부에 위치하며 1988년 현급시가 되었다. 인구는 24만여 명(2008)에 달한다. 동쪽은 옌지 시, 동북쪽은 왕칭 현, 서북쪽은 안투 현, 서쪽은 허룽 시와 인접하며, 남쪽은 두만강을 사이에 두고 함경북도 온성군·회령시와 마주한다. 싼허-회령시, 카이산툰-온성군 삼봉노동자구 간에 교량이 연결되어 있다. 룽징 시는 일찍이 이주 조선족이 정착하여 만든 도시로 초기 조선족의 경제·교육·문화 중심지였으며, 항일 독립운동의 근거지로 지금도 전체 주민의 65.5%가 조선족이다.

산지가 많아 전체 면적의 반 이상이 삼림지대로 임산자원이 풍부할뿐 아니라 석유·연·아연·동·금·규회석·석회석·대리석 등 광물자원이 다양하다. 작은 지류와 저수지가 많아 수자원이 풍부하며, 산지 사이를 흐르는 하천을 따라 비교적 넓은 분지가 펼쳐져 있어 농업이 발달하였다. 여기에는 전국 최대 규모인 룽징 과수 농장이 있으며, 특산물로 잎담배·사과배·송이버섯이 재배되고 있다. 룽징은 조선인의 이주 초기 중심지로서 조선족 이주 및 독립운동과 관련된 룽징 지명기원 우물기념비, 조선족 민속박물관, 일송정, 윤동주 생가, 대성중학교 등 유적들이 많다.

싼허는 룽징 시구에서 40여 km 떨어진 두만강변에 있다. 벼·옥수수·콩 등을 재배하는 인구 5,500명 정도의 작은 국경 마을이다. 싼허 구안을 통해 회령으로 오가는 화물차량은 빈번하나 거의 통과 화물이라 마을은 한산하다. 최근 싼허 구안을 경유하여 북한의 회령-청진-칠보산 관광 코스가 개설되었다.

⑹ 철도 교통의 중심 남양과 투먼

한반도에서 가장 북쪽에 위치한 국경도시이자 관문도시인 남양(온성군 남양 노동자구)은 두만강을 사이에 두고 옌볜 자치주 투먼 시는 철교와 도로교로 연결된 작은 국경 취락이다(그림 4-45). 온성군의 북쪽 끝 두만강변에 자리 잡은 남양은 원래 온성읍이었으나 1975년 철도와 관련하여 노동자구가 되었다. 항일 투쟁 시기에 김일성의 활동지였으며 혁명 구호 문헌이 발굴 보존되어 있는 공산당 사적지이다. 남양은 함북선과 도문선이 연결되는 국제 철도 교통의 요지이다. 철도 기반 시설이 노후하여 이용률이 낮아졌으나 앞으로 두만강 유역의 경제가 활성화되면 발전 가능성이 높은 입지 조건을 가지고 있다.

남양시가 속해 있는 온성군은 발해의 옛 땅으로 발해가 멸망한 후 여진족이 들어와 살면서 다온평이라 불렸다[18]. 오랫동안 이민족의 점거지였던 까닭에 개발이 늦어졌으나, 북방 개척이 활발하던 조선 초기에 건설된

그림 4-45. 남양 시가지

6진의 하나였다. 온성군은 한반도 최북단에 위치하며 더욱이 두만강 골짜기가 중국 쪽으로 열려있어 겨울 추위가 매우 심하다. 북부와 서부 변두리로 두만강이 흘러 구릉과 평야를 이루며 북류하던 두만강 물길이 동남으로 바뀌면서 심한 퇴적작용으로 많은 모래섬을 만들었다. 남부는 구릉성 산지와 저산성 산지이다. 산지가 많고 목초가 풍부하여 예전부터 면양을 사육해 왔으나 경지가 부족하여 농업은 영세하다.

온성은 두만강 연안의 석탄 채굴업 외에는 특별한 경제 기반이 없었으나, 함경선이 청진에서 회령으로 연장되고 두만강 연안을 따라 부설된 투먼선이 1933년 중국의 투먼-둔화敎化 간 철도와 연결되면서 철도 교통도시로 발전하였다. 서부와 북부 지역으로 신의주-우암 간 국경 도로와 함북선이 통과하며 남양과 삼봉에서 각각 중국의 투먼과 카이산툰으로 철도가 분리된다(평화문제연구소, 2005).

투먼 시는 두만강 중·하류 지역의 대표적인 국경도시이며 중국 동북 지역 철도 교통의 중심지이다. 투먼 시의 시가지는 북한 남양시와 연결된 철교와 도로교를 중심으로 펼쳐져 있다(그림 4-46). '투먼'이란 만주어로 여러 갈래의 물이 합류하는 곳이라는 뜻으로 두만강과 가야하, 부얼하통하가 흘러들어 1932년 이전에는 회막동回幕洞 또는 하전자河轉子로 불렸다(박청산, 2005).

투먼 시의 역사는 70여 년으로 짧은 편이다. 초기에는 백여 호의 인가밖에 없던 한적한 마을이었으나 1933년과 1935년 장도선창춘-투먼과 목도선 무단장-투먼이 잇달아 개통되고 북한과 중국을 잇는 철교와 도로교가 준공되어 북한과 연계되면서 동북아 교통의 요지로 발전하였다(圖們市地方志編纂委員會, 2006). 이 같은 입지 조건을 바탕으로 북·중, 중·일 교역 중계지가 되면서 동북 지역에서 다롄 항 다음으로 중요한 통상도시로 발전하였다. 만주국 시기에 일제는 투먼에 영사 분관과 헌병 분견대를 두었고, 만주국은 투먼 주재 외교부 판사처 등의 기관을 설치하면서 옌볜 지역의 행정 중심지가 되었다.

1963년 옌볜 자치주가 직할시로 승격되면서 투먼은 경제와 문화 중심지로 발전해 왔으나, 북한과의 교역이 점차 감소하면서 지역 경제가 침체되었다. 신문 용지를 생산하는 스샌石峴 백록제지회사 외에는 지역 발전을 위한 뚜렷한 자원이나 경제적 기반이 없어 그동안 국경지역 경관을 자원

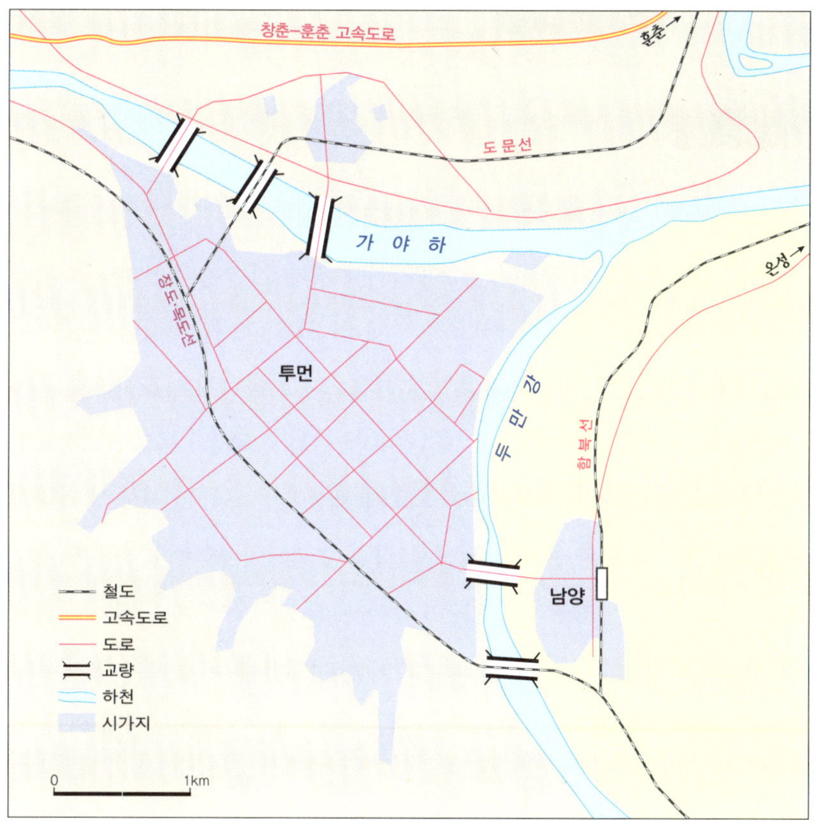

그림 4-46. 남양과 투먼

그림 4-47. 투먼 시 국경 관광_관광객은 돈을 내고 다리 중간의 경계선까지 갈 수 있다.

으로 하는 관광 수입에 의존해 왔다(그림 4-47).

현재 투먼 시 인구는 13만 명(2008)이나 경제 기반이 취약하여 외지로 나가는 청장년층이 크게 늘어나고, 전체 인구의 59%를 차지하던 조선족이 급속히 감소하면서 두만강 유역의 거점도시로 빠르게 성장하는 훈춘이나 옌지와 대조가 되고 있다. 그러나 투먼 시는 장로선·목도선·천도선 철도의 출발점이며 창춘까지 고속도로가 개통되어 교통이 사통 발달하고 북한의 나진·청진과 철로와 도로로 직접 연결되어, 중국 동북뿐 아니라 북한이나 러시아 극동지구를 이어주는 국제 교통의 중추적 위치이다(白光潤 외, 2000). 대북한 무역의 주요 통상구로서 러시아·일본과의 수출입 물자도 중계 수송하고 있으나, 남·북 및 북·일 간 정치 관계에 크게 영향을 받고 있다. 앞으로 동북아 국가 간 갈등이 해소되면 기존의 교통 기반 시설을 기반으로 북·중, 중·러 간 교역이 활발해질 것이며, 2009년 시작된 창지투 개발의 핵심도시로서 투먼 시의 발전 잠재력이 크다.

(7) 두만강 하구 3국 접경지역의 나선 · 훈춘 · 핫산

나선 · 훈춘 · 핫산Khasan는 UNDP가 주관해 온 '두만강 개발계획'의 북 · 중 · 러 3국의 거점도시이다. 세 도시는 두만강 하구에서 북한 나선시(두만강 노동자구)와 러시아 핫산은 경계를 접하며 두만강 철교로 통하고, 북한 나선과 중국 훈춘은 원정교(취엔허–원정리)로 연결된다. 중국 훈춘과 러시

그림 4-48. 두만강 하류의 나선 · 훈춘 · 핫산

아 핫산 사이는 산과 늪지가 가로 놓여 있어 중·러 간 통상구(훈춘 구안)가 위치한 창링즈長嶺子를 지나는 철로와 도로를 통해 연결된다. 그러나 이 도시들의 중심 시가지는 멀리 떨어져 있다(그림 4-48).

세 도시 모두 두만강 하구에 위치한 국경 도시이나 각기 특성이 다르다. 나선시는 양항良港을 가진 항구도시이고, 핫산은 시베리아횡단철도의 종착지로 철도 교통도시이며, 훈춘은 동해로 직접 나아갈 수 없어 내륙도시와 같다.

먼저 나선시는 북한이 중국식 개방을 실험하기 위해 1991년 만든 경제특구이다. 당시에는 나진시와 선봉웅기군 2구역으로 나뉘어져 있었으나 2000년 두 지역을 통합하여 나선직할시를 신설하였다. 개방 후 별 성과가 없자 북한은 본격적인 외자 유치를 위해 2010년 중앙 정부 관할의 나선특별시로 재 지정하였다.

원래 동해안의 한적한 어촌이었던 나진과 웅기선봉는 일본의 대륙 침략 경로 중 하나인 북선北鮮루트☞19의 관문도시로 개발되면서 발전하였다. 나진은 1932년 대륙 침략의 거점인 북만주의 종단항으로 개항될 때 축항 공사와 함께 도시계획에 따라 시가지가 건설된 우리나라 최초의 계획도시이다(강석오, 1971; 김의원, 1982). 나진항은 냉전기 동안 북한의 폐쇄 정책으로 대외무역항의 기능이 크게 위축되었으나, 1972년 나진항의 일부를 구소련의 동남아시아 무역 중계항으로 대여하여 러시아 수출 화물의 환적항으로 이용되기도 하였다. 동해 연안 최고의 양항으로 연간 400만 톤의 화물처리 능력을 가진 나진항은 현재 5개 부두로 확충 중이다.

나선시는 해상뿐 아니라 육상 교통도 발달하여 훈춘과는 도로로, 연해주 핫산과는 철로로 연결되는 국제 관문이다. 또 한반도 동북 지역 교통의 요지로 평라선·함북선 철도와 지선인 두만강선·승리선·홍의선 철도들이 부설되어 있으며, 청진-나선시-우암간 1급 도로와, 나선시에서 두만강을 따라 2급 도로가 연결되어 있다. 나진 역(그림 4-49)은 평라선과 함북선의 종착역이며 러시아 철도와 연결되는 광궤가 놓여 있다. 러시아와의 국경 역인 두만강 역은 나진과 남양으로 통하는데, 두만강 역이 있는 두만강 노동자구는 750여 호 가구에, 거주 인구 2,300여 명 정도의 작은 국경 마을로 주민의 대부분은 철도 노동자와 가족이다[20].

동북아 수송망 체계에서 중계 수송 기지로서 유리한 나선시의 입지적 이점은 20세기 말 두만강 유역 개발계획으로 다시 부각되었다. 즉 이 지역은 북한·중국·러시아 3국이 접하는 중심부이자 최단 동해항로를 확보할 수 있는 위치에 있어 환동해권 물류 유통의 중심hub으로서 발전 잠재력이 크다. 북동 방향으로 러시아 핫산을 거쳐 블라디보스토크와 연결되어 시베리아횡단철도(TRS)를 통하여 유럽까지 나아갈 수 있고, 중국 쪽으로는 훈춘이나 투먼을 통하여 중국횡단철도(TCR), 만주횡단철도(TMR)와 연계가 가능하다. 또 동해 항로를 통하여 한국, 일본 뿐 아니라 동남아시아나 북미와도 연계될 수 있는데, 기존 항로에 비해 운항 거리가 짧아 해상 간선 항로 상에서 중간 귀착지나 환적 화물 유치 항으로서 유리한 것으로 평가되고 있다[21].

북한은 동북아시아와 북서태평양을 이어 주는 국제 관문으로서 나선시의 역할을 기대하고 나진 항만 개발에 주력하고 있다. 현재 나진항의 중계 수송은 바다로의 출구가 없는 중국 동북지방을 대상으로 나진항을 통해 동해 항로로 연결시키는 형태로 이루어지고 있다. 북한은 나진항의 물량을 확보하기 위하여 나진-부산 간 정기 컨테이너 항로의 개설을 허용하였고, 1995년부터 중국 옌벤의 현통집단 자회사인 한국의 동룡해운이 정기 화물 운항 사업을 해 왔다.

훈춘 시는 훈춘하 유역분지에 입지하며 훈춘령 동쪽으로 러시아와 접하고, 서남쪽으로 두만강을 사이에 두고 북한의 나선시·경원군·경흥군과 마주한다. 이 일대는 고구려와 발해의 옛 땅으로 훈춘 시의 팔련성八連城 자리는 발해의 세 번째 수도인 동경용원부東京龍源府였고, 일본과의 교역을 위한 주요 길목으로서 해상 비단길로 불렸던 '일본도日本道'가 훈춘에서 중·러 국경의 창링즈와 러시아 크라스키노Kraskino를 거쳐 일본으로 이어졌다(방학봉, 1999). 발해가 멸망한 후(949) 여진족의 활동 무대가 되었으나, 19세기 말 청이 이 지역에 대한 봉금령을 해제하자 함경도 경흥과 경원의 산간 지역 농민들이 대거 이주해 와서 개척을 주도하였다. 청이 서보강(현재의 훈춘 시 산쟈즈 향)에 통상국을 설립하고 변경지방의 개간을 독려하자, 원래부터 벼농사 기술이 출중했던 조선인들이 관개가 가능한 두만강과 훈춘 강 하곡의 충적지에 벼농사를 시작하였다. 이러한 정착 과정에서 훈춘은 조선이나 러시아 연해주와 농산물이나 특산물을 교환하는 변경 무역지로 번성하였다.

20세기 초 일본은 대륙침략의 야욕을 성취하려는 목적으로 풍부한 천연자원과 전략적 입지 조건을 갖춘 이 지역을 점령하였다. 일제는 옌지·투

그림 4-49. 나진 역(좌)과 시가지(우)

먼 · 훈춘 등지에 영사관을 두고 막대한 양의 삼림 · 광물 · 농산물을 수탈해 갔는데, 특히 훈춘은 러 · 일 전쟁 후 청 정부가 일본의 통상지로 개방하면서 일본인 상공업자가 모여들어 약탈적인 상품 거래의 거점이 되었다. 1931년 만주사변 후 일제의 식민지 산업 정책이 본격화되자, 넓은 평야와 풍부한 석탄 및 산림자원을 가진 훈춘은 일제의 대륙 침략을 위한 원료 공급지로 전락하였다. 약탈적인 경제 행위가 계속되자 경제구조는 기형적으로 변하였고, 광산이나 공장, 도시 등 주요 경제활동들은 일본으로의 물자 수송이 용이한 장도선長圖線 철도 주변에 집중함에 따라 경제활동의 공간 배치에도 심한 불균형이 나타났다.

훈춘은 전체 면적의 3/4이 임지로 목재 자원이 풍부하고, 지린 성 최대의 가스전과 12억 톤 이상의 갈탄, 67톤의 금 외에도 동 · 아연 · 알루미늄 · 규토 · 대리석 등이 매장되어 있다. 이처럼 풍부한 자원을 보유하고 있음에도 불구하고 국경지역이며 외부로의 출구가 없다는 이유 때문에 그동안 낙후된 변경지대로 남아 있었다. 그러나 중국의 개방과 함께 1991년 UNDP 주도의 두만강 개발계획에서 중국 측 거점도시로 지정되고, 1992년 훈춘변경합작구가 비준되었으며, 2001년 중국에서 유일한 경제개발구 · 수출가공구 · 통상무역구를 일체화한 대외 개방 창구가 되면서 옌볜 자치주에서 가장 빠르게 발전하는 도시가 되었다. 현재 창춘–투먼 간 고속도로가 훈춘까지 연장되고 있으며, 도훈圖琿 철도가 연해주의 크라스키노와 연결되었고, 훈춘 시구에서 북 · 중 통상구인 취엔허–원정을 거쳐 나선시로 통하는 도로도 개선되고 있다.

훈춘은 1909년 이미 지린 성 최초로 세관이 설치되었던 통상도시였고, 지금도 사튀즈를 통해 함경북도 경원과, 취엔허를 통해 나선시와 변경무역이 이루어지며 창링즈의 훈춘 구안을 통해 러시아와 교류가 활발하다.

또 중국 동북 지역과 한국·일본 간의 물류 이동은 훈춘을 매개지로 한다. 부산·속초·니가타 항과 러시아 자루비노 항·북한 나진항 사이를 오가는 화물이 훈춘을 거쳐 운반 유통되고 있다. 이러한 입지 조건을 잘 활용하여 훈춘은 국제도시화되고 있으며(그림 4-50), 창지투 개혁개방구의 핵심도시로서 머지않아 두만강 연안의 최대 도시로 부상할 것으로 예상된다.

연해주 서남단 두만강 하구 좌안의 핫산 군Khasansky에는 중심도시인 슬라비얀카Slaviyankas를 비롯하여 포시에트Posyet, 자루비노Zarubino, 크라스키노Kraskino, 핫산 등 작은 국경 마을들이 분포한다(그림 4-48). 슬라비얀카는 연해주 주도州都인 블라디보스토크와 하루 2차례 페리가 운항하는 핫산 지구의 중심지이다. 구소련 시기에는 조선업과 선박수리업이 발달하였으나 지금은 극동 지역의 작은 지방항으로 경제가 침체되어 있다.

블라디보스토크에서 남으로 200km에 위치한 크라스키노는 훈춘과 철

그림 4-50. 훈춘 시내의 다국어 간판

도와 도로로 연결된 국경 마을이다. 중·러 접경 창링즈에 위치한 훈춘 구 안을 통해 양국의 관광객이 드나들며 최근 크라스키노에서는 중국인의 투자와 왕래가 크게 늘고 있다. 또 속초에서 출항하는 페리를 타고 자루비노 항에 입국한 대부분의 여객은 60km 떨어진 크라스키노로 이동하여 출국 수속을 받은 후 중국으로 들어갈 수 있다. 포시에트 만 깊숙이 자리 잡은 크라스키노는 발해의 동경용원부에 속한 중심지로 신라나 일본과 교류하던 해륙 교통의 교차점이었다. 당시 발해와 일본 교역을 하던 배가 떠났던 일본도日本道의 출발지로서 옛 성터가 남아 있다. 또 구한말에는 조선 독립운동을 한 항일 의병의 근거지였다.

포시에트는 두만강 유역 개발계획의 러시아 측 거점도시이다. 풍광이 수려한 포시에트 만을 끼고 있는 청정 지역이라 연해주 정부는 이 지역의 개발에 소극적이다. 일제강점기에 훈춘에서 포시에트를 경유하여 일본에 이르는 항로가 있었으나 핫산 전투 이후 운항이 중지되었다. 포시에트 항은 극동 지역의 지방 항만으로 중국이나 북한의 석탄, 목재 등을 일본 아키타로 실어가는 정기항로가 개설되어 있고(그림 4-51), 국경 수비대 사령부가 주둔해 있는 군사 지역이다.

자루비노 역시 극동 지역의 지방항이다. 오래전부터 중국 동북지방의 석탄·목재·철강 등 화물을 한국이나 일본으로 수출하는 대체항으로 이용되어왔으며(그림 4-52), 북한의 나진·청진항과도 비정기적 화물 항로가 개통되어 있다. 2000년 속초-자루비노-훈춘·블라디보스토크 페리 항로가 개통되면서 한국에서 극동러시아나 중국 동북으로 들어갈 수 있는 해상 관문이 되었다

연해주의 가장 서쪽에 위치한 핫산은 평원·소택·호수와 얕은 산지가 어우러진 한적한 국경 마을이다. 북서쪽은 중국 훈춘 시와 국경을 접하고

그림 4-51. 석탄이 적재되어 있는 포시에트 항 | 그림 4-52. 얼어 있는 자루비노 항

그림 4-53. 핫산 역에 정차한 화물열차(좌)와 역사 건물(우)

두만강 건너 북한의 두만강 노동자구와는 철교로 연결된다. 연해주 수도
인 블라디보스토크에서 290km나 떨어져 있는 인구 2,300명 정도의 낙후
지역으로, 변경을 수비하는 군인과 국경을 통과하는 철도 관련 종사자가
대부분인 군사 요지이며 철도 기지이다.

지정학적으로 중요한 핫산은 냉전기 동안 변방의 군사기지로서 지역 발
전이 침체되었다. 북한과 국제철도로 연결되나 통과역으로써의 역할밖에
하지 못하였다. 1938년 건설된 핫산 역(그림 4-53)은 시베리아횡단철도 지
선의 하나인 우스리스크−핫산 선의 출발역이며, 두만강 철교를 통하여 나

선시의 두만강 노동지구와 이어지고 청진까지 연결된다. 따라서 러시아의 대체항으로 이용되던 나진항까지 화물수송과 북·러 간의 무역이나 러시아에서 일하는 북한 노동자들의 운송로로 이용되고 있다.

두만강 하류 개발계획이 수립되고 이어 TKR과 TSR 연계 교통망에 대한 논의가 활발해지면서 그 핵심 지역에 자리 잡은 핫산의 발전 가능성이 예측되기도 했으나 동북아의 정치적 상황과 인접국들의 경제 침체로 아직 큰 변화가 없다.

1 중국 훈춘 시 팡촨에 있는 망해각 전망대의 표지판에서 발췌.

2 량수이 진은 1988년 행정구역 조정 때 훈춘 시에서 투먼 시로 소속이 바뀌었다.

3 1965년 9월 15일 신의주 회의에서 양국이 채택한 '국경지역의 국가안전과 사회질서 유지 업무 중 상호 협력에 관한 의정서' 중 일부.

4 일본 오사카–다롄–창춘을 잇는 서해를 지나는 노선은 해상 거리와 육상 거리의 합이 2,264km인데 반해, 오사카–청진–투먼–창춘을 잇는 동해 노선의 거리는 1,622km로서 동해 노선이 642km나 짧아 운송 시간이 20여 시간 단축되었다(전송림, 1991).

5 김의원에 의하면 일제의 대륙 침략 루트는 해상을 포함하여 세 방향으로 조성되었다. 제 1루트는 안봉(安奉) 루트(중앙 루트)이고, 제 2루트는 북선(北鮮) 루트이며, 제 3루트는 황해 루트이다(김의원, 1982).

6 한반도 북부는 동서 교통의 장벽이 되어 온 낭림산맥을 경계로 관북지방과 관서지방으로 나뉜다. 관북·관서는 행정적·법적 명칭이 아니라 역사지리적·인문지리적 의미를 내포하는 통상적인 지방명이다. 관북지방은 한반도 동북부를 일컬으며 함경남·북도, 양강도 일대를 말하고, 관서지방은 평안남·북도와 자강도를 일컫는다.

7 이전에는 도로 교통을 단순히 철도의 부담을 덜어 주는 연계 교통이라는 데 의의를 두어 30km 이내의 단거리 수송에만 이용하였으나, 1990년대 이후에는 도로 운송의 경제성을 확보할 수 있는 거리를 150~200km로 확대 적용하여 장거리에도 도로 운송을 하고 있다(원동욱·안병민, 2008).

8 북관개시는 청의 경제적 필요성 때문에 성립되었다. 즉 자급자족이 불가능한 만주지역의 여진족을 위하여 생필품을 구하고 명과의 전쟁에 필요한 물자를 마련하려는 목적이었다. 개시에서 청은 조선의 농우(農牛)·농기구·소금을 구하였고 조선은 청으로부터 말과 모피 등을 들여 왔다(고승희, 1997; 고승희, 2004; 강석화, 2002).

9 1645년에 경원개시가 격년으로 열리게 되면서 회령에서만 열리던 개시를 단개시라 하고 두 곳에서 열리던 개시를 쌍개시라 불렀으며 이를 총칭하여 북관개시 또는 북도

개시라고도 불렀다. 쌍개시는 양국의 관방 무역을 맡았다.

10 당대(唐代)에 설치된 안동 관할 보호 관청에서 유래된 安東이란 이름으로 불려오다
가 1965년 丹東으로 바뀌었다.

11 헤이룽장 성의 다칭 유전에서 온 송유관은 단둥, 압록강, 신의주를 지나 안주 부근까
지 이어진다.

12 지안의 원래 중국어 한자 지명은 '輯安'이었으나, 1965년 현재의 '集安'으로 변경되
었다(白光潤 외, 2000).

13 http://www.jlja.gov.cn/jalsyg.asp

14 협동농장 외에 개인적으로 경작할 수 있는 텃밭은 개인 소유의 울타리 안에 주로 채
소를 심어 자급하는 것으로 공식화된 것이다. 한 가구 당 16~30평 정도 경작할 수 있
다.

15 혜산 지역의 주민들은 산에서 나는 자원의 혜택으로 살아간다는 의미이다(평화문제
연구소, 2005).

16 1980년대 북한이 리비아에 건설 노동자와 의료 봉사자로 파견했던 사람들이 구소
련에서 일한 사람보다 생활수준이 높아 당시 리비아는 부유함의 상징이었다.

17 2005년 중국 정부는 지린 성 관리하에 있던 백두산 일대를 중앙정부 관할의 '장백
산 보호구'로 지정하고 관할구역을 북부 얼도우바이허, 서부 쑹장허, 남부 창바이로 나
누었다.

18 '다온'은 털가죽을 의미하는 말로, 예로부터 털가죽 생산지로 유명하여 번성하였던
무역 거래 과정에서 만들어진 것이고, '평'은 두만강 기슭의 평야와 마을을 가리킨 것
이다.

19 일본의 니가타(新寫)와 마이즈루(舞鶴)를 기점으로 동해를 횡단하여 나진·웅기(선

봉)를 거쳐 만주로 들어가는 루트.

 팡촨 망해각 전망대의 안내판에서 발췌.

북 · 중 접경지역

 싱가포르–홍콩–부산–나진–북미 항로가 생기면 현행 싱가포르–홍콩–고베–북미 간
의 항로에 비해 90마일(약 145km)이 단축된다.

V. 북·중 변경무역과 국경 도시네트워크

변경무역과 변경구안의 발달

접경지역의 교류와 국경 도시네트워크의 형성

일반적으로 국경을 통해 이루어지는 변경무역은 정치 · 경제 · 사회 · 이데올로기 등 여러 측면에서 상대국과의 관계에 영향을 받으며, 교역 범위가 협소하고 무역액이 적어 역할이 매우 제한적이다. 그러나 대외 거래가 많지 않고 폐쇄적인 북한의 경우는 대외 교역에서 북 · 중 변경무역이 차지하는 비중이 상당히 크다. 따라서 북 · 중 접경지역에서 이루어지는 변경무역은 최소한의 공간적 연계(minimum flows) 관계를 확인하여 국경 도시 네트워크를 파악할 수 있는 지표로 유용하다.

아직 사회주의의 폐쇄성에서 크게 벗어나지 못한 북 · 중 접경지역은 정치 · 군사적으로 민감한 지역이라 국경지역에 관한 자료는 구하기 어려우며 특히 북한과 관련된 대부분의 자료는 비공개이다. 북 · 중 접경지역에서 국경을 통한 양국 간 상호 교류 현황을 파악할 수 있는 유일한 공식 자료로 변경무역 관련자료(중국 해관총서)가 있다. 그러나 이 자료는 조사 항목이 자주 바뀌어 일관성이 없고, 통계 단위지역이 성省이나 대도시급으로 미시적 연구를 할 수 있는 현급시縣級市 단위의 자료는 공개되지 않는다. 더욱이 2006년부터는 북 · 중 접경의 상세한 무역 통계를 공개하지 않고 있다. 따라서 본 분석은 자료 취득이 가능한 시기와 범위에 맞출 수밖에 없어 수차에 걸친 현지답사와 변경무역업자 및 변경지역 주민들과의 면담을 통해 보완하였다.

본 장에서는 북 · 중 변경구안(邊境口岸, 변경통상구)의 특성을 살펴보고, 구안별 교류 실태에 관한 중국 해관 자료를 분석하여 북 · 중 접경지역에서 국경 도시네트워크의 구조를 살펴본다.

1. 변경무역과 변경구안의 발달

　변경무역은 주로 중국에서 사용하는 용어로, 국경을 맞대고 있는 접경지역에서 이루어지는 특수한 형태의 교역을 의미한다. 중앙정부나 군軍 기관이 무역을 관장하는 북한과 달리, 중국 변경지역의 무역은 중앙정부가 주체가 되는 국가무역과 국경지역의 지방정부나 기업 또는 개인이 주체가 되는 변경무역으로 구분된다. 변경무역은 공식적으로는 국경지역에 설치된 국경통과지점인 변경구안통상구을 통해 이루어진다. 변경구안은 북·중 간 국경 관문 역할을 하는 출입처로서 북한에서는 세관으로, 중국에서는 구안口岸·해관海關·통상구通商口 또는 교두橋頭로 불리며[1], 세관 통관 업무와 방역, 식료품이나 동·식물 검역, 화폐교환 등 다양한 업무를 하고 변방부대가 주둔한다.

북·중 변경무역의 발달

(1) 북·중 무역의 특성

　북한 정권이 수립된 이래 최대의 무역 상대국은 소련이었으나[2] 구소련과 동유럽 국가들의 사회주의 경제가 붕괴되고 북한과 러시아의 정치 경제 관계가 냉각되면서 북한의 주요 무역 상대국은 중국으로 바뀌었다. 표 5-1은 1990년 이후 북·중 무역의 구조와 무역 의존도의 변화를 보여준다. 중국이 북한의 최대 무역국으로 부상한 1990년대에는 북한 총 대외무역액의 20~30%가 중국과의 무역이었다. 2001년 장쩌민 주석의 평양 방문 이후 중국의 대북한 지원성 교역이 크게 늘고 동북진흥전략이 본격화되면서 무역액이 급증하여 지난 20년간 양국의 무역 규모는 거의 6배 늘어났다. 2003년 이후 중국에 대한 북한의 경제 의존도가 급속히 높아져

2009년에는 북한 총 무역액(남·북 교역은 제외)의 78.5%가 중국과의 무역이다. 이에 비해 중국의 대외무역에서 북한이 차지하는 비중은 별로 크지 않다. 그러나 중국은 지정학적으로 북한이 가진 잠재적 중요성 때문에 북한과의 경제 교류와 협력을 중시해 왔다.

북한의 대외무역에서 중국 의존도가 심화된 이유는 복합적이다. 먼저 북핵 문제로 국제사회의 대북지원이 크게 줄면서 북한은 부족한 에너지와 식량을 최대 우호국인 중국으로부터 조달받을 수밖에 없었다. 또 일본인 납치 문제로 북·일 관계가 악화되면서 북한의 대일본 수출의 상당 부분이 중국으로 전환된 점도 북·중 무역 증가의 원인으로 볼 수 있다. 이러

표 5-1. 북·중 무역의 구조

(단위: 백만 달러)

구분 / 연도	북-중 총 무역액		북→중		중→북		북한의 대중국	
	무역액	증가 지수*	무역액	증가 지수	무역액	증가 지수	무역 수지	무역 의존도**
1990	482	1.0	124	1.0	358	1.0		
1995	550	1.1	64	0.5	486	1.4		
2000	488	1.0	37	0.3	451	1.3	−414	24.8
2001	737	1.5	167	1.3	571	1.6	−404	32.5
2002	739	1.5	271	2.2	467	1.3	−197	32.7
2003	1,022	2.1	395	3.2	628	1.8	−232	42.8
2004	1,385	2.9	586	4.7	800	2.2	−214	48.5
2005	1,580	3.3	499	4.0	1,085	3.0	−582	52.6
2006	1,700	3.5	468	3.8	1,232	3.4	−764	56.7
2007	1,976	4.1	583	4.7	1,393	3.9	−811	67.1
2008	2,787	5.8	754	6.1	2,033	5.7	−1,297	73.0
2009	2,681	5.6	793	6.4	1,888	5.3	−1,095	78.5

자료 KOTRA, 중국 해관총서.
* 증가 지수는 1990년을 기준으로 해당 연도의 증가 비율
** 무역의존도 단위는 %

한 정치적 이유 외에 북한과 중국은 지리적으로 근접하여 운송비 부담이
적고, 저렴한 중국 상품은 가격 경쟁력 면에서 북한의 수요에 맞출 수 있
으며, 변경소액무역에서 관세를 감면해 주는 제도[3] 등 북·중 간 교역
여건이 유리하기 때문이다.

지난 20년간 북·중 간 총 교역액은 양적으로 팽창하였으나 양국 간 무
역 구조는 심한 불균형을 보인다(표 5-1). 1990년대 중반 이후 북한 경제가
침체되고, 특히 에너지 부족으로 제품 생산이 중단된 후 북한의 대중국 수
입이 수출의 2~3배에 이르는 무역수지 불균형이 심화되고 있다. 그 원인
은 중국이 실용주의적 대외경제정책을 채택하면서 북한과의 무역에 시세
보다 싼 우호가격제를 폐지하며 경화결제를 요구하였고, 극심한 경제난으
로 고난의 행군기[4]에 있던 북한은 수출 상품을 만들어 내지 못하였기 때
문이다. 이는 최근 북한의 시장에서 판매되는 상품의 70~80%가 중국산
제품이라는 사실에서도 확인된다.

수출입액뿐 아니라 무역상품의 구조적 불규형 문제도 심각한 수준이다.
중국의 대북 수출품은 식량, 에너지를 비롯한 모든 종류의 공산품인데 비
해 북한의 대중국 수출품은 거의 1차 산품이다. 더욱이 중국의 동북3성 개
발이 본격화되면서 북한의 광물자원에 대한 중국의 수요가 급증하여(표

표 5-2. 북한의 대중국 광물 수출액 추이

(단위: 백만 달러)

구분 \ 연도	2004	2005	2006	2007	2008
대중국 수출액(A)	585.7	499.2	467.7	581.5	754.0
광물 수출액(B)	149	220	243	341.5	439.5
B/A(%)	25.4	44.1	52.0	58.7	58.3

자료 KOTRA, 북한의 대외무역동향, 각호.

5-2) 북한의 대중국 수출액의 반 이상이 광물자원이다. 이는 북한 경제구조의 파행이라는 측면뿐 아니라 한반도 광물자원의 고갈이라는 면에서 심각하게 고려해야 할 부분이다.

(2) 북·중 변경무역의 특성

북·중 간 무역 방식은 다양하다. 중국의 기준에 따르면 일반무역·변경무역·무상원조·가공무역·보세무역 등으로 구분된다. 일반무역은 일반적인 교역 절차에 따라 경화 결제를 기본으로 한다. 변경무역은 중국 정부가 변경지역 주민들에게 인근 국가와의 교역에 대해 관세나 부가가치세를 감면해 줌으로써 변경지역 경제의 활성화를 도모하는 무역 제도이다. 보세무역은 제3국으로부터 수입되어 중국을 경유하여 북한으로 들어가는 중개무역으로, 중국의 중간상인이 계약 당사자가 되어 수출입 매매차익을 목적으로 수출입 거래에 개입한다. 끝으로 가공무역은 중국 업체가 북한으로부터 원자재를 구매하고 제품을 공급하거나, 북한 업체에게 원자재를 공급하고 임가공료를 지급한 후 제품을 가져오는 형태이다.

북·중 변경무역은 양국 정부가 수립된 후 시작되었다. 초기에는 변경지역 주민의 편의를 위한 소규모의 물물교환 형태였으나 문화혁명으로 일시 중단되었다가 1982년 재개되었다. 중국이 개혁·개방 후 변경지역의 경제 발전에 관심을 가지면서 그동안 관행적으로 이루어져 왔던 변경무역이 활발해 졌다. 1984년 중국 정부가 「변경무역 관리법」을 제정하여 변경무역의 체계화와 함께 우대 혜택을 부여하였고, 이어 북한의 요구로 양국간 변경무역이 확대되면서 변경무역의 비중이 60~70%로 크게 늘어났다. 1990년대에 들어 동구권의 붕괴로 북한의 대중국 의존도가 높아지는 한편, 중국이 경화 결제를 요구하자 물물교환이나 구상무역을 통해 이를 회

피할 방안이 있는 변경무역의 점유율이 70~80%까지 높아졌다. 그러나 2000년대 들어 변경무역의 비중이 20~30%로 급격히 낮아졌다(표 5-3). 이는 변경무역이 감소한 것이 아니라 북·중 교역 방법이 다양해지면서 나타난 결과이다.

표 5-4는 북한의 대중국 수출액을 교역 방식에 따라 비교한 것이다.

2000년대 초 남북 관계의 개선으로 한국에서 어패류 등 북한산 물품에 대한 수요가 급증하면서 중국 기업이 북한과 제3국간의 무역에 보세무역 형태로 개입하게 되었다. 그 과정에서 보세무역이 일시적으로 늘어나[5] 변경무역의 상대적인 비율이 20~30%대로 낮아졌으나, 2000년 이후에도 변경무역은 일반무역의 2~6배에 달하며 최근에는 북·중 간 경제협력이 확대되면서 꾸준히 증가하고 있다. 정식 교역으로 볼 수 없는 보세무역을 제외하면 변경무역은 북·중 무역에서 가장 중요한 교역 방식이라 할 수 있다[6].

양국 정부 수립 후 지금까지 북·중 변경무역이 지속적으로 성장해 온 이유는 여러 측면에서 찾아 볼 수 있다. 첫째는 국경 양측 주민의 문화적 동질성이다. 중국 측 접경인 동북3성에는 지금도 180만여 명에 달하는 우리 동포가 살고 있어 양 지역 간 교역이 지속되는 근간이 되고 있다.

표 5-3. 북·중 교역과 변경무역

(단위: 억 달러)

구분＼연도	1997	2000	2002	2004	2006
북·중무역액	6.5	4.8	7.33	13.85	17.00
변경무역액	2.1	1.3	1.53	2.96	4.54
변경무역 비중	32.3	27.1	20.9	21.7	28.3

자료　中國海關統計; KOTRA, 북한대외무역동향.

표 5-4. 교역 방식별 북한의 대중국 수출 비중

(단위: 백만 달러, %)

구분 연도	일반무역	변경무역	보세무역	가공무역	무상 원조**	기타	수출총액
1999	1.3(3.2)	32.1(76.9)	2.3(5.5)	5.4(13.0)	–	0.6(1.4)	41.8(100.0)
2000	0.9(2.5)	29.5(79.3)	1.4(3.6)	5.5(13.5)	–	0.4(1.1)	37.2(100.0)
2001	9.7(5.8)	40.0(24.0)	94.9(56.9)	21.2(12.7)	–	0.9(0.6)	166.7(100.0)
2002	8.8(3.3)	55.0(20.3)	191.9(70.9)	11.0(4.1)	–	4.0(1.5)	270.7(100.0)
2003	20.9(5.3)	81.3(20.6)	278.3(70.4)	10.3(2.6)	–	4.5(1.1)	395.3(100.0)
2004	75.0(12.8)	156.4(26.7)	321.2(54.8)	21.7(3.7)	–	11.4(2.0)	585.7(100.0)
2005	147.9(29.0)	181.9(36.4)	145.4(29.1)	20.9(4.2)	–	3.0(0.6)	499.2(100.0)
2006*	–	–	–	–	–	–	467.7
2007*	–	–	–	–	–	–	581.5
2008*	–	–	–	–	–	–	754.0

자료 中國海關統計; KOTRA, 북한의 대외무역 동향.

* 중국 정부는 2006년부터 북 · 중 간 변경무역에 관한 세부 자료 비공개

** 중국의 북한에 대한 무상원조 비공개

둘째는 경제적 상호보완성이다. 경공업 제품이나 생필품 공급에 어려움을 겪고 있는 북한의 입장에서 변경무역을 통해 인접한 중국으로부터 물품을 신속하게 공급받을 수 있고, 중국은 중량이 큰 광물 · 목재 또는 부패하기 쉬운 수산물을 지리적으로 인접한 북한으로부터 쉽게 들여올 수 있다.

셋째는 변경무역에 부여된 특혜이다. 중국 정부는 경제적으로 낙후된 변경지역의 발전을 위해 제도적으로 인접국과 원활한 경제적 교류를 지원하고 있다. 변경무역의 경우 수입관세와 증치세[7]를 각각 50%씩 감면해주고, 일반 주민의 사사로운 소규모 상업 활동의 경우는 국경을 통과할 때

구입 물품가격에 대해 3,000위안까지 관세를 면제해 준다. 그 외에도 변경무역은 국가 간 가격 협상을 거치는 일반무역과 달리 기업이나 민간인이 가격을 결정하므로 무역 절차가 복잡하지 않고 상대적으로 가격이 낮게 책정되는 이점도 있다.

넷째, 변경무역은 물물교환이나 구상무역 방식이 가능하므로 달러가 부족한 북한 측의 경화 결제 문제를 해결할 수 있는 한편, 무역 대금을 자주 떼인 중국 측의 위험부담도 줄일 수 있다.

다섯째는 양국 국경에는 이미 많은 무역통상구가 설치되어 있어 통관 절차가 간편하며 지리적으로 근접하여 운송비 부담도 크게 줄일 수 있다.

북·중 간 변경무역은 경제적·문화적 이유 못지않게 내외 정치적 상황에 영향을 받는다. 세계경제권에 온전히 속하지 못한 북한의 입장에서 대외 경제가 어려워졌을 때 북·중 변경무역은 북한이 택할 수 있는 유일한 대안이 되어 왔다. 남북 관계가 악화되었을 때 북·중 변경무역량이 크게 늘어난다는 변경무역업자들의 증언이 이러한 관계를 설명한다[8].

중국 법률 규정에 의하면 변경무역은 변경소액무역邊境少額貿易, 변경호시무역邊境互市貿易, 변경지역 대외경제기술협력(邊境地域 對外經濟技術協力)을 포괄하는 개념이다[9]. 먼저 변경소액무역은 국경선을 따라 국가가 대외개방을 허가한 변경지역의 현縣이나 성시省市 또는 직할구直轄區로부터 변경무역권을 취득한 기업이 국가가 지정한 변경구안을 통해 인접국 변경지역의 기업이나 무역 기구와 행하는 무역 활동이다(周干峙, 2007). 변경소액무역 기업으로 지정되면 앞에서 밝혔듯이 세금을 감면받는 특혜가 주어진다.

이러한 특혜 때문에 변경무역권을 가진 업체는 지역 내 기업이나 상인들뿐만 아니라 상하이上海나 칭다오靑島 등 역외 업체들의 무역 업무를 대행하거나 중국 남부 저장 성이나 장쑤 성의 기업들이 단둥·지안·창바이 등 변경도시에 지사支社를 두고 북한과의 변경무역에 참여하기도 한다. 그에 따라 중국의 변경지역 외에서 물품을 구입하여 북한으로 수출하거나, 변경무역을 통해 북한으로부터 수입한 물품이 중국의 다른 지역으로 판매되는 것이 일반화되어 있다(이종운, 2009). 이는 현실적으로 변경무역과 일반무역 간 차이가 없다는 것을 의미한다.

현재 중국 변경도시에서 대북 무역을 위한 변경소액무역권을 가진 기업 수는 대략 350여 개, 대북 무역 종사자가 1만 명 내외인 것으로 추정되고 있다. 그 중 단둥이 130여 업체로 가장 많고, 옌지에 100여 개, 훈춘에 15개 내외, 그 외 투먼과 창바이에도 다수 있는 것으로 알려져 있다[10]. 중국 변경도시에는 대략 130여 개의 북한 무역상사가 진출해 있고 1,200여 명의 북한 측 무역 관계자들이 상주하는 것으로 추정된다.

변경호시무역은 변경지역 주민들이 국경으로부터 20km 이내에서 정부가 허가한 개방 지점 혹은 집시(集市-모여서 하는 시장)에서 규정된 금액(1일 3,000위안 이하)과 수량의 범위 내에서 진행하는 상품 교환 활동이다. 이 역시 면세免稅 혜택을 받는다. 북·중 양국은 1997년 6월 변경지역 주민의 요구에 따라 훈춘 시 취엔허 구안과 마주하는 북한 원정리元汀里 세관 인근에 3km²에 달하는 변경 주민 호시무역시장元汀朝中共同貿易市場을 개장한 바 있다. 당시 거래에 참여하는 주민이 많을 때에는 중국 측 인원이 500여 명, 북한 측 인원이 300여 명이나 되었다. 중국의 훈춘 시민만 호시무역시장에 들어갈 수 있도록 제한하자 호시무역증을 거래하는 사업까지 생겼다. 또 북한 주민은 나선시뿐 아니라 청진이나 평양에서도 왔다. 또 하루 교역량이 40~60만 위안이나 되어 변경주민에게 상당한 경제적 수입원이 되었다. 1999년 이후 북한은 외화의 유출을 우려하여 호시 이외에서 외국

돈 교역을 제한하였을 뿐 아니라 북한이 공급할 수 있는 상품이 부족하여 호시로 오는 북한 주민이 계속 줄어들면서 그 해 5월 문을 닫았다(林今淑 · 李光哲, 2004). 이후 변경호시무역은 본래의 기능을 수행하지 못하고 사무역이나 밀무역으로 변질되고 있다.

양국은 원정리 외에 혜산과 회령에도 호시무역구를 개설하였다고 전해지나 구체적인 운영 현황은 밝혀지지 않고 있다(손수윤, 2007). 그 외 온성군 남양노동자구의 온성섬, 두만강 하류의 북한 섬인 유다섬☞11, 지안과 만포시 사이 북한 섬인 벌등도伐登島☞12에도 국경무역구인 호시가 설립될 것으로 알려져 있다.

끝으로 변경지역 대외경제기술협력은 정부의 허가를 받은 국경지역의 기업이 인접국 접경지역에서 행하는 청부 공사(請負 工事)나 노무勞務 협력 사업을 의미한다. 기업이 상대국과의 경제 합작을 통해 수입한 상품이나 노무 합작의 대가로 받은 물자는 규정된 범위 내에서 변경소액무역과 같은 혜택을 받을 수 있으나 아직은 큰 성과가 없는 것으로 알려져 있다.

현재 북 · 중 접경지역에서 양국 간 교역은 공식적으로는 변경소액무역을 통해, 비공식적으로는 보따리 무역이나 밀무역 형태☞13로 이루어지고 있다. 보따리 장사는 일종의 사무역으로 중국의 개방 이후 변경무역과 더불어 시작되었다. 초기에는 식량이나 생필품을 친척을 통해 암암리에 거래하였으나 점차 규모가 커지면서 TV · VCR · 카메라 · 냉동고 · 컴퓨터에 이르기까지 품목이 다양해졌다. 중국에서 들여온 상품은 북한 내 종합시장으로 유입되어 거래된다. 혜산 · 무산 · 회령 · 남양 등 국경도시에는 중국상품 시장이 세워지고, 장사를 목적으로 북한을 드나드는 조선족과 북한에 거주하며 조선장사를 하는 화교가 많이 늘어났다.

사무역과 밀무역은 비합법적인 교역으로 북한 경제가 내리막길을 걷던

그림 5-1. 압록강 하구의 해상무역선과 밀수에
이용되는 선박

1990년대 초부터 변경지역의 실질적인 무역형태로 등장하였다. 특별히 지정된 장소나 정부 당국의 관리 없이 이루어지는데, 북한이 통제경제 관리에 실패하면서 점차 규모가 확대되었다. 그동안 변경주민들에 의한 소액 사무역은 대부분 묵인되어 왔으나 변경호시무역의 일부가 밀무역으로 전환되고, 또 정식 변경무역 과정에서 허가 받지 않은 상당량의 물품이 반입되면서[14], 점차 사무역과 밀무역 간의 구분이 모호해지고 있다.

대규모 밀무역은 국경수비대의 묵인 하에 압록강이나 두만강 강변에서 직접 거래되거나 압록강 하구에서 선박을 이용해 이루어진다(그림 5-1).[15] 대부분 현금 거래이지만, 소규모일 경우 물물교환도 가능하여 북한의 고철이나 구리와 중국 측의 식량·술·담배 같은 일용 잡화가 맞교환되기도 한다. 거래되는 품목은 상황에 따라 달라지는데, 식량난이 극심했던 1990년대 중반에는 북한의 공장 설비나 자재 등이 헐값으로 중국의 곡물과 교환되었고, 이윤이 큰 밀무역으로 일본의 중고 차량이 북한을 거쳐 중국으로 밀수되기도 하였다. 북한에서 내다 팔 자원이 고갈되자 약재·인삼뿐 아니라 고서

화骨書畵나 골동품 등 거래 품목이 다양해 졌다(손수윤, 2007). 최근 밀무역에 대한 중국 정부의 감독과 처벌이 강화되면서 규모나 사례가 크게 줄어들고 있다(이종운, 2009).

(3) 랴오닝 성과 지린 성의 변경무역

북·중 접경지역에서 변경무역은 지리적 인접성과 문화적 특수성을 바탕으로 북한과 지린·랴오닝 성 간에 이루어졌으며 양국 간 경제적 상호보완 관계에 따라 발달해 왔다. 북·중 변경무역은 1954년 지린 성 옌볜 지역 조선족의 해산물 수요를 만족시기키 위해 시작되었으며, 공식적으로는 1958년 12월 북한 소비협동조합 대표와 중국 지린·랴오닝 성 대표가 '北·中 간 국경지역 상품 교역에 관한 의정서'를 체결하면서 시작되었다. 양측 인민들 간의 전통적 우의를 강화하고 양국 국경지방의 경제발전을 촉진시키며 주민들이 필요로 하는 것을 충족시키기 위해 양국 국경 간 상품 교역을 진행하기로 한 것에 동의하면서 양측이 교역을 위한 기관과 교역 상품의 범위, 인계·인수 지점 등에 관한 협정을 맺은 것이다.

이 협정에 의하면 북한측 교역 기관은 함경북도와 혜산시·중강군·만포군 및 신의주시 수매 사업소이고, 중국 측은 옌볜 조선족자치주와 창바이 현·린장 현·지안 현 및 안동시(지금의 단둥 시) 공급·판매 합작사였다. 교역 상품의 범위는 국가 간 무역에 저촉되지 않고 연간 수출입이 균형을 이루어야 한다는 전제하에, 북한은 주로 수산물, 농촌 토산품, 종자·묘목 및 종축류種畜類, 견직물, 약재류 등을 중국은 생필품, 문화·교육 용품, 염료, 종자·묘목 및 종축류, 약재류 등을 수출함으로써 양측의 품목이 크게 다르지 않았다.

교역 상품의 교환 지점으로 북한 측은 함경북도 경원·남양·회령·무산과 양강도의 혜산, 자강도의 중강·만포, 평안북도의 신의주·청수·신도 등 10개 지점이었고, 중국 측은 북한 측의 대안 지점인 지린 성의 사퉈즈·투먼·카이산툰·난핑·창바이·린장·지안과 랴오닝 성의 안동丹東·리우터우거우六道溝·랑터우浪頭로 결정되었다(국가정보원, 2006).

양측의 교역 상황을 보면 북한은 총 수입액의 절반 정도를 랴오닝 성과 지린 성을 통해 수입해 왔고, 대중국 수출액의 80~90%가 랴오닝 성과 지린 성을 대상으로 한다(표 5-5). 2000년대 중반 이후 북·중 무역에서 무역 대상지역이 다변화되고 있으나 아직은 국경을 접하고 있는 랴오닝 성의 단둥 시나 지린 성의 통화 시·바이산 시·옌볜 자치주와 북한 간의 무역 비중이 가장 크다.

100만 명에 가까운 조선족이 살고 있는 지린 성은 북한과 가장 긴 국경을 맞대고 있고 옌볜 조선족자치주가 있어 그동안 북·중 변경무역을 주도해왔다. 문화대혁명의 여파로 일시 중단되었던 북·중 변경무역이 1982년 '변경무역계약서'의 체결로 재개되면서 지린 성과 북한의 변경무역은 부흥기를 맞아 1980~1990년대를 거치면서 교역량이 꾸준히 늘어났다. 1980년대까지 랴오닝 성의 변경무역은 지린 성에 비해 보잘 것 없었으나, 북·중 간 무역 규모가 커지고 무역량이 점차 늘어나면서 1990년대 후반부터 단둥을 중심으로 하는 랴오닝 성의 변경무역액이 지린 성을 앞서기 시작하였다.

표 5-5는 1990년대 말 이후 북한과 랴오닝 성 및 지린 성과의 무역량을 비교한 것으로 북한의 대중국 수출의 40~80%가 랴오닝 성의 단둥을 통해 이루어진 반면, 지린 성으로 수출 비중은 상대적으로 줄어들고 있다. 북한의 대중국 수입액도 지린 성이 랴오닝 성의 1/2 밖에 되지 않는다. 이처럼 랴오닝 성이 지린 성을 앞서 북·중 변경무역을 주도하게 된 배경을

표 5-5. 북한과 중국의 지역 간 무역 구조

(단위: %)

구분 연도	북→중			중→북		
	랴오닝 성	지린 성	그 외 지역	랴오닝 성	지린 성	그 외 지역
1998	43.1	41.2	15.7	37.5	12.9	49.6
1999	42.9	47.6	9.5	36.2	15.2	48.6
2000	40.5	48.6	10.9	31.9	16.0	52.1
2001	67.7	15.0	17.3	30.3	16.1	53.6
2002	80.4	12.5	7.1	28.9	17.6	53.5
2003	81.6	12.4	6.0	24.5	15.6	59.8
2004	66.8	18.0	15.2	25.0	11.9	62.1
2005	48.9	20.7	30.4	29.9	12.7	61.0
2006	44.1	26.9	29.0	29.9	8.8	61.3
2007	44.7	19.9	35.4	35.8	10.9	53.3
2008	45.4	25.7	28.9	31.4	20.9	47.7

자료 中國海關統計; KOTRA.
　　　吉林延辺卷, 2003, 中國西部开发信息百科.
　　　中國口岸协会, 2002, 中國口岸与改革介放.

살펴보면 다음과 같다.

　첫째, 랴오닝 성의 변경도시와 배후지 규모가 크기 때문이다. 지린 성의 변경도시들은 경제적으로 낙후한 함경북도의 산지 지역과 접하고 있으나 랴오닝 성의 단둥은 북한의 대표적인 공업도시인 신의주와 마주하고 철도와 도로로 평양에 직접 닿을 수 있다. 단둥 역시 중국 동북지역 최대 항구인 다롄이나 랴오닝 성 성도省都인 선양과 근접하며 철도와 고속도로로 연결되어 배후지역이 매우 넓다. 둘째, 랴오닝 성의 변경구안은 식량과 에너지, 기계, 전자 등 기술 집약형 상품을 수출하므로 농산품과 노동 집약적인 경공업 제품을 수출하는 지린 성에 비해 상대적으로 경쟁력이 높기 때문이다. 셋째, 국제 항만이며 무역·금융·보험 등 무역서비스 부문이 갖추어진 단둥의 기업 환경이 내륙도시인 지린 성의 지안이나 투먼보다 훨씬 우수한 점도 대북한 교역에서 랴오닝 성의 우위를 가속화하고 있다. 끝으로 동북진흥전략을 통해 단둥을 북한과 변경무역의 거점으로 만들려는 중국 정부의 적극적인 정책적 지원도 주요 요인이다.

북·중 변경구안의 분포와 특성

(1) 변경구안의 분포

2001년 체결된 '북·중 변경협약'에서 양측 주민의 통행과 물류 이동의 편의나 통제를 위해☞16 15개 지점의 17개 변경구안通商區을 국경통과지점으로 지정하였다. 여기에 2007년 지안 시 칭스-자강도의 운봉이 공식적인 통상구로 추가되어, 현재 16개 지점의 18개 변경구안이 운영되고 있다 (그림 5-2).

북한과 중국 간의 공식적인 국경 출입처는 다음 4가지로 구분하여 운영되어 왔다. 첫째는 국제 관문 역할을 하는 국제 여객·화물 수송통과지점(중국 용어로는 國際客貨運輸口岸)이다. 양국은 물론 제3국의 국민이나 화물 및 수송 장비의 출입이 허용된다. 신의주-단둥 간 철로와 도로, 남양-투먼 간 철로와 도로 및 원정리-취엔허 간 도로 등 3개 지역에 걸친 5개의 국경 관문이 이에 속한다.

둘째는 북한과 중국 양국 국민과 화물의 출입이 허용되는 쌍방 여객·화물 수송통과지점이다. 주로 변경무역이 이루어지는 국경 관문으로 만포-지안 간 철도와 혜산-창바이, 중강-린장, 무산-난핑, 회령-싼허, 삼봉-카이산툰, 삼장-구청리, 경원-사퉈즈 간 도로와 신의주항-단즈어丹紙 항☞17, 삭주-타이핑완, 위원-라후샤오 수로와 2007년 임시구안에서 정

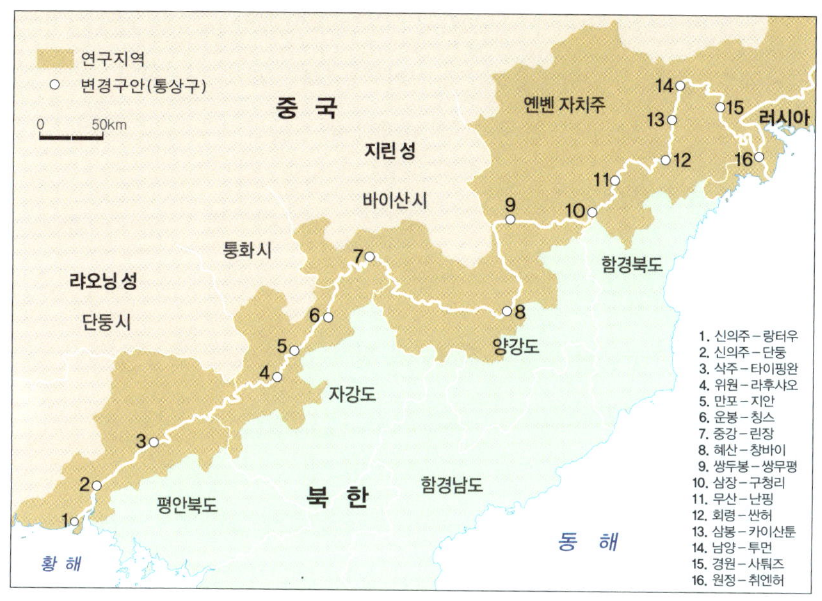

그림 5-2. 변경구안(통상구)의 분포
* 신의주–단둥, 남양–투먼 구안은 철로와 도로구안을 함께 표시

식구안으로 지정된 운봉–칭스까지 12개 구안이 있다.

셋째는 양국 간 국경관리 회담, 회합, 친선 교류 등 공무를 목적으로 하는 공무 인원만이 통행할 수 있는 공무통과지점邊境公務通道으로 쌍두봉–쌍무펑 육로가 있으나, 쌍무펑 공무 통로는 2009년 6월 임시 통상구로 승격하였다.

넷째는 필요 시 양국의 합의하에 임시로 개설하는 임시통과지점臨時口岸으로, 양국 해당 부서가 합의한 기간 동안 양국의 화물과 관련 인원, 수송 수단 통과가 허용된다. 중국 정부가 국경지역 거주민에게 발급하는 통행증인 중조변경지구 출입경통행증(中朝邊境地區 出入境通行證)을 발급 받았거나 여권 및 국제여행증명서를 소지해야만 출입이 가능하다.

북 · 중 국경선을 따라 분포한 변경구안은 조선족이 많이 거주하는 옌볜 지역에 가장 많고, 단둥 · 퉁화 · 바이산 시에 2~3개씩 입지한다. 양국 간 출입 통로는 공식 구안 외에 임시 세관까지 포함하면 랴오닝 성이 10여 곳, 지린 성이 16여 곳에 이른다.

(2) 변경구안의 특성

표 5-6은 북한 세관에 관한 정보를 구할 수 없어, 중국 측 변경구안들의 특성을 살펴본 것이다. 먼저 구안의 설립 시기는 압록강에서는 1904년 최초로 단둥 구안이, 두만강에서는 1929년 가장 먼저 허룽 시 충산崇善 진 구청리古城里 구안(당시는 수로 구안임)이 설립되었다. 그리고 중 · 하류의 카이산툰 · 싼허 · 투먼 · 사퉈즈 · 취엔허에 교량이 건설되면서 구안이 개설되었다. 변경구안 중 하천 상류의 일부 구안을 제외하고 대부분 일제강점기에 세워졌다.

변경구안은 연계 수단에 따라 철로구안 · 도로구안 · 수로구안 및 관로管路구안[18]으로 나뉜다. 그리고 개방 수준에 따라 1류구안과 2류구안[19]으로 구분된다. 단둥 구안과 투먼 · 취엔허 · 싼허 · 난핑 · 지안은 1류구안으로 출입증을 가진 제 3국인이 북한 경내로 직접 출입할 수 있으며, 나머지 2류구안들은 출입증을 가진 북 · 중 양국 주민이 이용할 수 있다. 모든 구안 시설물은 강변에 위치하며, 중심 시가지가 강변에 있는 단둥 · 지안 · 투먼 · 창바이 구안을 제외하면 대부분의 도시 중심부까지 멀게는 50~80km 이상 떨어져 있다. 도시별 변경구안의 특성은 다음과 같다.

① 단둥 시의 변경구안

신의주와 마주하는 단둥 구안은 북 · 중 국경무역의 최대 창구이다. 도로·철로·수로구안이 있고, 유일한 관로구안으로는 헤이룽장 성의 다칭 大慶 유전油田에서 평안북도 안주로 연결된 송유관이 통과한다[20]. 1988 년 단둥 시가 개방구로 지정되고 1992년 변경경제합작구의 설립으로 변 경무역에 대한 특혜 정책이 실시되면서 단둥 구안은 급속히 성장하였다.

1943년에 건립된 철로구안은 여객과 화물수송을 담당한다. 1954년 북·중 양국이 '철로연락수송협정'을 맺으면서 베이징과 평양, 모스크바 를 연결하는 국제연락운송國際聯運 여객열차가 개통되었다. 화물열차는 매 일 20회, 화물 통행량은 연간 300만 톤에 이르며, 베이징에서 단둥을 경유 하여 평양으로 가는 여객열차는 주 4회 운행된다. 도로구안은 1955년 양 측이 합의하여 개방한 국가 1류구안으로, 문화혁명 기간 동안 폐관되었다 가 1982년 재개되었다.

초기에는 주로 물물교역이었으나 지금은 현금결재무역, 물물교환무역, 원료를 수출하여 북한 노동력을 활용하는 가공무역, 제3국으로의 중계무 역, 변경 주민이 친인척 방문 시 병행하는 보따리 무역, 해상 어민들의 물 물교환 등 무역 방식이 다양해졌다. 단둥 도로구안은 북·중 무역의 최대 구안으로서 항시 양국의 무역업자와 통관 화물로 복잡하여(그림 5-3) 최근 출입처 현대화 작업이 추진 중이다. 단둥 구안 건너 편의 평양거리라 불리 는 지역에는 주로 북한과 무역 업무를 하는 30여 개소의 일용 잡화 상점이 밀집해 있다(그림 5-4).

단둥 시의 해상구안은 다둥 항(大東 港)과 랑터우 항이 있는데, 대북한 전 용항인 랑터우 항은 신의주항과 마주한 북·중 해상물류의 중심항으로 단 둥 시구에서 서쪽으로 12km 거리에 있다. 3000톤 급 선박의 접안이 가능 하며 연간 화물 처리 능력이 95만 톤에 이른다(중국구안협회, 2003). 최근 북한의 광산물 등 화물량이 크게 늘어남에 따라 확장 공사 중이며, 중국

표 5-6. 중국 변경구안 일람

소속 성·시		중국 측 구안 명	소재지	북한 측 세관 소재지	유형	세관 설립 연도	통관 능력		중심도시로 부터의 거리(km)	분류
省	市						화물(만 톤)	사람(명)		
랴오닝	단둥	단둥 도로	단둥 시구	신의주	도로	1904	100		도심	1류
		단둥 철로	단둥 시구	신의주	철도	1943	400		도심	1류
		아파구	콴뎬 현 창뎬 진 비갈자	평북 삭주	수로	1993	10	–	90	임시
		창뎬하	콴뎬 현 창뎬 진 상하커우	평북 삭주	수로	1998	50	–	55	임시
		타이핑완	단둥 시 진안 구	평북 삭주	수로, 댐길	1982	–	6,000/연	50	임시
		단즈어	둥강 시 일촬모	신의주	수로	1996	–	–	20	폐기
		랑터우	단둥 시 랑터우 진	신의주	수로	1985	95만		12	
		대녹도	둥강 시 고산진	신의주	수로	1992	1	–		임시
		따투오즈	둥강 시 전양진	평북 신도	수로	1997	10	–	26	임시
		취엔허	훈춘 시 징신 향	나선특별시	도로	1936	60	60만/연	42	1류
		사퉈즈	훈춘 시 싼거즈 향	함북 경원	도로	1936	10	10만/연	11	2류
		사이완즈	훈춘 시 잉안 진	함북 경원 훈륭	도로	1938	–	–		폐기

지린	벤 자치주	[illegible]	[illegible] 시	함북 온성 [illegible]	도로	1955	20	10만/연	도심	1류
		투먼 철로	투먼 시	함북 온성 남양	철도	1941	275	–	도심	1류
		카이산툰	룽징 시 카이산툰	함북 온성 삼봉	도로	1930	10	5만/연	37	2류
		싼허	룽징 시 싼허 진	함북 회령	도로	1930	40	15만/연	47	1류
		난핑	허룽 시 더화 진	함북 무산	도로	1951	60	100만/연	50	1류
		구청리	허룽 시 충산진	양강도 대홍단 삼장	도로	1929	10	–	80	2류
		쌍무펑	안투 현 얼다오바이허 진	양강도 삼지연 신무성	도로	1983	–	–	50	공무용
	바이산	창바이	창바이 현	양강도 혜산	도로	1950	–	3,000/월	도심	2류
		린장	린장 시	자강도 중강	도로	1950	–	1,000/월 5,000/연	80	2류
		라후샤오	지안 시 위린 진	자강도 위원	수로	1997	–	–	67	2류
	통화	지안	지안 시	자강도 만포	철도	1946	100	–	도심	1류
		칭스	지안 시 칭스 진	자강도 운봉	수로	2007			44	2

자료 中國口岸协会, 2003, 中國口岸實用名錄.
國際經濟交流財團, 2006, 中國東北部と北朝鮮の經濟交流の實態調査 報告書.
현장 답사를 종합

그림 5-3. 단둥 구안

그림 5-4. 단둥 구안 부근의 북한 무역 상점

그림 5-5. 랑터우 항에서 석탄을 하적하는 북한 선박

정부는 랑터우 항을 대북 무역의 전진기지로 삼아 물류 센터도 조성할 계획이다(그림 5-5).

단둥 시 구역에 속한 다른 구안들은 모두 수로로 연결되어 있다. 먼저 타이핑완 구안은 수로구안이나 댐의 제방 길이 육상 통로로 활용되기도 한다. 그 외 둥강과 신의주, 콴뎬과 삭주 사이 압록강에는 필요 시에 한시적으로 운영되는 임시 수로구안들이 있다(표 5-6).

② 옌볜 자치주의 변경구안

북·중 접경지역에 입지한 변경구안의 반 이상이 옌볜 조선족자치주에 속한다. 북한과 경계를 접한 허룽·룽징·투먼·훈춘 등 4개의 현급 시에 7개의 도로구안과 1개의 철로구안 그리고 쌍무펑 임시통상구가 있다.

먼저, 투먼 시에는 철로구안과 도로구안이 있다. 투먼 철로구안은 1933년 설립되었는데 북한의 함경선 철도와 연결되면서 통상구무역이 비약적으로 발전하였다. 1939년 투먼 통상구의 무역액은 2.4억 엔으로 다롄 항에 이은 동북 제 2의 통상구로 부상하였다. 일제강점기 동안 식민지무역이 발달하면서 투먼-남양 간에는 하루 26개의 차량이 통과하였는데, 그 중 여객열차는 16차에 달하여 월 10만 명이 넘는 인원이 이동하였다[21]. 투먼 철도구안은 1954년부터 국제 수송(國際 輸送)을 개시하였는데, 나진항·청진항과는 직접 연결되고 나진역을 거쳐 러시아 극동 철로와도 연결될 수 있어 중국과 북한·러시아·일본 간 수출입 물자의 중계 수송 거점이었다. 1985년에는 북·중·일 3국의 소육교(小陸橋) 운수 개통으로 하루 14량의 열차가 지나고, 연 100만 톤의 화물이 통과하였다. 투먼 역은 중국 1급 조차장으로 평균 조차 능력은 1,200여 량(輛), 월 평균 여객과 화물 열차 90차량(車輛)을 발송할 수 있고 연 화물 운송능력은 300만 톤에 이른다.

투먼 도로구안은 1941년 중국과 북한이 공동으로 투먼과 남양을 있는 도로대교를 건설하면서 개통되었다(중국구안협회, 2003). 일제 때는 두만강 연안에서 통과 인원이 가장 많은 구안으로 하루 평균 2만 명에 달하기도 했다. 도로구안은 주로 관광객이나 친지 방문 등 사람의 왕래에 활용되고 변경무역 화물이 통과한다. 교두 일대는 관광지로 개발되어 북한의 남양시를 조망하려는 관광객으로 붐빈다.

허룽 시에는 난핑·구청리·쌍무펑 구안이 있다. 허룽 시 중심에서 80km나 떨어져 있는 구청리 구안(그림 5-6)은 1929년 건립되었는데 공식적으로는 두만강 연안의 북·중 구안 중 가장 오래되었다. 대안인 양강도 대홍단군 삼장리와 무역을 해 왔으며, 1953년 변경 사무소를 설치하여 통상구 유관 업무를 해왔다.

난핑 구안(그림 5-7)은 무산군 칠성리에 통검소가 세워지면서 무역을 해 왔다. 광복 후 1947년 난핑 관세소가 설치되었으나 정식으로는 1951년 투먼 해관 난핑 지관으로 개통되었고 1985년 난핑 구안으로 승격하였다. 원래 통상 나루터였다가 1994년 양국이 공동 출자하여 교량을 설치하면서 도로구안이 생겼다. 2000년 9월 홍수로 교량이 파괴되어 일시 중단되었다가 2003년 재개통되었다. 난핑 구안은 시 중심에서 50km 떨어져 있으나 북한 무산과는 12km로 가까워 주로 무산의 철광분을 실어 나르는 통상구이다.

쌍무펑 공무 통로는 1983년 공무구안으로 세워져 일반인들은 통과할 수 없고 공무인원과 화물수송 수단만 출입할 수 있는 유일한 육지구안이었으나, 2009년 6월 임시 통상구로 승격되었다. 앞으로 북한을 통한 백두산 관광이 가능해지면 중국과 연계된 관광 루트가 조성되고 상품 교역도 이루어 질 것이다.

룽징 시에는 싼허 구안과 카이산툰 구안이 있다. 회령시와 마주하는 싼허 구안(그림 5-8)의 교역 역사는 오래되었다. 1883년 '길림조선상민지방장정吉林朝鮮商民地方章程'이 체결된 후 청이 허룽에 통상국을 설치하면서 회령, 종성 등지와 지방무역을 시작하였다. 이후 옌볜과 북한 간의 무역 왕래가 빈번해지고 특히 1924년 천도(조양천-도문)철도가 개통되면서 룽징이 북한무역의 중심지가 되자 회령과 룽징을 오가는 상인들과 이주민들이 많아졌다. 처음의 계사처(해관검사소)는 국경에서 떨어진 오랑캐령의 허후리구(지금의 북흥)에 위치하였으나 검사소를 피해 다니는 밀수꾼이나 불법 상인들이 많아져 1930년 만주국 정부 때 싼허로 옮겨 정식구안이 되었다(중국구안협회, 2003). 1936년 일제는 회령과 룽징 간의 육로 무역을 활성화시키려고 지금의 대교를 가설하고 그 옆에 해관을 설치하였다. 1950년 싼허 구안에 통관 기구를 설립하였으며, 현재 연 여객 통과 능력은 8만 명, 연 화물 통과 능력은 40만 톤, 연 차량 통과 능력은 1.5만 량의 1급구안이다.

함경북도 온성군 삼봉리와 마주하는 카이산툰 구안은 룽징 시 중심에서 36km 떨어져 있으며 청진항과 120km, 나진항과 96km 거리에 있다. 1933년 철로교가 건설되어 두만강에서 유일하게 철로교와 도로교가 함께 있어 만주국 시기에 사용되었으나 신중국 건립 이후 철도 사용은 중지되고 도로만 이용되고 있다. 연 통관 여객 5만 명, 화물 10만 톤, 차량 5천대의 통관 능력을 가졌다(중국구안협회, 2003).

두만강 하구의 훈춘은 외부로부터의 접근성이 높아 변경무역의 역사가 오래되었다. 1909년 12월 지린 성의 제1관으로 훈춘 통관이 설치된 바 있다☞22. 현재 훈춘 시에는 북한과의 출입처로 사퉈즈와 취엔허 구안이, 러시아와 국경인 창링즈에 세워진 훈춘 구안이 있다. 취엔허 구안은 1937년에 설립되었다. 해방 후 2류구안으로서 양국의 변경 주민들의 친지 방문

통로로 이용되다가 중국의 제안에 따라 1982년부터 한시적으로 폐관되었다. 두만강 유역 개발계획이 추진되고 1995년 나진·선봉 자유경제무역지대와의 통로를 확대하면서 공무 통로로 재개통되었다가 이듬해부터 정식으로 화물이 통과하였다. 1998년 국무원 비준으로 제3국인이 통행할 수 있는 1류구안—類口岸으로 대외 개방되면서 비교적 단시간 내에 옌볜 지역에서 가장 주요한 구안으로 성장하였다(그림 5-9).

취엔허 구안은 원정교(중국명 취엔허교) 건너 함경북도 경흥군 원정리세관과 마주하며 나진·선봉 경제무역지대와 직접 연결된다(그림 5-10). 훈춘 시구에서 42km, 나진항까지 51km 거리이다. 2000년부터 옌볜의 현통 그룹現通集团이 이 구안을 이용하여 옌지-나진-부산 간 정기 컨테이너 운항을 개시한 후 중국 동북3성에서 나진항을 통해 일본이나 한국으로 수·출입되는 중개 화물을 실은 차량이 하루 100여 대 이상 통관한다(그림 5-11).

사퉈즈에 통상구가 세워진 것은 1936년으로, 초기에는 함경북도 경원과 훈춘 간 지방 무역을 위한 통로였으나 해방 후 1949년 해관이 설립되면서 북한과 정식으로 물자를 교환해 왔다. 1985년 훈춘 시가 북한의 두만강무역회사와 변경무역을 개시한 후부터 두만강 하류 양안의 주민을 위한 변경무역이 활발해졌으며(龔心瀚, 1993) 지금은 두 나라 변경 주민들의 친척방문과 보따리 장사로 불리는 사무역도 상당한 규모에 이른다. 두만강의 퇴적작용으로 사퉈즈 구안이 경원군의 유다섬과 연륙되면서 불법 도강을 막기 위한 부근의 경비가 삼엄하다.

③ 지린 성 퉁화 시의 구안

압록강 중류 지린 성 퉁화 시에는 지안 철도구안과 라후샤오 수로구안 및 칭스 구안이 있다. 먼저 지안 철도구안은 중국의 대북한 무역 및 관광

그림 5-6. 구청리 구안

그림 5-7. 난핑 구안

그림 5-8. 싼허 구안

그림 5-9. 취엔허 구안

그림 5-10. 북한 원정리 세관과 나선으로 가는 트럭

그림 5-11. 취엔허 구안의 화물 차량

의 주요 통로이다. 1946년 대외 운수運輸 기구를 설치하고 1954년에 정식으로 국제연락수송 업무를 개시하였다. 원래 지안의 여객 출입은 지안의

양우두羊魚頭 부두에서 배를 이용하여 운송하다가 1964년부터 철로를 이용하였다. 현재 지안 구안은 기차 역내에 있으며(그림 5-12) 연 23만 톤 정도의 화물이 오고 간다. 지안과 만포 사이에는 매일 2량의 기차가 운행되는데 2개의 열차 중 하나는 여객과 화물 혼합열차이다.

　라후샤오 수로구안의 경우는 라후샤오와 대안인 위원 사이에 교량이 없다. 양안의 지세가 험하고 교통 시설이 불편하여 화물을 싣고 온 트럭을 배에 실어 옮긴다. 작은 바지선 형태의 나룻배를 강 양안에 세운 기둥에 밧줄로 걸어 잡아당겨 움직인다(그림 5-13). 위원 댐의 물을 방류할 때는 일시적으로 폐쇄되기도 한다. 양안이 산지로 배후도시가 발달하지 못하고 지안 철도구안이 인접하여 중국 측 공식 변경구안 중 교역량이 가장 적다. 1977년 위원 발전소 건설을 위한 양국 주민의 왕래에 편의를 위해 구안(통행 검사소)을 설치하였다(그림 5-14). 위원 댐의 양측에는 양국의 군軍 초소가 있어 댐의 제방을 통과하는 공무 인원이나 허가를 받은 주민의 통

그림 5-12. 지안 구안

그림 5-13. 라후샤오-위원 간 화물 운송 나룻배   그림 5-14. 위원 시가지의 통행 검사소

행이 허용된다.

지안 시구에서 44km 떨어져 있는 칭스 구안은 임시구안으로 운영되다가 2007년 정식 통상구로 지정되었다. 자강도 운봉과는 수로를 통해 공식적인 교류가 이루어지나, 간단한 통행의 경우 운봉댐의 제방 길이 도로 역할을 한다. 댐의 수문이 닫혀 있을 때는 강바닥이 거의 드러나면서 불법적인 통로로 이용되기도 한다.

④ 지린 성 바이산 시의 구안

압록강 상류 연안의 바이산 시에는 1950년 창바이와 린장 도로구안이 개설되었다. 창바이 구안은 압록강의 가장 상류에 설치된 구안이다. 창바이는 중국 내에서도 접근이 쉽지 않은 오지로 교통이 불편하나, 조선족자치현으로써 예전부터 대안도시인 북한의 혜산과 교류가 활발하였다. 1991년 개방되고 북·중 간 변경무역이 회복되면서 내륙의 대표적인 변경무역도시로 자리를 잡아가고 있다. 1985년에 창바이-혜산 간 국제 대

그림 5-15. 압록강 교량을 사이에 두고 마주하는 혜산 세관과 창바이 구안(오른쪽 사진은 창바이 구안)

그림 5-16. 린장 구안

교를 건설하였고 2005년 새로이 창바이 교두橋頭가 세워졌다(그림 5-15).

1995년부터 창바이-혜산 간 북한 관광 코스를 개시하면서 북한 측 백두산 관광을 위한 외국 관광객의 출입구안이 되었다.

린장 도로구안(그림 5-16)은 양강도 중강과 통한다. 초기에는 경유하는 차량이나 공무 또는 변경주민의 친척 방문에 한하여 통행이 허용되었으나, 개혁·개방 이후 변경무역이 확대되면서 수출입 화물이 대폭 증가하여 하루 출입 차량이 260대에 달한 적도 있다(중국구안협회, 2003).

2. 접경지역의 교류와 국경 도시네트워크의 형성

화물과 사람의 교류

북·중 접경지역에서는 변경구안을 통해 교역 화물이 이동하고, 공무·사업·친지 방문·관광을 목적으로 사람과 차량이 오고 간다. 중국 해관이 발간한 변경구안별 화물과 사람의 이동 통계 자료가 물자나 사람들의 이동 경로나 최종 목적지를 추적할 수는 없지만 접경지역에서 양측의 변경지역 간 연계 정도를 밝히는 데 유용한 지표가 될 수 있다. 북한 측 세관 통계는 구할 수 없으나 무역은 상대가 있어야 성립되는 활동이므로 중국 측 변경구안의 통계자료만으로 접경지역 교류 실태를 개략적으로 파악할 수는 있다.

변경무역이 국경을 사이에 둔 양 지역 간의 경제적 상호보완 관계를 보여 주는 지표로 유용하지만, 북한과 중국 간 교역의 상당 부분이 밀무역으로 추정되는[23] 상황에서 중국 해관자료와 같은 공식적인 통계만으로 변경무역을 평가하는 데는 한계가 있다. 그러나 변경무역의 거래 품목이나 거래지역 패턴이 일반무역과 크게 다르지 않으므로 거시적 차원에서 접경지역의 국경 연계 구조를 개략적으로 파악하는 데는 무리가 없을 것으로 판단된다(林今淑·李光哲, 2004; 손수윤, 2007).

표 5-7은 1994·2001·2005년 중국의 주요 변경구안을 통한 북·중 간 화물과 사람의 이동량으로 지난 10여 년간의 변화를 보여 준다. 1990

년대 후반(1994~2001)에는 북한 경제의 극심한 침체로 인하여 단둥 도로 구안을 제외한 모든 구안에서 화물 이동량이 감소하였으나, 2000년대 초반(2001~2005) 대부분의 변경구안에서 물류 이동이 증가하였다. 특히 단둥은 대북 교역의 중심도시로서의 위상이 확고해졌고, 취엔허는 두만강 개발계획으로 국제 교역도시로 자리를 잡아가고 있으며, 난핑은 2004년 중국의 통화강철 기업이 50년 간 무산철광 채굴권을 얻은 이후 교역량이 급증하였다. 투먼 구안은 2001년까지도 가장 활발한 구안이었다. 북·중 변경무역의 최대 호황기였던 1990년대 투먼은 중국-북한-러시아와 중

표 5-7. 주요 변경구안의 화물·사람 이동 추이

중국 구안 명		화물 (천 톤)			사람 (천 명)		
		1994	2001	2005	1994	2001	2005
단둥	철로	451	437	744	56	38.6	59
	도로	38	142	418	52	168	99
투먼	철로	1,800	565.5	232	280	21.1	1.7
	도로			68			47.4
취엔허 도로		중단*	162.4	171	중단*	162.1	153.6
싼허 도로		52	13.1	67	52	16.8	29.7
카이산툰 도로		20	0.9	34	5	2.5	17.6
난핑 도로		2	–	697	25	–	49.0
린장 도로		4.1	10.8	38	38	10.9	25.2
지안 철로		74	44.2	99	20	15.1	2.1

자료　中國口岸協会, 2002, 中國口岸年鉴 2001.
　　　叶劍, 1996, 中國口岸通攬.
　　　中國口岸協會 編, 2006, 中國口岸年鑑.
* 취엔허 구안은 1982~1994년 폐쇄되었다가 1996년 재개

국–북한–한국 · 일본 간 삼각무역☞24에서 수출입 물자의 주요 중계 수송지였다.

그러나 철도 시설의 노후화로 운송에 문제가 잦고 두만강 개발의 거점도시인 취엔허 구안이 크게 부상하면서 2000년대 들어 투먼은 상대적으로 위축되고 있다. 변경무역이 점차 지역 경제 발전의 원동력이 되면서, 변경무역이 활발한 단둥이나 훈춘 시는 활기가 넘치는 반면, 변경무역이 감소하는 투먼 시의 침체를 현장에서도 느낄 수 있다. 이는 곧 변경도시의 성장이 국경 너머 상대 도시와의 교류 협력과 밀접한 관계를 맺고 있음을 보여 준다.

표 5-8은 중국 측 공식구안을 통한 북 · 중 간 운송 화물량과 사람 및 차량의 교류 현황이다. 물론 2005년 한 해의 통계만으로 북 · 중 접경에서 국경을 초월한 지역 연계 구조를 일반화하기는 어려우나, 개략적인 윤곽은 파악할 수 있다. 그림 5-17은 이 자료를 기초로 변경구안에서 양측 간 화물 이동량을 지도화한 것이다. 이동 화물의 규모는 양 지역의 연계 정도를 파악할 수 있는 척도로, 배후지역의 시장 규모수요, 교통 편의성, 특정 자원의 분포 등 여러 요인에 영향을 받는다.

가장 많은 화물이 드나드는 단둥 구안은 배후지의 시장 규모가 크고 교통이 편리하여 북 · 중 전체 화물량 중 철로구안이 28%, 도로구안이 16%를 분담하고 있다☞25. 1980년대 초까지도 단둥 구안은 옌볜 자치주의 구안에 비해 교역량이 많지 않았으나, 1988년 단둥이 개방도시로 지정되고 1992년에 변경경제합작구가 설립되어 각종 우대 혜택을 받으면서 교역량이 크게 증가하였다. 더욱이 동북진흥전략에서 단둥이 북 · 중 무역의 거점도시로 지정됨에 따라 앞으로 교역량은 더 많이 늘어날 것이다.

난핑 구안의 경우는 최근 동북3성의 지역개발과 함께 철의 수요가 많아

표 5-8. 중국 변경구안의 북 · 중 교류 현황(2005)

중국 측 구안		화물 (톤)			사람 (명)			차량 (대)		
		북→중	중→북	합계	북→중	중→북	합계	북→중	중→북	합계
단둥	철로	–	–	74.4만	–	–	5.9만	–	–	–
	도로	–	–	41.8만	–	–	9.9만	–	–	–
투먼	철로	62,827	169,360	232,187	838	846	1,684	2,464	3,451	5,915
	도로	47,283	21,307	68,590	23,645	23,742	47,387	6,416	6,416	12,832
취엔허 도로		53,364	117,882	171,246	77,092	76,497	153,589	21,611	21,882	43,493
싼허 도로		31,429	36,669	68,098	14,545	15,215	29,760	4,074	4,075	8,149
카이산툰 도로		23,400	10,880	34,280	8,805	8,858	17,663	3,425	3,418	6,853
난핑 도로		689,178	7,952	697,130	24,463	24,575	49,038	21,113	21,113	42,226
린장 도로		26,639	11,281	37,920	12,556	12,724	25,280	5,660	5,660	11,320
지안 철로		80,455	18,886	99,341	1,175	937	2,112	2,899	2,899	5,798
창바이 도로		46,762	33,027	79,789	37,365	37,365	74,730	6,329	6,329	12,658
구청리 도로		34,900	3,100	38,000	4,975	5,026	10,001	2,604	2,604	5,208
라후샤오 수로		7,974	1,820	9,794	2,956	4,794	7,750	1,328	1,329	2,657
칭스 수로		26,873	1,790	28,843	–	–	–	3,016	3,016	6,032
사퉈즈 도로		6,219	20,616	26,835	9,960	10054	20,014	2,978	2,978	5,956
쌍무펑 공무 통로		–	–	–	–	–	–	–	–	–

자료 中國口岸協會 編, 2006, 中國口岸年鑑.

지면서 무산으로부터 철광 수입이 크게 늘었다. 이 구안을 통한 유동화물의 90% 이상이 철광분鐵鑛粉이다.

투먼 철도구안은 사통팔달의 교통 조건을 갖추고 있어 그동안 많은 국제 화물을 소화해 왔으나, 1990년대 중반 이후 교역량이 급속히 감소하고 있다. 그 이유는 북한의 철로 시설이 노후하여 운송 시간이 많이 걸리는 데 비해 두만강 하류 지역 일대의 교통 기반 시설이 확충되면서 취엔허 도로구안이 이를 대체하기 때문으로 보인다. 투먼 도로구안의 경우도 경쟁 관계인 취엔허 구안이 열린 후 이동 화물량이 급속히 줄었다.

취엔허 구안은 옌볜의 경제 발달에 따라 북한 나진으로 들어가는 유동 화물이 급증하였다. 훈춘은 한국이나 일본을 연결하는 환동해권의 중계항인 나진항과 직접 연결되는 입지적 이점으로 양측의 통과 화물량이 빠른 속도로 늘고 있다.

그리고 지안 · 창바이 · 싼허 구안은 북한 측 대안에 만포 · 혜산 · 회령 등 상품의 수요가 많은 큰 도시가 있어 중국에서 북한으로 유입되는 물류가 비교적 많다.

반면 배후지역의 규모가 작거나 교통이 불편하여 접근이 불리한 구안이나 같은 시 구역 내에 또 다른 구안이 설치되어 있는 경우에는 화물 이동량이 적다. 즉 압록강 중 · 상류의 라후샤오 · 칭스 · 린장 · 창바이 구안과 두만강의 구청리 · 카이산툰 · 사퉈즈 구안은 북한과 중국 양측 모두 지세가 험하여 배후에 큰 도시가 없고 연계 교통로도 발달하지 못하여 교류되는 화물량이 적다. 이 경우 북한 쪽 시장 규모가 작아 북한으로 들어오는 화물의 종류는 다양하지만 소량이고, 역으로 북한에서 나가는 화물은 상대적으로 많으나 품목은 북한 변경지역 주민이 산에서 채취한 약초나 나물, 동물 가죽 등 지역 특산물을 모아 중국에 내다 파는 소규모 교역 수준

그림 5-17. 변경구안의 화물 이동

이다[26].

변경구안을 통한 화물뿐 아니라 사람이나 차량의 이동량도 양 지역의 연계정도나 변경도시의 중요도를 평가할 수 있는 지표가 될 수 있다. 그림 5-18은 변경구안 별 통과 이동 인원의 크기를 나타낸 것이다. 화물 이동과 달리 양 방향의 이동 인구 규모가 동일하게 나타나는 것은 주민의 해외 이주를 허용하지 않는 북한 사회체제의 특성 때문이다. 공식적으로 2005년 변경구안을 통해 이동한 사람은 모두 43만 명이고 2006년은 46만 명인데 그 중 북한을 방문한 중국인 수는 34만 명, 중국을 방문한 북한 주민은 12만 명으로 알려져 있다(곽승지, 2008). 그러나 실제 불법적으로 중국을 드나드는 북한인의 수는 몇 배가 넘을 것으로 추정된다.

공식적으로 북·중 국경을 통과하는 사람은 친지 방문·사업·무역·

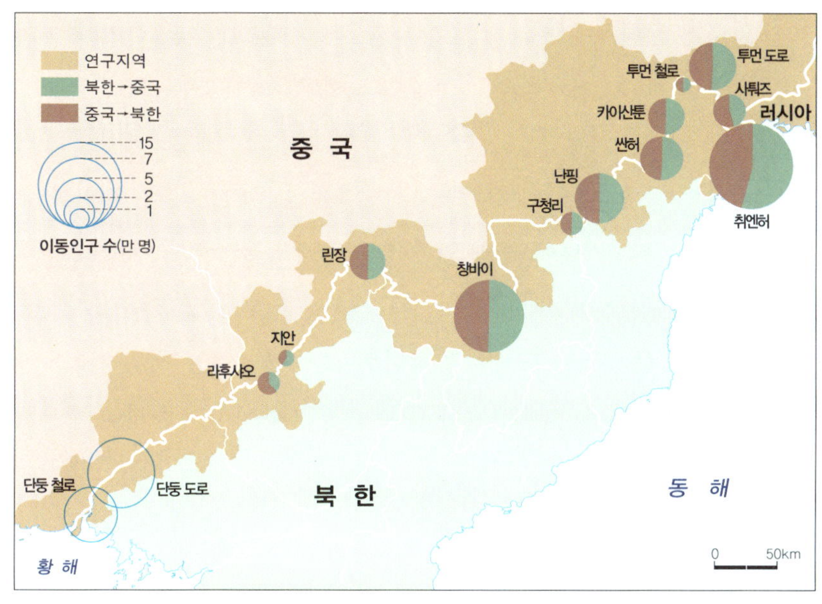

그림 5-18. 변경구안의 사람 이동

관광·공무 등의 목적을 가지고 외교 공무나 일반 여권, 국경 주민 월경 통행증[27], 국경공무 통행증 또는 쌍방이 협의하여 규정한 기타 증명서를 소지하면 지정된 장소(대부분의 경우 변경구안)를 통해 이동이 허용된다. 그러나 실제 접경지역에서 그동안 불법 도강이 묵인되어 왔고 경비도 쉽지 않아 탈북자뿐 아니라 양안 주민들도 쉽게 드나든다. 변경무역이나 사업을 목적으로 국경을 드나드는 사람들의 배경은 다양하다. 북한사람, 북한에 거주하는 화교華僑, 조교朝僑[28], 조선동포조선족, 신조선족[29] 등인데, 특히 화교는 북·중 변경무역에 중요한 역할을 한다[30].

변경구안 중 사람의 이동이 가장 많은 구간은 북·중 접경지역에서 인구 규모가 가장 크고, 철도·도로·수로 등 연계 교통이 발달해 있는 단둥-신의주이다. 단둥-신의주 간을 이동하는 사람들은 공무·사업·관광 등 목적이 다양한데, 랴오닝 성은 지린 성의 옌볜에 비해 조선족 거주 비율이 낮아 친지 방문이 상대적으로 적다. 2000년대에 들어 이 구안을 통과하는 하루 평균 이동인 수가 3,000여 명에 달하며, 압록강 철교를 통과하는 차량도 하루 200여 대가 넘는다. 주 3회 운행되는 평양-베이징 간 여객열차 이용객도 연 6만 명에 이른다. 최근에는 북·중 무역을 위해 드나드는 기업인이나 상인이 급속히 늘고 있다. 또 단둥은 1998년 북·중 관광을 처음으로 시작한 도시로 2004년부터는 단둥-평양 간 관광버스 노선이 생기면서[31] 이를 이용하는 중국 관광객과 양국의 보따리 장사도 점차 늘어나고 있다.

취엔허·창바이·싼허 구안도 이동 인구가 많은데 북한 측 대안에 나선·혜산·회령 같은 도시가 입지하기 때문이다. 근래 출입 인원이 크게 늘어난 취엔허 구안은 친지 방문뿐 아니라 나선-훈춘 간 협력 사업과 관련하여 출입하는 기업인과 바다가 없는 동북3성 주민이 나선시에서 해상 관광이나 오락 카지노을 즐기기 위해 방문하는 관광객도 적지 않다[32].

옌볜에는 함경도에 고향을 둔 조선족 동포가 많이 거주하여 북한 주민 중에는 친지를 방문한다는 명목으로 외화벌이를 하거나 식량을 구하러 중국으로 나오는 사람이 많다. 또 북한을 드나드는 중국 동포도 순수한 친지 방문이라기 보다는 대개 보따리 장사라는 비공식적 상업 활동을 하는데 이것이 북한 경제에 미치는 영향은 상당한 것으로 알려져 있다[33]. 근래 단둥 시내나 창바이 시장에서는 신의주나 혜산 주민이 일상 용품을 구입해 가는 장면도 자주 목격된다.

최근 중국의 국민소득이 높아지고 북한 관광이 가능해지면서 중국인의 북한 관광이 크게 늘어났다. 공식적으로는 1988년 단둥 시가 처음으로 북한 관광을 개시한 이래 1991년 지린 성과 북한이 국경 관광 협력 사업을 통해 6개의 도로구안을 열고 20여 개의 북한 관광 코스를 개발하였다. 현재 중국 관광객에게 출입이 허용된 구안은 랴오닝 성 단둥 시를 비롯하여 지린 성의 지안·창바이·난핑·싼허·투먼·사퉈즈·취엔허 구안이며, 출입구안에 따라 관광 노선에 다소 차이가 있다. 북한 내의 주요 관광지는 평양·남포·원산·청진·개성 등 대도시와 백두산·묘향산·금강산·칠보산 등으로 제한되어 있다.

변경구안별 차량 이동량 역시 인구 이동과 동일한 이유로 왕복 차량 수가 거의 같다(표 5-8). 단둥 구안은 화물 트럭이 수시로 지나며 공무나 사업 목적의 승용차, 단둥–신의주 간 정기 버스 및 관광버스가 가장 많이 드나든다. 취엔허 역시 나진항으로 가는 컨테이너를 실은 트럭과 사업상 나선시를 방문하는 승용차가 많으며, 2006년부터 훈춘과 나진 사이에 하루 2회 정기 버스도 운행된다(그림 5-19). 난핑 구안은 무산의 철광분을 실은 트럭이 하루에도 수차례 오가며(그림 5-20), 그 외 창바이·린장·투먼·싼허 구안도 화물 트럭과 승용차가 하루 평균 30~50대 정도 오고 간다.

그림 5-21은 변경구안 별 화물·사람의 이동량을 종합하여 중국 변경구안의 중요도를 계층화 해 본 것이다. 대략 4개의 계층으로 구분되는데,

그림 5-19. 취엔허–원정리 간 정기 버스

그림 5-20. 무산–난핑 간 철광분 운송 차량

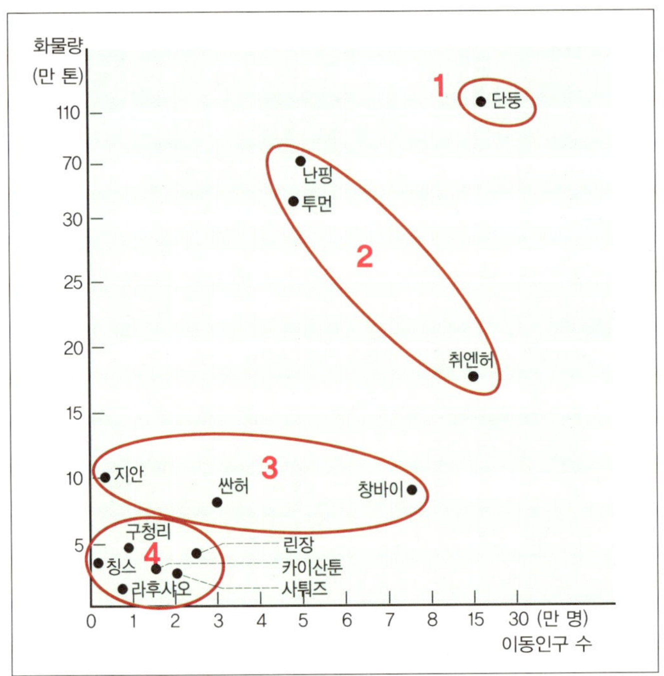

그림 5-21. 중국 변경구안의 계층

제1계층은 단둥 구안으로 화물 · 사람 · 차량의 통행량이 절대적으로 많은 북 · 중 접경지역의 최대 구안이다. 제2계층은 난핑 · 투먼 · 취엔허 구안으로 교류의 성격이 각기 다르다. 먼저 난핑은 교역량의 대부분이 자원(무산의 철광)이며 북한에서 중국으로의 일방적인 교류이다. 철도와 도로구안을 보유한 투먼은 교통 조건은 유리하나 경제 기반이 취약하여 통과화물 중심으로 교류가 이루어진다. 최근 급성장하는 취엔허 구안은 동북지역 개발의 추진으로 옌지 · 창춘과 고속도로가 연결되고 나진항과 나선 특구 개발과 관련하여 교류가 늘어나면서 두만강 유역의 최대구안으로 발전하고 있다. 제3계층은 지안 · 창바이 · 린장 · 싼허 구안으로 북한 측 상대도시의 수요에 따라 일정 수준의 교류가 지속되고 있다. 끝으로 제4계층인

구청리·카이산툰·칭스·사퉈즈·라후샤오 구안은 시 중심에서 멀고 교통이 불편할 뿐 아니라 동일 시 구역 내에 다른 변경구안이 있어 보조적 역할을 한다. 대안의 북한지역도 인구가 희박하여 국지적 수준에서 교류가 이루어진다.

물류 이동과 국경 도시네트워크

북·중 교역의 상당부분은 변경구안을 통해 이루어지므로, 양국 간 주요 수출입 품목을 통해 유통 물류의 특성을 대략 파악할 수 있다. 표 5-9

표 5-9. 북·중 간 주요 교역품 (무역액 기준)

구분 / 순위	북한→중국				중국→북한			
	2001	2005	2007	2009	2001	2005	2007	2009
1	선철	무연탄	무연탄	무연탄 광물류	원유 정유 코크스	원유 정유 코크스	원유 정유 코크스	원유 등 광물성 연료 에너지
2	광석류	아연광 철광 슬랙	아연광 철광 슬랙	광 슬랙 및 회	전기제품	돼지고기	원자로 보일러 기계류	보일러 기계류
3	목재	어패류 (오징어, 조개)	의류	의류 (편물제 이외)	곡물	기계류	전기기기 음향영상 설비	전기기기 TV VTR
4	수산물	철강 (철 스크랩)	철강 (철 스크랩)	철강	기계류	전기기기	플라스틱 제품	일반 차량
5	직류, 의류	의류, 원목	어류 연체 갑각류	어패류	채유용 종자	플라스틱 제품 곡물	차량과 부품	의류 (편물제)

자료　中國海關統計; KOTRA, 북한의 대외무역 동향.

는 무역액을 기준으로 본 양국 간 주요 수출입 품목이다. 2000년대 북한이 중국으로부터 수입한 물품은 원유, 밀가루·정미·옥수수 등의 곡물과 코크스·석유제품·가전제품·기계류 등 생산재가 큰 비중을 차지해 왔다. 최근에는 건축자재·주사약·가전제품·컴퓨터·사치품에 이르는 모든 품목을 중국에 의존하고 있는 것으로 알려져 있다. 반면, 북한이 중국으로 수출하는 품목은 무연탄과 철광·동광·재용해용 폐철·선철 등 광물류와 목재, 어류·갑각류·오징어 등 수산물, 광 슬랙 및 회灰 등 부가가치가 낮은 1차 생산품이 대부분이다.

중국으로 수출되는 북한산 물품은 대부분 원자재와 수산물이므로 가공

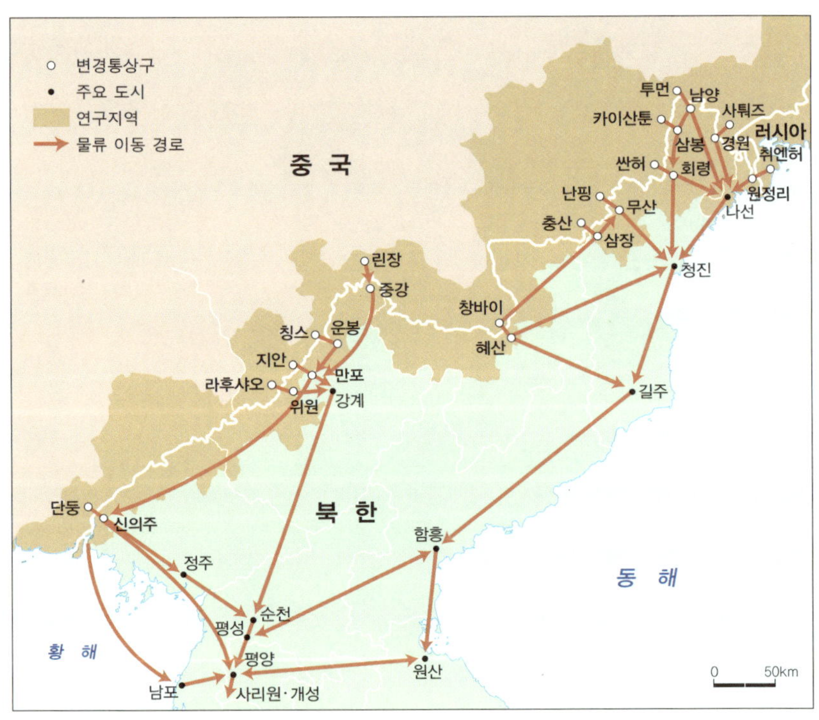

그림 5-22. 중국산 물품의 북한 내 유통 경로

을 위해 주로 공장지대로 운송된다. 반면, 북한으로 유입되는 중국산 제품은 중국 전역에서 들어온다. 표 5-5에서 볼 수 있듯이 종전에는 변경구안을 통해 북한으로 들어오는 화물의 3/4이 동북3성에서 생산되는 물품이었다. 그러나 동북 지역의 생산 단가가 높아지면서 최근에는 북한의 구매 수준에 맞추어 중국 남부 저장 성이나 장쑤 성 등에서 생산되는 저가의 상품이 북한으로 유입된다. 창바이 시내에서 저장 성이나 장쑤 성 번호판의 차량을 쉽게 볼 수 있는 것도 바로 그러한 이유 때문이다.

다음은 북·중 국경 네트워크가 북한 내에서 공간적으로 어떻게 확대되는지 파악하기 위해 현장 조사와 변경무역업자의 면담 내용을 바탕으로[34] 변경무역을 통한 중국 상품의 북한 내 유통 경로와 특징을 살펴보았다. 그림 5-22는 현장 답사와 면담 조사를 바탕으로 그려 본 중국산 화물의 북한 내 유통 경로도이다[35]. 물류의 유통은 시장도시과 교통로를 기반으로 성립된다. 북한 내에서의 물류이동은 철도 운송망을 기초로 형성되어왔으나 최근 트럭을 이용한 화물 이동이 늘면서 중국에서 변경구안을 통해 북한의 주문지로 직접 운송되고 있다.

북한 내 유통 구조는 크게 관서와 관북 유통권으로 나뉘는데 이 구분은 오래전부터 낭림산맥을 경계로 동서로 나뉘어져 있는 북한의 전통적인 생활권과 유사하다. 두 유통권의 유통 네트워크와 특징을 각각 살펴보면 아래와 같다.

(1) 관서지역의 유통 네트워크

중국 랴오닝 성과 북한 관서지방을 잇는 유통 네트워크로 범위가 넓다. 대부분의 화물이 단둥-신의주를 통해 유통된다. 선양이나 다롄 등지에서 단둥을 경유하여 신의주로 들어온 중국 화물은 평양으로 들어와 관서지방의 도시는 물론 원산·사리원·개성 등 거의 전국으로 유통된다. 단둥을 경유하는 중국의 대북한 수출품은 원유와 식량뿐 아니라 전기·전자제품, 자동차, 양복천, 주사기와 주사약 등 모든 종류에 이르며 기계·중기·가구·타일 같은 중량이 큰 화물과 일용 잡화도 대량으로 들어온다. 이에 비해 북한에서 중국으로 들어가는 물류는 철강·목재·석탄·갈대·누에고치·액화가스·수산품·광산품·유색금속·토산품 등 1차 생산품이 대부분이다.

압록강 중류의 지안-만포 간은 철도가 운행되므로 중량이 큰 화물이 운송된다. 이전에는 자강도 산지의 목재가 중국으로 팔려 나갔으나, 최근에는 광물자원이 많고 대개 통과화물이다. 그 외 약초와 수산물도 주요 수출품이다. 중국에서 북한 만포로 들어온 일용품은 역내 시장에서 판매되나, TV 같은 가전제품이나 오토바이 등은 신의주로 운반되어 매매되기도 한다. 린장-중강 구안을 통해 중국으로 나가는 화물은 원목·광산물·약재와 같은 1차산물이 대부분이며, 역으로 북한으로 들어오는 상품은 생활용품과 전기·전자 제품으로 다른 구안과 비슷하다. 압록강 중류의 라후샤오-위원 통로는 배후에 도시가 없어 유동화물량이 적다. 주변 산지에서 나오는 송이버섯이나 산나물 같은 지역 특산물이 위원을 통해 중국으로 나가고, 중국으로부터는 전구·플라스틱 통·의류·식료품 등 다양한 일상 용품이 들어와 자강도 내륙으로 확산된다.

(2) 관북지역 유통 네트워크

두만강 양안의 옌벤 자치주와 북한 관북지방 간 교역량이 많지는 않으나 교류 역사가 오래되었고 교역 루트도 다양하다. 북한에서 옌벤으로 나가는 물품은 동해의 풍부한 해산물과 광물자원이다. 역으로 중국에서 북한으로 들어오는 물품은 식용유·조미료 같은 식료품과 가방·구두·라이타 등 잡화가 주종을 이룬다. 함경도 지역은 일찍이 중화학 공업지대를 이룬 반면 소비재를 생산하는 경공업이 발달하지 못하였기 때문이다.

압록강 연안의 물류유통이 단둥-신의주에 집중된 것과 달리 두만강 연안에는 여러 개의 유통 경로가 있다. 취엔허-원정리를 통해 나선시로 직접 들어오거나 무산, 남양, 회령 등 두만강 중·하류의 변경 도시를 거쳐 북한 역내로 유통된다. 나선시 동명 시장은 특구로서 중국에서 들어오는 물건의 전국 도매시장 역할을 하는데, 소상인의 경우는 나진 시장의 출입이 통제되어 직접 이용할 수가 없다. 그 외 청진 수남 시장과 함흥 해상 시장, 원산 갈마장 등을 거쳐 전 지역으로 확산 및 유통된다. 각 구안의 교역 물품과 유통 경로를 좀 더 자세히 살펴보면 아래와 같다.

• 취엔허-원정리

취엔허 구안을 통해 북한으로 들어가는 화물은 모든 종류의 생필품이 포함된다. 동북3성에서 생산되는 제품은 가격수준이 높아 최근에는 저장 성·장쑤 성·산둥 성 등지에서 생산한 저가의 제품들이 많다. 원정리 세관으로 들어 온 중국 상품의 1/4 정도는 나선시 시장에서 소비되고 3/4은 청진·함흥·평양 시장 등으로 유통된다. 반대로 원정리 세관을 거쳐 나오는 북한 화물의 60%가 해산물로[36] 이로 인해 훈춘은 중국 최대의 오징어 집산지가 되었다. 또 초기 가공을 거친 분말 상태의 비철금속이나 버섯·밤 등도 중국으로 수출된다. 그 외 북한이 연해주의 임업지에 파견한 벌목공이 노동의 대가로 받은 러시아산 목재가 중국으로 되팔려 취엔허 구안으로 들어오기도 한다.

• 난핑-무산

2005년 현재 두만강 연안에서 화물 통행량이 가장 많은 난핑 구안의 화물은 대부분 무산에서 나오는 철광분이다. 2000년대 초까지도 이 통로의 화물 이동량이 미미했으나(표 5-6) 중국이 동북지역개발에 필요한 원자재 확보를 위해 무산철광과 합자기업을 설립한 후 철광분鐵鑛粉 수입이 급증하였다. 난핑으로 들어 온 철광분의 일부는 난핑 구안 부근과 바쟈즈八家子의 공장에서 1차 가공된 후 멀리 퉁화 · 안산安山 · 톈진天津 등지의 제철공장으로 보내진다.

철광분의 수입량이 급속히 증가하면서 도로 수송 능력이 한계에 달하자 지린 성 정부는 무산–난핑 간 교량을 확장 · 정비하였고, 허룽시에서 난핑에 이르는 41.68km 철도 건설에 착수하여 2011년 완공 예정이다. 이 철도는 동변도 철도의 지선으로 앞으로 북 · 중 변경무역에 크게 기여할 수 있을 것이다. 반면, 허룽 시 난핑 구안을 통해 무산으로 유입되는 화물은 식량과 의류, 가전제품 등 생필품이 대부분으로 무산지역의 시장규모가 크지 않아 화물량은 많지 않다.

• 투먼–남양

투먼 구안은 2000년대 초까지도 북한과 동북3성 간 교류의 중심이었다. 투먼은 옌볜 자치주의 주도州都인 옌지와 이웃하고 창춘, 하얼빈과 철도로 연결되어 있으며 북한의 나진 · 청진항뿐 아니라 러시아 핫산과도 직접 연결되는 교통의 요지이다. 그러나 투먼 시는 시장 규모가 작고 경제 기반이 빈약하여 운송화물의 대부분은 통과화물이다. 동해에서 잡은 수산물과 무산철광 등 광물 그리고 러시아의 목재가 나진을 거쳐 중국 동북지역으로 들어온다. 북한으로는 청진제철소에서 연료로 사용되는 중국산 코크스가 운송된다.

• 싼허–회령

룽징 시 싼허에는 주로 북한의 수산물과 광물이 들어온다. 싼허의 대안

그림 5-23. 싼허의 변경무역 상점

인 회령시는 두만강 중류의 대표적인 도시로서 북한 동북지역 철도 교통의 요지이고 청진이나 나선시와도 가까운 물자의 집산지이다. 따라서 동해로부터 명태·해삼 등 해산물, 칠보 산지의 송이버섯·고사리, 폐선박이나 폐기된 철도레일 등 고철, 함경남도에서 생산되는 연·아연광이 회령을 거쳐 중국으로 유입된다. 싼허 구안을 통해 중국으로 들어온 북한산 화물은 광물이나 수산물로 한정되어 있고 거의 룽징을 거쳐 옌지, 왕청 등지로 이동되어 유통 경로가 복잡하지 않다. 회령은 두만강 연안에서 가장 큰 국경도시로 생필품의 수요가 많아 중국인(대부분 조선족)이 북한 주민에 섞여 중국산 제품을 파는 국제무역시장(국경시장)이 형성되어 있다. 싼허 구안을 통해 주로 의복과 전기 제품 그리고 콩기름·밀가루·쌀·옥수수 등 식량이 유입된다. 싼허는 작은 촌이나 변경무역을 위한 상점들이 늘어서 있고(그림 5-23) 회령세관 부근에는 교역 물품으로 보관하고 변경시장으로 사용하던 창고 건물이 있다(그림 5-24). 회령-무산 구간은 강폭이 좁고 수심이 얕아 도강이 용이하여 공식적인 무역보다 밀무역이 성하다.

그 외 사퉈즈-경원새별 구안은 바다가 없는 중국 변경 주민을 위해 동해에서 나는 수산물을 비롯하여 무연탄·목재·강재·시멘트 등이 들어오며, 중국으로부터 옥수수·콩·사료·육류 등 식료품과 기계·전자 제품·유리 제품·굴착기·휴대용 동력 및 운동복·내의 등 다양한 품목을 수입한다. 그러나 취엔허 구안이 활성화된 후 사퉈즈 구안을 통한 교역량은 급격히 줄어들었다. 친척방문 형태의 민간무역보따리이 주를 이루며, 나선특구로 들어 갈 필요가 없는 소상인 무역 물자의 통관구 역할을 한다(그림 5-25).

구청리古城里 구안 부근에는 큰 취락이 없어 양안 간 교류가 많지 않다. 이전에는 북한 백두고원지대의 삼림이 통나무 상태로 중국에 들어갔고, 1990년대 중반까지도 청진항을 통해 밀수로 들어 온 일본의 중고차가 충산 부근 수심이 얕은 두만강을 건너 중국으로 반입되었다. 반대로 구청리 구안을 거쳐 삼장으로 들어가는 화물은 옷·비누 같은 생필품과 TV·재봉틀·녹음기 등 다양하다. 충산진의 강변에는 변경무역 상점들이 늘어서 있다(그림 5-26).

압록강 상류의 창바이 구안을 통해서는 주로 선양에서 들여온 생필품이나 냉동기 같은 전기·전자제품과 저장·장쑤 성 등지에서 생산된 저렴한 의류가 혜산을 거쳐 북한 내륙 지방으로 들어간다. 겨울이 춥고 교통이 불편한 내륙이라 편직물 같은 가볍고 부피가 큰 물품이 많이 유입되며 벽지·전화기·전기제품·식료품뿐 아니라 단추나 바늘 같은 소품도 들어온다. 2008년 8월 창바이 통상구 부근에 개장한 이우 상품점공식 명칭은 中國長白口岸友鳥商品店)에는 중국 남부 저장 성이나 장쑤 성 등지에서 생산된 저가의 의류품이나 생활용품을 전시해 놓고 북한 수요에 대비하고 있다(그

그림 5-24. 회령 세관 부근의 변경무역 관련 시설

그림 5-25. 사퉈즈 구안과 보따리무역

그림 5-26. 충산의 변경무역 상점

그림 5-27. 창바이 구안 부근의 이우 상품점_중국 남부의 이우 상인들이 북한 시장을 겨냥하여 세운 종합 상품점으로 현재는 의복, 화장품, 장신구 등 저가의 경공업 제품을 진열하고 판매한다.

림 5-27). 혜산으로 들어 온 물류는 양강도와 자강도 내륙 지역에서 일부 소비되고, 혜산선을 따라 동해안의 청진·함흥·원산 그리고 평성시장으로 넘어가거나 혜산·만포 청년선을 따라 만포로 유통된다. 반면, 혜산에서 창바이로는 백두산 지역의 특산물인 모피(수달·여우·너구리·토끼 등의 털)나 약초·들쭉·곱돌 등과 혜산이나 함흥에서 산출되는 동이나 아연을 1차 가공한 정광 또는 파동破銅이 중국으로 수출된다. 하천의 상류 지역이라 강을 건너기 쉽고 국경 경비가 심하지 않아 밀무역이 성하다.

1 해방 전 중국에서는 통상 기능을 하는 출입처를 관문, 분소(分站), 감시소, 검사소 등으로 불렀다(옌볜일보, 2010년 1월 26일). 본 연구에서 양국 간 통상 업무를 하는 북한 측 출입처는 세관을, 중국 출입처는 구안(또는 변경구안)을 사용하였고, 양국 간 교역을 설명할 때는 일반적인 용어인 통상구도 사용하였다.

2 북한과 러시아 접경지역에서는 북·중 변경무역과 같은 형태의 교류는 없고, 두만강 철교를 통해 북·러 간 교역품과 북한 노동자의 이동이 이루어지고 있다. 북한의 대 러시아 무역은 수출보다 수입이 절대적으로 많으며, 주요 수입품은 가공유, 유연탄, 비합금선철, 경질 석유 및 조제품, 밀과 메스린 등이고, 러시아로 수출되는 물품은 돼지 고기, 항공기 및 부품, 터빈, 시멘트 제품, 콘크리트, 인조석 등으로 다양하지 못하다. 이 통로는 수출입품의 교역 외에 북한 노동력의 출입로로 이용되어 왔다. 대부분의 북한 노동자는 극동지역에서 일을 하는 데, 하바롭스크와 아무르 지역에서는 벌목을, 연해주에서는 종묘 사업이나 콩·야채 재배와 축산을 한다. 그리고 농촌 주택 건설 및 보수와 같은 건설업과 농기계 수리 등을 담당하며. 사하공화국의 코크스 탄광을 공동으로 개발 및 운영하고 있다(정봉민 외, 2007).

3 변경소액무역의 경우 수입관세와 증치세를 각각 50%씩 감면해 주고, 일반 주민의 사사로운 소규모 상업 활동의 경우는 국경을 통과할 때 구입 물품 가격에 대해 3,000 위안까지 관세를 면제해 준다.

4 고난의 행군기는 1990년대 중·후반 북한의 국제적 고립과 자연재해로 수백만 명의 아사자가 발생하는 등 경제적으로 극도의 어려움을 겪은 시기를 말한다. 북한은 2000 년 당의 창건 55주년을 맞아 고난의 행군이 종료되었음을 선언하였다.

5 북한산에 대한 한국 측의 수요가 크게 늘어나면서 중국산 물품을 북한산으로 속여 한국으로 수입하는 부작용이 심해져 사전 승인이 강화되자 2005년부터 북·중 간 보세 무역이 감소하였다.

6 변경무역의 실제 규모는 발표된 통계치보다 훨씬 크다. 집계되지 않는 보따리 무역이나 밀무역의 규모가 세관을 통해 거래되는 공식 무역(변경소액무역)의 2배 이상일 것으로 추정된다.

7   우리나라의 부가가치세에 해당한다.

8   2007년과 2008년 답사 시에 면담한 북·중 변경무역업자의 증언이다.

9   과거에는 특정한 구분이 없었으나 1984년 중국 정부가 변경무역관리법을 제정하면서
변경무역에 대한 정의와 형태가 확립되었다.

10   변경무역에 종사하는 업체 수는 기준에 따라 차이가 크다. 손수윤(2007)은 변경무
역에 종사하는 업체들은 약 1천 개 내외이며 변경도시별 변경무역 경영권 보유 업체
현황을 아래 표와 같이 밝히고 있다.

변경도시	업체 수	비고
단둥	900여 개	–
지안	18개	–
허룽	15개	실제 거래 업체는 10여 개 정도
룽징	20여 개	–
투먼	60여 개	자금 부족과 북한 측 거래선이 불안정하며 실제 거래 불가능한 경우 존재
훈춘	90여 개	일부 러시아를 대상으로 하는 업체 존재
린장	8개	–
창바이	10개	–

자료 : 다롄 무역관

11   사퉈즈 구안은 경원군 유다도에 상호 무역시장을 만들기 위해 중국의 세관이 정식
비준하고, 북한 중앙 정부의 비준과 지원을 받도록 추진하고 있다(훈춘 시 세관관리판
공실, 북한교통정보센터, 2007).

12   2007년 8월 지안에서 조선족 변경무역업자와의 면담 중 확인한 내용이다.

13   1990년대 까지도 보따리무역이 변경무역량의 30~40%를 차지했다는 주장이 있을
만큼 비중이 크다.

14   중국에서 북한으로 수출되는 물품은 세관 인력의 부족으로 샘플 검사 방식을 취한

다. 이 점을 이용하여 일부 무역업자나 업체들은 세관에 신고하지 않은 품목을 차량이나 열차 화물에 섞어서 반입하는 경우가 많다. 예를 들면 공식적으로는 중국제 중고 트럭이 교역품이라면 실제로는 트럭에 수십 개의 타이어와 타이어를 덮은 여러 겹의 천막을 함께 실어가서 판매한다(2000년대 중반까지 북·중 변경무역에 종사했던 신의주 출신의 탈북자 면담 내용).

15 신고된 해상무역선 168척 외에 비공식적으로 어선들이 해상무역을 하고 있다. 중국 측 상인은 식량에서 가전제품에 이르는 다양한 제품을 북한에 건네주고 수산물과 광물을 댓가로 받는다.

16 북·중 간 상호 왕래와 관련한 협정으로 1976년 체결한 '북·중 간 국경철도에 관한 협정'에서는 국경 통과 횟수와 시간, 절차 등에 대해 규정하였고, 2001년 체결하고 2002년 5월 30일 발효한 '북·중 간 국경 통과지점 및 그 관리 제도에 관한 협정'에는 두 나라의 국경에서 서로 통과하는 지점의 종류, 위치, 기능에 대해 규정하고 있다. 이 협정에는 국경 통과지점을 기능에 따라 4유형으로 구분하고, 15개 지점에 17개의 국경 관문을 공식적인 국경통과지점(중국은 口岸으로 표기함)으로 지정하였다.

17 현재 단즈어 항은 폐쇄되고 부근의 랑터우 항으로 대체되었다.

18 관로(管路) 구안은 중국 헤이룽장 성 다칭 유전에서 압록강을 건너 평안북도 안주까지 연결된 단둥 석유 수송관의 통과를 취급하는데, 중조우의석유수송공사(中朝友谊书有公司)에서 관리한다.

19 구안(口岸)은 정부에서 비준하여 설치한 국가의 대외 개방 문호(門戶)로서 사람, 화물과 교통 기구의 출입 관리를 위한 서비스를 제공하며, 통상항구, 철도역, 통로, 공항 등에 설치한다. 중국의 구안은 개방 수준에 따라 중앙정부에서 심사 비준한 1류구안과 성급 정부에서 비준한 2류구안으로 구분된다(白光潤 외, 2000).

20 단둥 석유 수송관은 길이 29.4km로 중국 측이 10.8km, 조선 측이 18.59km이다. 연 설계 수송 가공 석유는 100만 톤, 원유는 300만 톤이다. 1974년 건설되어 1976년부터 북한에 원유를 수송해 왔다. 매년 수송량은 약 105만 톤 내외이며, 근래 수송량이 다소 감소되었다.

21, 22 연변일보 2010년 1월 26일자.

23 변경호시무역이나 사무역, 밀무역은 그 특성상 집계가 불가능하나 현지 변경무역업
종사자들은 이 접경지역에서의 밀무역이 전체 변경무역액의 60~70% 이상을 차지할
것이라고 추정한다(2007년 8월 대북 변경무역업자와 면담 내용). 북·중 접경지역에
관행화되어 있는 다양한 비공식적 거래 방식을 고려할 때 북·중 간의 교역 규모는 공
식적인 통계보다 훨씬 큰 것으로 판단된다(이종운, 2009).

24 중국–북한–러시아 간 삼각무역은 북한에서 러시아 극동 임장으로 파견된 벌목공들
의 노임 댓가로 받은 목재를 중국의 옥수수 등 양곡으로 바꾸는 바터무역이고, 중국–
북한–한국·일본 간 삼각무역은 북한이 한국과 일본에 마그네사이트 등 광석을 수출
한 대금으로 중고차와 강철을 수입하여 중국의 옥수수나 의복 같은 일상용품과 바꾸는
형태의 무역이다(린진슈, 2004).

25 비정기적인 해상 수로구안까지 포함하면 비중이 60~70%에 이를 것으로 추산된다.

26 탈북 이전에 북한의 혜산시·연사군·무산군에서 변경무역을 했던 6명의 탈북자와
면담(2008년 4월)을 통해 확인한 사항이다.

27 국경지구 책임자가 친지 방문을 요구하는 국경지역 주민에게 유효기간 1개월의 통
행증을 발급한다. 친척이 있는 경우만 해당되며, 없을 때는 초청 통지서가 있어야 발급
받을 수 있다.

28 북한 국적을 가지고 중국에 거주하는 조선족으로, 200만여 명의 조선족 중 조교는
7천여 명에 이르는 것으로 알려져 있다.

29 신조선족(新朝鮮族)은 1992년 한중수교 이후 중국으로 건너와 거주하는 한국인이
다. 국적만 한국으로 되어 있을 뿐 모든 삶의 터전이 중국에 있다.

30 북한 변경도시의 시장은 거의 화교가 장악하고 있다.

31 이 국제 버스 노선은 조선 룡담무역회사가 운영한다. 주 5일 운행되는데 평양과 단

둥에서 동시에 발차하며 상대 도시까지 대략 5시간 정도 걸린다. 현재 버스 요금은 200위안이며, 허용 화물은 25kg이다.

32 홍콩이 투자하여 설립한 나선시의 영황호텔 카지노에는 중국인 관광객이 너무 많이 모여들어 문제되자, 한동안 중국 측이 중국인의 카지노 출입을 규제하였다.

33 중국의 개방 이후 변경무역과 더불어 시작되었다. 초기에는 친척을 통해 여행자들의 소지품 수준의 소규모로 암암리에 거래되었으나, 점차 규모가 커져 1인당 3천 달러까지 허용되며 5%의 관세도 부여된다. 혜산 · 무산 · 회령 · 남양 등 국경도시에는 보따리 무역을 기초로 중국 상품 시장이 세워져 조선족의 출입이 더욱 빈번해졌다.

34 2007년과 2008년 현장 답사 시 인터뷰한 변경무역업자는 단둥 3인, 지안 2인, 린장 1인, 혜산 3인, 옌지 3인, 투먼 1인, 훈춘 2인이며, 탈북자 중 북한에서 변경무역에 종사한 사람은 혜산 출신 2인, 무산 출신 3인, 청진 출신 1인, 연사 출신 1인이 면담에 응했다.

35 이영훈(2006)은 중국산 물품들이 북중 접경지역 루트의 거점을 이루는 신의주의 채하 시장, 혜산의 혜산 시장, 회령의 회령 시장, 무산의 광산 시장, 나선의 동명 시장 등 변경도시의 시장과 청진의 수남 시장, 길주의 합천 시장, 함흥의 해상 시장, 원산의 갈마장을 거치면서 전국 300여 개 시장으로 확산되는 것으로 파악하였다.

36 해산물은 바다가 먼 중국 동북 지역 주민을 대상으로 하는 북한의 주요 수출품이다.

VI. 동북아 지역 협력 개발과 초국경 도시네트워크

두만강 개발계획과 거점도시의 출현

경제특구의 조성과 변경도시의 발전

동북진흥전략과 초국경적 협력 개발

나진–핫산 프로젝트와 해양–대륙 연계로

1. 두만강 개발계획과 거점도시의 출현

　북한과 중·러 접경지역은 1990년대 초까지도 낙후된 변경에 지나지 않았다. 중국 동북3성은 경제개혁에서 소외된 채 침체되어 있었고, 러시아는 체제 전환 이후 계속되는 경제적 어려움으로 연해주까지 투자할 여력이 없었다. 극심한 경제난을 겪은 북한 역시 변경지역 개발에 관심을 둘 여지가 없었으며 배타적인 대외 정책으로 외부의 지원도 차단되었다.

　이 접경지역에 변화의 조짐이 나타나기 시작한 것은 UNDP가 주도한 '두만강 지역 개발계획(TRADP;Tuman River Area Development Plan)'이 가시화된 이후이다[1]. 이 계획은 냉전기 동안 침체되어 있던 동북아의 발전을 위해 두만강 연안의 북한·중국·러시아를 주축으로 한국과 몽골 등 주변국들이 참여하는 다국 간 협력개발이다. 동북아의 지리적 중심에 위치한 두만강 하류 지역을 세계적 수준의 관광·금융·무역 및 제조 가공업의 중심이며 해운 수송의 거점으로 발전시켜 동북아 지역 경제협력의 발판으로 삼는다는 것이다.

　이 구상의 핵심은 두만강 하류 지역을 태평양을 향한 동북아시아의 교두보인 동시에 유라시아 대륙을 관통하는 국제적인 교역중심지로 발전시키는 것이다. 이를 위해 두만강 하류 3국 접경에 걸쳐있는 도로, 철도 및 국경 통과 시스템을 통합하고 항만 시설을 확충함으로써 한국과 일본뿐 아니라 멀리 동남아시아나 북미 대륙까지 항로를 확대 개설하고 시베리아 횡단철도를 통해 유럽과 연계를 목표로 하였다. 두만강 하구를 중심으로 한 초국경 도시네트워크가 전제된 이 계획에서는 북한의 나진·청진, 중국의 훈춘·옌지, 러시아의 포시에트·블라디보스토크가 거점도시로 선정됨으로써 그동안 소외되고 침체되었던 변경도시들이 성장 및 발전할 수 있는 계기가 마련되었다.

국제 정치·경제 환경의 변화로 시작된 두만강 개발계획은 체제가 다르고 이해관계가 상충되는 다국 간 공동 개발이라는 한계점 때문에 초기 단계부터 합의가 쉽지 않았다. 예를 들면 중국 정부는 지린 성과 헤이룽장 성의 출해出海 문제를 해결하기 위해 두만강 하구에 위치한 팡촨防川에 항구를 건설하여 동해를 통한 태평양 운송로 확보를 구상하였다. 그러나 두만강 하구에 퇴적된 엄청난 양의 토사를 준설하는데 막대한 비용이 들며 두만강은 4개월 이상 결빙하므로 관리와 운영도 쉽지 않다는 이유로 무산되었다. 또한 중국 정부는 두만강 개발 붐이 이는 틈을 타 2003년에 러시아 정부와 합의하여 훈춘과 비교적 가까운 자루비노 항과 포시에트 항을 조차租借할 것을 러시아 정부에 건의한 바 있다(손춘일, 2010). 이 안案은 태평양 연안에 이미 항구를 보유하고 있는 북한과 러시아의 동의를 얻기 어려웠다.

두만강 하류 지역개발에 적극적인 중국과 달리 러시아는 처음부터 미온적이었다. 연해주 정부는 러시아 측 두만강 하류와 포시에트 만灣 일대는 청정지역이며 자연생태보존지구로 지정되어 있으므로 항만과 철도 등 기반시설이 갖추어져 있는 블라디보스토크·나홋카·보스토치니 일대를 개발지로 희망하였다. 북한은 나진·선봉지역을 개방지구로 선포는 하였으나 체제 유지 차원에서 실질적으로 개방은 하지 않은 채 외자 유치만을 요구하였다. 이처럼 참여국들의 이해관계가 엇갈리고 북한과 러시아의 투자 여력이 부족하였으며, 무엇보다 두만강 개발의 핵심부인 나진·선봉 경제특구 개발이 정치 경제적 이유로 지체되면서 이 개발계획은 2000년대 중반까지도 가시적 성과가 나타나지 않았다.

한동안 별 진전이 없던 두만강 개발계획은 2005년 UNDP 주재로 열린

5개국 협력위원회에서 광역 두만강 개발계획(GTI: Greater Tuman Initiative)으로 개칭하고 지역, 범위를 대 두만강(Great Tumen)지역으로 확대하였으며[2], 사업 기간도 10년 더 연장하기로 합의하였다. 두만강 하류 지역을 국제 자유무역지대로 개발한다는 이 계획은 최근 중국과 러시아가 낙후된 동북 3성과 극동지역 개발을 추진하면서 다시 주목을 받고 있다. 더욱이 2009년 말 시작된 중국의 '창지투 개발개방선도구' 계획과 직접 연계되는 사업이라 시너지 효과를 거둘 것으로 보인다. 한편 2009년 11월 북한이 이 계획에서 탈퇴함으로써 핵심 사업인 교통과 물류 분야 협력에 차질이 우려되기도 하지만 북한은 이미 개별적인 차원에서 중국 및 러시아와 협력 사업을 진행하고 있어 큰 문제는 없을 것으로 보인다.

앞으로 동북아 정세가 안정되고 이 지역이 가진 입지적 중요성이 부각되어 두만강 지역 개발이 순조롭게 진행되면, 두만강 하류는 동북아 초국경 도시네트워크의 중심이 될 것이다. 동시에 거점도시인 나선 · 훈춘 · 핫산 시는 물론 다른 변경도시들의 발전도 기대할 수 있다. 두만강 개발계획은 아직 기대에는 크게 못 미치나, 오랜 기간 침체되어 있던 이 접경지역이 변화 및 발전할 수 있는 계기와 발전 방향을 제시했다는 데 큰 의미가 있다.

2. 경제특구의 조성과 변경도시의 발전

1980년대 이래 세계 여러 접경지역에서는 경제특구 조성을 통해 지역 발전을 도모해 왔다. 중국도 1978년 개혁 · 개방과 함께 동남임해지역에 경제특구를 조성하여 경제개혁과 개방의 실험장으로 운영해 왔고 바로 이

특구들이 중국 경제성장의 견인차 역할을 하였다. 중국은 개혁·개방으로의 체제 전환에 따른 사회적 혼란을 방지하기 위해 점진적인 개방 방식을 택하였다. 대외 개방은 점點–선線–면面으로 나아가는 공간적 확대 과정을 거쳤으며 그 출발점은 경제특구의 설립이었다. 동남연해의 선전深圳·주하이珠海·산터우山頭·샤먼廈門에 설립된 경제특구가 중국 대륙을 외부 세계와 연결하는 창구이며 또 자본주의 시장경제의 실험장이었다. 중국은 경제특구의 성과에 힘입어 다음 단계로 15개의 연해 항만도시를 개방하였고 점차 변경과 내륙 지역도 개방하여 2001년 WTO 가입 후 전면 개방에 이르렀다.

경제특구는 국가가 특정지역을 지정하여 제 생산요소의 자유로운 이동을 전제로 외국 기업에 개방하고 각종 우대 조치를 통해 자본과 기술을 유치하려는 목적으로 설립한 경제 구역이다. 일부 제한된 구역만 개방하므로 외부로부터의 부정적인 영향을 최소화하면서 경제성장을 촉진할 수 있어 배타적인 성향이 강한 북·중 접경지역에 적용하기 적합한 지역개발 전략이다. 북·중 양국은 나진·선봉과 훈춘에 UNDP의 두만강 개발계획과는 별도로 경제특구를 조성하였고, 압록강 하구의 신의주와 단둥에도 경제특구 설립을 통한 지역 발전을 모색하였다.

먼저 북한은 1991년 나진·선봉지구에 '나진·선봉자유경제무역지대'를 설립하여 최초의 개방지역으로 지정하고 동북아 지역 중계무역의 요충지이며 수출 가공 기지·국제 관광·국제 금융 기지의 기능을 가진 자유경제무역지대로 육성한다는 계획을 선포하였다. 그러나 도로·항만·통신 등 사회 간접 시설이 낙후하고 북한 자체의 극심한 경제난과 폐쇄적인 대외정책으로 인한 낮은 신용도, 그에 따른 외국 기업의 투자 부진☞3으로 별 진전이 없었다. 최근 중국 국유 기업인 상지공사商地公司가 나선특구에 20억 달러를 투자하여 도로와 부두, 정유시설과 발전소를 지어 주고 광물 채굴권을 가져간다는 등 10개 항의 투자의향서를 체결한 것으로 알려졌다[4].

출해구가 없는 지린 성은 일찍부터 두만강 하구에 가까운 훈춘의 개발에 관심을 가졌다. 1989년 '훈춘 경제개발구 총체규획 대강'과 1990년 '훈춘·팡촨 개발계획'을 수립한 데 이어 '훈춘 하류계획'과 '두만강 종합개발규획 대강'도 비준하였다. 그리고 1991년 훈춘 시를 변경 개방도시로 지정한 후 1992년 변경경제합작구邊境經濟合作區를 설립하였다. 개발계획 면적 24km²에 달하는 훈춘 경제합작구는 지세가 평탄하고 광활하다. 입지적으로 훈춘하 남쪽에 자리 잡아 용수가 풍부하고 훈춘 탄광과 영안 화력발전소가 있어 에너지 공급에 문제가 없다. 또 훈춘 중심시구와 근접하며 북한과 통하는 사퉈즈 구안이 14km, 취엔허 구안은 35km에, 러시아와 통하는 창링즈 구안은 6km 거리에 입지하여 경제특구로서의 입지 조건이 유리하다.

지난 20년 동안 지린 성 정부는 훈춘의 도시 기반 시설과 외부와의 연계 교통로를 확충해 왔다. 훈춘-투먼-옌지, 훈춘-사퉈즈, 훈춘-취엔허, 훈춘-창링즈 간 도로를 국가 2급 도로로 개선하였고, 1996년에는 훈춘-투먼 간 철도를 개통하였고 이듬해에는 훈춘-카무쇼바야 간 중-러 국제철도를 완공하였다. 또 수출 가공구와 중·러 호시무역구를 설립하여 국내·외 기업을 유치함으로써 수출 가공업을 위주로 금융·무역·보세·서비스·관광·위락 등 다양한 기능을 가진 경제특구로 발전시켜 왔다. 시기적으로 UNDP의 계획과 동시에 설치되어 두만강 지역 개발계획의 일환으로 볼 수 있지만 실질적으로는 중국 정부의 변경도시 정책의 일부이다.

북한의 나선 경제특구는 천연의 양항인 나진항을 보유하고 있으나 폐쇄

그림 6-1. 자루비노 항에 정박한 속초–자루비노 간 페리 동춘호_백두산 관광객과 중국이나 러시아를 오가는 소무역상들이 주로 이용한다.

적인 대외 정책 때문에 경제특구로서의 전략이 부진하여 발전이 없다. 반면, 훈춘은 동해로 나가는 해로海路가 막혀 있으나 1995년에는 북한의 나진항을 이용한 훈춘–부산 간 항로를, 1999년에는 러시아 포시에트 항을 이용한 훈춘–일본 아키타 간 정기 컨테이너 항로를 개설하였다. 그리고 2000년부터 한국의 속초항과 러시아 자루비노 항 간 정기운항 노선(그림 6-1)을 훈춘과 연계함으로써 환동해권 물류 중심의 국제도시로 발돋움하고 있다.

UNDP의 두만강 계획이 발표된 후 중국이 두만강 하류 지역개발에 적극성을 보이자 러시아도 '대 블라디보스토크계획'과 '연해 변강지역 계획'을 통해 핫산 지구에 대한 개발계획을 세웠다. 주요 내용은 핫산 지구의 포시에트와 자루비노 항을 중국 화물의 수출입 항구로 육성하여 두만강 개발계획과 연계하여 발전시키고, 슬라비얀카Slavyankas는 선박 수리 및 조선업을 특화시키며, 그 외 자연환경이 취약한 지역은 요양이나 의료,

관광 기능을 중점 육성하는 것이다. 이는 중국에 비해 보잘 것 없는 규모이다.

압록강 연안의 지역개발에 관한 국제적 논의는 두만강 지역 보다 다소 늦게 시작되었다. 1988년 단둥 시가 변경개방도시로 지정되고 1992년 국가급 개발구인 변경경제합작구가 설립되면서 경제특구 설립에 대한 논의가 본격화되었다. 단둥 합작구는 북한 및 동북아 국가들과의 경제협력이나 투자 유치를 목적으로 설립되었고, 상업무역관광구·고기술개발구·공업구·둥강 보세구로 구성되었다. 마주 보는 신의주를 통해 북한 진출이 용이하고 황해를 거쳐 중국 내륙으로 쉽게 진출할 수 있다는 입지적 이점 때문에 한국과 일본을 비롯한 많은 외국 기업이 입주하였다☞5. 단둥은 중국 동북 최대의 변경도시로 성장하고 있다.

한편, 북한은 2002년 발표한 7·1 경제 조치☞6를 원만히 수행하기 위한 방안으로 그해 9월 신의주 일대를 특별 행정구로 지정, 나선시에 이어 제2의 경제특구로 공포하였다. 신의주 시가지와 인근의 염주군, 철산군의 일부를 포함하는 신의주 특구의 면적은 132km²이고, 개발 방향은 홍콩의 일국양제一國兩制와 중국의 경제특구인 선전의 경제 개방 방식을 선별적으로 수용하는 것이다. 신의주를 국제적인 금융·유통·첨단 과학 기술 및 서비스 산업이 발달한 종합 도시로 개발한다는 계획이었다. 이를 위해 구역 내에 자치권을 부여하고 자본주의 제도와 생산방식을 허용함으로써 중국의 투자 유치와 중국 시장을 겨냥하였다. 주변국의 기대 속에 추진되던 신의주 특구 계획은 압록강 하류 비단섬에 카지노 건설 문제와 초대 행정장관으로 임명된 양빈楊斌이 탈세 혐의로 구속되면서 무산되었다.

그러나 북한이 신의주 특구 계획을 포기한 것은 아니며, 2009년 들어 북·중 협력 관계가 회복되면서 신의주 경제특구를 되살리는 분위기가 조성되고 있다. 일부 외신과 국내 언론 보도에 의하면 북한이 중국의 경제협력으로 압록강 하구 비단섬과 황금평에 금융센터 및 경제특구 건설을 추진해 왔으며, 최근 북한 내각이 황금평 특구 개발을 위한 관련법을 승인한 것으로 알려졌다[7]. 황금평 특구법은 2000년 발표된 개성공업지구법과 비슷한 내용으로 중국 측 사업자와 함께 토지를 개발하여 외국 투자자에 임대하려는 계획으로 전해지고 있다.

신의주는 입지적으로 한반도와 대륙을 연결하는 관문이며 더욱이 단둥과 신의주는 오래전부터 양국 간 국제 통로이자 교역 루트가 형성되어 있어 앞으로 어떠한 형태이든 두 도시를 연계한 광역적 경제특구가 세워질 가능성이 크다.

3. 동북진흥전략과 초국경적 협력 개발

중국 동북지역은 삼림 · 원유 · 광물자원[8]이 풍부한 대표적인 중공업 지대였으나 개혁 · 개방 이후 동남부 연해지역에 치중된 불균형 개발 전략에 밀려 소외되고 낙후된 지역으로 남게 되었다. 2002년 후진타오 정부가 국토 균형 발전 정책의 일환으로 동북3성의 노후한 공업기지를 새롭게 정비하고 발전시켜 지역 경제를 활성화한다는 동북진흥전략을 추진하면서 동북지역은 새로운 성장 지역으로 주목을 받기 시작하였다.

동북진흥전략의 초기 구상에는 대외개방과 관련된 내용이 없었으나, '2004년 동북지역 등 노후공업기지 진흥사업 요점에 대한 통지' 에서 대외 개방의 중요성이 언급되기 시작하였다. 이어 2005년 국무원이 발표한 '동북 노후공업기지의 대외 개방 확대 실시에 관한 의견(36호 문건)' 제 24조에서 동북3성과 변경국가들의 경제 무역 협력을 강조하고 동북지역의 변경 세관과 연계되는 교통 · 공항 · 항만 등 기초 인프라 건설 사업에 대외 원조를 우선적으로 배정한다고 명시하였다.

동북진흥전략에 기초하여 현재 이 접경지역을 중심으로 추진되고 있는 사업은 대략 다음 네 가지로 구성된다. 첫째는 북한의 광물 및 석탄 자원 개발과 관련한 사업이다. 실제 2002년 이후 중국의 대북 투자액 가운데 70%가 광산 개발에 집중되고 있다. 둘째는 변경무역의 활성화이다. 변경무역의 촉진을 위해 수출입 세금의 환급, 수출입 상품의 경영관리, 인적왕래 등에 대한 관리와 수속이 간소화되고 있으며, 2010년 8월부터 단둥 시의 북 · 중 변경무역에 중국 위안화 결제가 허용되었다[9]. 셋째는 변경지역 개발과 함께 대외 개방도 적극 추진되고 있다. 여기에는 두만강 지역의 국제협력개발 확대와 북한과 연계된 변경도시에 경제협력지대, 호시무역구 및 수출가공구의 설립이 포함된다. 특히 훈춘과 단둥 등 북한과 인접한 변경도시를 물류무역의 집산지, 수출입 가공과 국제 상업 및 여행의 중심지로 발전시킨다는 계획을 추진 중이다. 넷째는 동북3성의 진흥을 가속화하기 위해 가장 중점을 두는 사업으로 지역 경제 일체화를 촉진하는 교통 인프라의 구축이다. 특히 북한과 러시아를 포함하여 3국을 연계하는 교통 인프라 건설을 우선적으로 지원하고 있다.

그 결과 지난 수년간 동북3성 지역의 교통은 획기적으로 발전하였다. 단둥–선양 간 고속도로가 완공되었고, 단둥–다롄 간 연해 고속도로도 완공 단계에 있다. 압록강 하구의 둥강과 단둥 시구 간에는 강변을 따라 압록강 대로가 개통되었고, 단둥–창뎬, 린장–창바이 구간 강변도로의 포장 공사도 거의 완료되었다. 또 지린 성의 창춘–옌지–투먼–훈춘 간 고속도로도 개통되었다. 백두산을 중심으로 북쪽의 얼다오바이허, 서쪽의 쑹장

허, 남쪽의 창바이를 연결하는 창바이산 순환 고속도로171km도 거의 완료 되었다. 이 순환도로에서 2.5km 거리인 쑹장허에 세워진 중국 최초의 삼 림 관광 공항인 창바이산 공항이 2008년에 완공되어 현재 창춘·베이징 까지 노선이 개설되어 운항되고 있다(그림 6-2). 2011년 동북진흥전략의 핵심 사업인 동변도 철도의 전 구간이 개통되면 헤이룽장 성의 수이펀허 에서 중·러, 북·중 국경지대를 지나 랴오둥 반도의 다롄에 이르는 중국 동북지역의 경제발전 축이 구축되고, 러시아 및 북한의 변경통상구들과 연결되어 북·중·러 변경무역이 더욱 활성화될 것이다.

　이러한 일련의 사업에서 중국이 동북지역을 북한 및 러시아 연해주와 연계하여 개발하려는 이유는 첫째, 출해구出海口가 없는 동북3성으로부터 중국 남부지역으로 석탄이나 곡물을 운송하거나 태평양으로 직접 나아가 기 위해서는 이미 포화 상태인 다롄 항보다 북한의 나진·청진항이나 러 시아의 자루비노·포시에트 항을 임대하여 사용하는 것이 시간이나 비용 면에서 훨씬 효율적이기 때문이다. 둘째, 동북지역의 급속한 개발로 인해

그림 6-3. 5점1선 연해경제벨트와 창지투 개발개방선도구

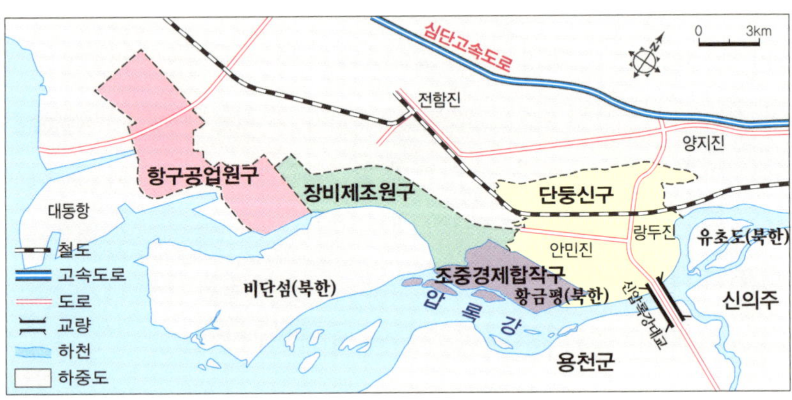

그림 6-4. 단둥 임항산업원구 계획도

부족한 석탄이나 광물자원 등 원자재를 북한 북부나 극동 러시아로부터 쉽게 조달받을 수 있다. 셋째는 동북3성에는 180만여 명에 달하는 조선족이 살고 있어 북한과 연대감을 높일 수 있으며 언어 소통 문제도 쉽게 해결할 수 있다는 이점이 작용한 것으로 보인다.

동북진흥전략에서 중앙정부의 지원과 투자는 대외 개방에 유리한 압록강 하구와 두만강 하류 접경지역에 집중되고 있으며, 지방정부도 이에 맞추어 랴오닝 성은 '5점点1선線 연해경제벨트' 조성 계획을, 지린 성은 '창지투長吉圖 개발 개방 선도구' 계획을 추진하고 있다(그림 6-3). 이 두 가지 계획은 중국의 동북진흥전략을 심화시킨 것으로 볼 수 있다.

먼저 2009년 7월 확정 발표된 '5점1선 계획(정식 명칭은 療寧沿海經濟帶發展計劃)'은 랴오닝 성 연해 지역의 단둥·다롄의 창싱다오·진저우만·잉커우·다롄의 쫭허화위엔커우 등 5개의 공업지구5점를 중심으로 대외개방을 확대하고, 적극적인 투자 유치와 연해도로·연계철도·항만 등 교통 인프라를 개선하여 다롄, 단둥, 진저우錦州, 잉커우營口, 판진盤錦, 후루다오葫蘆島 6개 시의 해안선을 하나로 잇는1선 연해경제지대를 조성하는 것이다.

랴오닝 성과 북한은 무역을 통해 밀접한 관계를 맺어왔으므로 접경지역의 개발은 북한과의 공동 개발보다는 북·중 교류의 핵심지인 단둥을 신의주와 연계하는 방향으로 추진되고 있다. 이 방안은 단둥 시를 북한과 도로·항구·지역일체화路港區一体化의 중심지역으로 삼아 물류 집적, 수출 가공, 국제 상업, 국제 여행 기능을 강화함으로써 동북지역의 대외 개방 창구로 발전시켜 북한과의 경제협력을 강화한다는 방침이다.

최근 발표된 단둥임항산업원구丹東臨港産業園區 계획(그림 6-4)에서는 북·중 경제합작구의 설치는 물론 기존 압록강 철교에서 10여 km 하류인 유초도 부근에 길이 3km의 신압록강대교 건설이 포함된다. 이 교량은 신의주 남부 삼교천의 남쪽인 용천군 장서長西에서 단둥의 랑터우를 연결하며 2010년 12월에 착공하여 3년 후 완공될 예정이다[10]. 북한과의 연계뿐 아니라 2011년 10월 완공 예정인 단둥-퉁화 고속도로가 개통되어 랴오닝 성 동부와 지린 성이 연결되면 단둥은 동북지역 동부의 출해 통로로서 동북지역 물류 중심항으로 성장할 것이다.

동북진흥전략이 시작되면서 지린 성은 2010년까지 훈춘을 국제 화물의 집산지이자 물류 중심으로 개발한다는 목표를 가지고 북한과는 '훈춘-나선 간 도로·항구·지역일체화 계획'을, 러시아와는 '훈춘-핫산 간 도로 항구 지역일체화 계획'을 추진해 왔다. 먼저 '훈춘-나선 간 도로 항구 지역일체화'는 훈춘과 나선에 다국적 경제합작구를 건설하는 것으로 1991년 두만강 개발계획에도 포함되어 있던 내용이다. 이 계획은 훈춘 시와 주변지역의 경제발전에 초점을 두고 있으나, 궁극적으로는 두만강 하류에 수상 통로를 개척하여 동북지역에서 동해로 나아갈 항구를 찾는 것이다.

그림 6-5. 훈춘 구안

그림 6-6. 훈춘 구안의 러시아 관광객

그림 6-7. 훈춘 구안의 국제화물과 무역업자

여기에서 가장 중심이 되는 사업은 나진항 개발과 훈춘–나선 간 도로 연결 및 확장 사업이다. 이 사업을 통해 북한은 나선지역의 교통·수송 인프라를 구축하여 나선지역을 중계무역기지로 발전시켜 외자 유치를 확대해보려는 의도를 가지고 있으며, 중국은 출해구가 없는 동북지역의 물류 중계항 확보라는 목적을 가지고 있다.

그동안 나진항 개발은 나선국제물류합영회사가 추진한 것으로 알려져 왔으나☞11, 최근 발표에 의하면 2008년 중국 다롄의 창리創立 회사가 나진항 1호 부두에 대한 10년 이용권을 확보하고☞12 그 대가로 훈춘과 나진을 연결하는 도로를 건설하기로 합의한 바 있다. 현재 창리 회사는 1차로 2,000만 위안을 투자, 1호 부두의 정박지 정비 사업을 완료하여 연간 화물 처리량 150만 톤의 석탄 하역이 가능한 상태이다. 지난 2010년 12월에는 지린 성 훈춘 탄광에서 생산된 2만 톤(트럭 570여 대 분)의 석탄이 취엔허와 원정리를 거쳐 나선항 제1부두를 출발, 동해와 남해를 통해 중국 남부 상하이와 닝보寧波로 운송되었다☞13. 그 외 최근 훈춘 중롄中聯 해상운송공사는 나선시와 나진항 컨테이너 운항 협약을 체결하였고, 2010년 6월에는 옌볜 하이화海華 무역공사가 청진항 사용권을 획득하였다.

러시아와의 협력 사업인 '훈춘–핫산 지역일체화' 계획은 훈춘을 중심으로 자유무역지대를 조성하는 것이다. 이미 설립되어 있는 변경경제협력구, 수출가공구, 중·러 호시무역구와 더불어 훈춘과 핫산의 일정 구역을 자유무역지대로 지정하고 개발하여, 지대 내에서는 무역관리 통제나 관세 장벽을 없애고 수출입 수속을 간편하게 함으로써, 북·중·러 3국의 노동력과 물류의 역내 이동을 자유롭게 한다는 방안이다.

이 자유무역지대는 북한의 나진·선봉 경제무역지대와도 연계되어 역내무역과 공업 발전을 이끌어 나갈 것으로 이는 곧 중국이 북한, 러시아와 공동으로 훈춘을 홍콩식 자유무역도시처럼 만든다는 것을 의미한다. 이미 중·러 간에는 창링즈의 훈춘구안(그림 6-5)을 거쳐 하루 100여 대의 화물차와 500여 명의 러시아 관광객(그림 6-6)과 북·중 무역업자들이 출입하고 있으며(그림 6-7), 하루 두 차례 훈춘-슬라비얀카 간 정기 버스가 운행되고 있어 장기적으로 볼 때 이 접경지대에 북·중·러 3국 공동의 '두만강 자유무역 국제도시'가 건설될 가능성이 크다.

2009년 8월 지린 성 정부는 이전의 계획들을 망라하는 '창지투長吉圖 개발개방선도구계획(中國圖們江區域合作開發規劃要綱-以長吉圖爲開發開放先導區)'을 발표하였다. 이전의 사업들과 같은 맥락에서 추진되는 이 계획은 옌볜 지역에 대해 중앙정부가 처음으로 비준하고 실시하는 개발계획이다. 이는 두만강 지역 개발이 국가 전략으로 승격한 것을 뜻하는 한편, 접경지역에 국경을 초월한 경제협력지대를 먼저 건설함으로써 다국간 협력개발의 성격을 가진 광역 두만강 개발계획에서 주도권을 갖는다는 의미로 볼 수 있다.

창長春·지吉林·투圖們[14] 개발계획의 내용은 지린 성의 중심인 창춘과 지린에서 간선 교통로를 따라 훈춘에 이르는 옌볜 자치주 두만강 연안의 7.32만km² 지역을 2020년까지 지린 성뿐만 아니라 동북아 지역 물류·공업 전진기지로 개발하여 새로운 성장거점으로 삼는다는 것이다. 창지투 선도구는 창춘과 지린 2개의 대도시, 옌지·룽징·훈춘 등 9개의 중소도시, 179개의 향·진을 포함하며 지린 성 전체 면적의 39.1%(7만 3,200km²), 인구의 40.7%(1097만 명)를 차지한다. 이처럼 넓은 지역 범위를 경제 공간의 합리적인 배치를 위해 3개 지대로 나누어 기능을 분담한다. 먼저 훈춘은 대외 개방 창구의 기능을 담당하며 다국적 경제협력을 중점적으로 전개한다. 둘째 옌지·룽징·투먼은 대외 개방의 최전방지대로서 두만강 지역 주요 물류 센터와 국제 산업 협력 서비스의 기지로써 기능을 맡는다. 이를 위해 인접해 있는 세 도시를 통합하여 인구 100만 규모의 동부 변경개방 대도시를 만든다. 셋째 창춘과 지린 양대 도시는 자체적인 산업 기반과 인재 및 과학 기술의 우위를 이용하여 생산요소를 결집하고 산업 개발을 통해 지역 협력 개발을 지탱하는 핵심 배후지 기능을 담당한다(우하오, 2010).

이를 위해 지린 성 정부는 '규획강요(規劃綱要, 실행방안)'를 제정하고 도시화 수준 향상, 국제 교통망 구축, 경제합작구 건설 등 10여 개의 추진 방안을 마련하였으며 인접국과 연결 교량의 현대화, 연결 도로나 연계 철도의 보수와 신설 등 연계 개발을 위한 대외 통로 건설에 주력하고 있다. 먼저 북한과는 나진항 1호 부두의 사용과 함께 나진항의 4–6호 부두를 개발하여 50년간 사용하고 나진과 취엔허–원정리 간 도로 건설 사업에 합의하였다.

원정리–취엔허 간 교량은 난간 보수에 이어 2010년 5월 상판의 보수공사를 완료하였다. 창지투 계획의 구역 내 두만강상에 6개의 국경 교량이 있으나 80여 년 전에 건설된 이 교량들은 노후하고 폭이 좁아 국제 화물 통로의 기능을 수행하기 어렵다. 늘어나는 화물 운송량에 대비하여 훈춘시는 기존의 취엔허–원정리 교량으로 부터 상류 50m 지점에 왕복 4차로 (폭 25m)의 새 교량 건설에 대해 북한의 동의를 이끌어낸 것으로 알려져 있으며[15], 다른 국경교량들의 현대화 작업도 논의되고 있다. 인접국 간 도로 정비는 더욱 활발해질 것으로 예상되는데, 향후 파다오–싼허–회령–청진, 허룽–난핑–무산–청진, 훈춘–취엔허–나선 등 3개 북·중 노선과 훈춘–창링즈–블라디보스토크를 잇는 북·러 고속도로 개통을 목표로 지린 성 정부는 2015년까지 경내 구간의 고속도로 건설을 추진하고 있다[16].

창지투 계획은 국가급 사업으로서 중앙정부의 지원뿐 아니라 지방정부
와 민간 기업이 사업에 참여하고 있으며 광역 두만강 개발계획이나 동북
진흥전략에 비해 사업 대상 범위가 구체적이어서 실현 가능성이 매우 높다.

4. 나진-핫산 프로젝트와 해양-대륙 연계로

두만강 하류 지역은 동북아 국가 간 경제협력의 중심인 동시에 북서태
평양과 유라시아 대륙을 잇는 관문으로서 세계 물류 유통의 거점으로 성
장할 잠재력을 가지고 있다. 실제 체제 전환 이후 러시아와 중앙아시아 국
가들의 경제개혁 성과가 나타나면서 일본·중국·한국·미주 국가들과
교역량이 크게 늘어나 동북아에서 물류 이동 통로로 시베리아횡단철도 연
계의 중요성이 대두되었다.

두만강 하류 지역의 국제경제특구 조성 계획에는 소극적이던 러시아가
TKR(Trans Korean Railway, 한반도종단철도)-TSR(Trans Siberian Railway, 시베리아횡단
철도) 철도 연계를 위한 국가 간 협력에는 적극성을 보이고 있다. 그 이유는
북서태평양 지역에서 아시아를 거쳐 유럽을 잇는 물류 유통 통로로서 TSR
의 독점적 위상을 확고히 하기 위한 포석이며, 다른 한편으로 부동항不凍港
을 찾기 어려운 러시아의 입장에서 이미 화물 적체 상태인 블라디보스토
크와 보스토치니 등 극동 지역의 항만을 대체할 수 있는 나진항을 장기간
임차할 필요가 있기 때문이다. 더욱이 최근 중국이 나진항의 개발과 훈
춘-나진 간 도로 확장 건설을 시작하자 두만강 하류 지역에서 중국의 영
향력을 견제하기 위한 것으로 보인다.

현재 동해 항로의 확보를 위해 나진항(그림 6-8)을 두고 러시아와 중국

그림 6-8. 나진항

간 각축전이 치열하다. 중국은 지린 성에서 생산되는 석탄을 나진항을 통해 중국 남부나 일본 등지로 수출하는 것이 유리하다. 러시아도 시베리아와 사할린의 원유를 주변 시장에 팔기 위해서는 나진항과 연결되어 있는 이 철도 노선을 이용할 수밖에 없으며 이미 나진항 3호 부두에 대해 50년간 사용권을 확보한 상태이다.

이 같은 상황에서 북한은 나진항 개발과 나진–핫산 구간 철도의 현대화로 국제 물류 기반 시설이 갖추어지면, 나진항을 극동 지역뿐 아니라 중국 동북3성과 일본·한국·동남아를 유럽과 연계할 수 있는 물류 중계 기지로 발전시켜 그 동안 방치했던 나선 경제무역지대를 대외 활동의 전진기지로 활용한다는 기대를 가지고 있다[17]. 2009년 12월 김정일 국방위원장이 나선시를 현지지도하면서 대외무역기지로서 나선경제특구의 역할과 중요성을 확인하였다. 그리고 후속 조치로 2010년 1월 나선시가 특별시로 승격되어 중앙정부가 직접 관리하게 되었고 나선경제무역지대법도 개정되었다.

두만강 하구는 북·중·러 3국 철도 교통의 교차로이다. 현재 북·러간 철도는 두만강 하구의 철교(두만강 친선교)를 통해 연결되어 있고 국경역인 핫산 역과 두만강 역 사이에는 주 2회 여객열차와 목재나 석탄 등을 실은 비정기적 화물열차가 통과한다. 러시아 측 변경역인 핫산 역은 시베리아횡단철도(TSR) 지선의 종착역으로서 열차가 하루 1회 블라디보스토크로 운행된다. 북한 측의 두만강 역은 남으로는 나진역으로 통하고 북으로는 남양역으로 이어져 중국의 투먼 역과 연결된다. 또 러시아에서 들어온 차량의 대차 교환 시설과 화차의 중계 시설을 갖추고 있다.

북·중·러 3국은 2007년 12월 '북·중·러 간 철도화물운송회의'를 개최하여 공동 운송협정을 체결하였다. 2008년 3월에는 북한의 두만강 역을 경유하여 중국의 투먼 역과 러시아의 핫산 역을 잇는 국제철도선 재개통 문제를 협의함으로써 북한을 경유하는 중·러 철도 수송은 16년 만에 재개통이 가능해졌다(안병민, 2010).

한편 북·러 양국은 2000년 철도협력 의정서를 체결하고 북한 철도의 현대화 사업을 서둘러 왔다. 그동안 러시아 측의 개발 자금 부족으로 지연되다가, 극동지역 개발의 일환인 '나진-핫산 프로젝트'가 수립되면서 2008년부터 핫산-나진 간 54km 구간을 현대화하여 컨테이너 수송이 가능하도록 개조하고 있다. 이와 함께 나진항을 개발하여 북한의 나선지대와 연계개발을 적극 추진하고 있다. 이처럼 두만강 하구 접경지역의 철도 연계는 협의로는 북·중·러 3국의 대외 화물 운송 통로가 확보되는 것이고, 광의로는 북서 태평양권과 유라시아 대륙을 잇는 국제 물류 유통로가 만들어지는 것이다.

일본이나 태평양권에서 유럽으로 가기 위해서는 한반도를 거쳐 시베리아횡단철도, 몽골횡단철도(TMGR), 만주횡단철도(TMR)와 연결하는 것이 효율적이다. 현재 한반도를 거쳐 대륙을 횡단할 수 있는 통로는 압록강 하구를 거치는 신의주-단둥-TCR-TSR 노선과 신의주-단둥-베이징-TMGR-TSR가 있고, 두만강 하류의 청진·나진-핫산-TSR과 나진-남양-투먼-TMR~TSR이 있다(그림 6-9). 앞으로 남북 간 협의에 의해 한국종단철도(TKR: 경의선, 동해선)가 완성되어 대륙횡단철도들과 연결되고 유럽과의 연계망이 구축되면, 이 접경지역을 중심으로 보다 확대되고 강화된 초국경 도시네트워크(super trans boundary urban network)가 형성될 가능성이 크다.

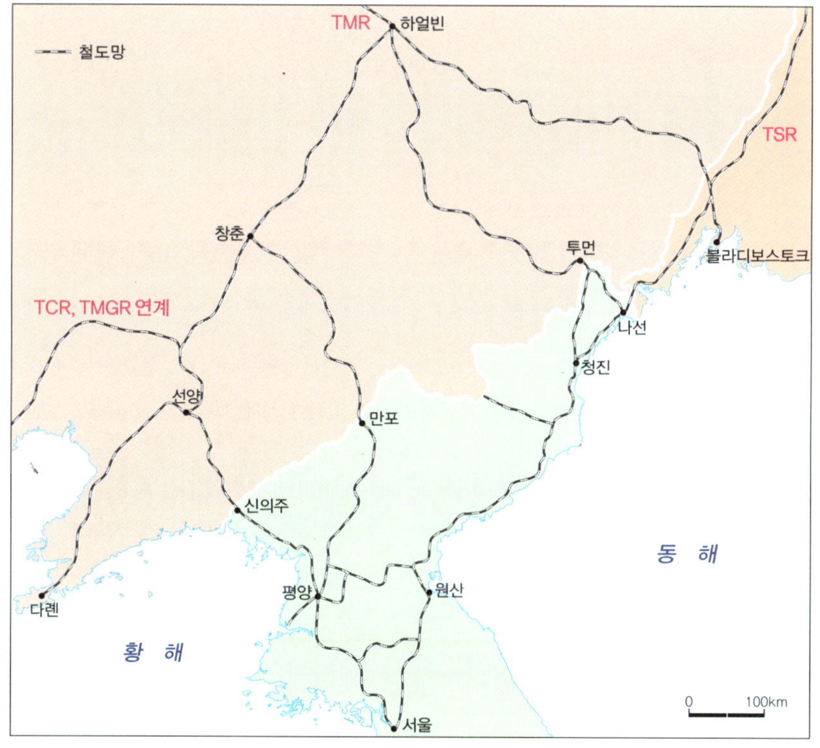

그림 6-9. 동북아 초국경 철도망

1   두만강 지역을 중심으로 한 다국 간 협력 개발 안은 1990년 중국 창춘에서 개최된 동북아 경제발전 국제회의에서 중국 측이 처음 제기한 것으로 알려져 있다. 그러나 원래 이 구상은 1980년대 일본이 언급한 '환동해 경제권'에서 비롯된 것으로 이 제안 역시 경제발전 수준이 다른 동해연안 국가들이 상호보완성을 바탕으로 경제 교류와 합작을 통해 동북아 경제권을 형성한다는 것이다(손춘일, 2010).

2   중국 동북3성, 러시아 극동 연해주, 북한 나선, 몽골 동부, 한국 동부 연해도시 등으로 지역의 범위를 확대하였다. 한국은 2009년 5월 동해 연안의 강원·경북·울산·부산이 이 계획에 참여하기로 비준하였다. 가장 적극성을 띠는 강원도는 속초, 동해항에서 러시아 자루비노와 블라디보스토크, 일본 니카타와 사카이미나토 항과 항로가 개설되어 있어 두만강 지역을 아울러 환동해권의 관광과 물류 중심으로 자리매김하겠다는 계획을 가지고 있고, 경북은 나진항과 영일만항 간의 항로 개설을 추진할 계획이다.

3   총 70억 달러의 외자 유치 계획 중 최근까지의 실적은 1억 4천만 달러로 목표액의 2% 수준에 그치고 있다.

4   중앙일보 2011년 1월 4일 기사 발췌.

5   단둥 시에는 대북 교역의 중심지로서 한국 기업이 전체 외국 입주 기업 투자액의 22%를 차지하고 있으며, 인천시도 중국 동북지역과 북한 진출을 목적으로 금판공업구 내에 인천 단둥 산업단지를 조성하였다가 최근 철수하였다.

6   '7·1 경제 조치'란 2002년 7월 1일 북한이 도입한 경제관리 개선 조치를 말한다. 1990년대 최악의 경제난에서 회복되면서 북한은 이러한 경제 회복을 가속화하기 위해 경제관리 제도를 개선하였다. 7·1 경제 조치의 핵심은 첫째, 임금·물가·환율을 현실적으로 조정하고, 둘째, 기업의 독립성과 자율성 확대를 통한 효율성 제고를 목적으로 독립채산제를 내실화하는 것이며, 셋째, 생필품을 포함한 소비품과 원자재 유통 구조를 바꾸기 위한 것으로 배급제의 단계적 폐지와 물품을 직접 구매하는 것이다. 이 조치를 통해 거둔 가장 큰 성과는 자본주의와의 경제적 교류 및 협력을 할 수 있는 환경으로 크게 개선된 점이다.

7   홍콩의 주간지 '亞州週刊', 2007년 3월 23일; 조선일보 2011년 1월 18일 기사 발췌.

8 동북 지역은 중국 전체 원유의 36.8%, 조강(粗鋼)의 11.9%, 석탄의 8.2%, 천연가스의 8.9%, 식량의 14.3%를 생산하는 자원의 보고이다.

9 니혼게이자이(日本經濟) 소식통을 인용한 연합뉴스 2008년 4월 6일 기사에 의하면 중국은 북·중 양국 무역에 종사하는 북한 기업에 대해 위안화로 결제할 수 있도록 중국 내 계좌 개설을 인정하는 제도를 도입했다고 보도하였다.

10 2009년 10월 원자오바오와 김정일의 회담에서 북·중 간 압록강 대교 신설에 합의하여 2010년 12월 31일 착공 하였다.

11 나선 국제물류합영회사는 북한 나선시 인민위원회 경제협력회사와 훈춘 시의 둥린(東林) 무역공사 및 훈춘 국경경제협력지구 보세공사가 자본금 50%씩을 출자하여 설립한 회사로 나선항 제3호 부두 이용권(50년)과 함께 제3호 부두를 확장하여 약 5만 m²의 토지에 보세가공구와 공업지구를 건설하고, 동북 지방 물류의 증가에 대비하여 제4호 부두 신설과 사용권(50년) 확보, 나진−원정 간 굴곡이 심한 67km의 비포장도로를 49km 왕복 2차선 직선도로로 건설할 계획이 있었으나 자금 유치에 실패하여 무산된 것으로 알려져 있다.

12 2010년 3월 7일 베이징 인민대회당에서 열린 전국 인민대표회의의 지린 성 대표단 기자 회견에서 리룽시(李龍熙) 옌벤 조선족자치주 주장(州長)은 "지린 성이 동해로 나가는 길을 얻기 위해 지난 2008년 중국의 한 민영 회사가 나진항 1호 부두에 대한 10년 이용권을 확보했으며, 현재 기초 시설 보수공사가 진행되고 있다."라고 밝혔다. 이는 1998년 북한이 중국에 제공했던 1호 부두 사용권을 10년 더 연장한 것이다.

13 중국 동북 지역에 풍부하게 매장되어 있는 석탄은 중국 남부의 연료로 사용되어 왔다. 지금까지는 동북 지역에서 서쪽으로 700~900km 떨어진 보하이(渤海) 만 잉커우(營口) 항 까지 운반된 후 다시 서해를 거쳐 상하이 등지로 운반되어 운송비 부담이 매우 컸다(조선일보, 2011. 1. 4).

14 창(長)은 지린 성 성도인 창춘을, 지(吉)는 지린 시 일부 지역과 옌벤 조선족자치주를 투(圖)는 옌벤 주가 위치한 두만강 지역을 의미한다.

15 연합뉴스 2010년 10월 18일자 보도 내용.

16 지린 성이 발표한 '창지투 개발개방선도구 전망 계획요강'에서 선정한 100대 중점
    건설대상 사업에서 발췌.

17 북한은 나진항의 개발과 사용권을 미끼로 중국과는 도로 연결을, 러시아와는 철도
    연결을 통해 과거 별다른 성과를 보지 못했던 나진–선봉 특구를 활성화한다는 목적으
    로 중국과 러시아를 상대로 이중적인 양자 게임(dual bilateral games)을 진행해 왔
    다(원동욱 · 김선철, 2008).

VII. 결론

초국경 도시네트워크의 발전 전망

　20세기 말 경제의 세계화와 사회주의 국가들의 체제 전환으로 세계 여러 접경지역에서는 국경의 개방과 함께 인접 국가 간 지리적 근접성과 상호보완성을 바탕으로 협력과 교류가 이루어지고 있다. 접경지역의 초국경 네트워크가 지역 발전의 새로운 패러다임이 되고 있는 이때, 북·중, 북·러 접경지역에서 초국경적 연계 구조가 어떠한 메커니즘을 통해 형성되어 왔고 앞으로 어떻게 변화하고 발전할지 예측해 보았다.

　역사적으로 북·중, 북·러 접경지역은 대립이나 배타적 속성보다는 공존의 성격이 강한 공간이었다. 압록강과 두만강이 잠재적인 국경 역할을 해왔으나 19세기 말 이래 수많은 조선인이 강을 건너 대안지역으로 이주해 갔고, 일제강점기 동안 한반도와 만주 지역이 하나의 경제권으로 통합되면서 양안 간 교류가 활발해졌다. 그리고 2차 세계대전 후 세계가 자본주의와 사회주의로 양극화될 때 북한·중국·러시아가 함께 사회주의 동맹국이 되면서 영토 문제를 제외하고는 지금까지 상호 우호적인 관계를 유지해 왔다.

　지리적으로 이 접경지역은 지세가 험하고 국가의 중심부에서 멀리 떨어져 있는 변방이라 상대적으로 낙후되었다. 높은 산지와 고원으로 이루어진 북한의 북부 변경지역은 접근이 어려운 오지奧地라 인구가 희박하고 도시가 발달하지 못하였다. 연해주의 핫산 지구는 극동 러시아에서도 가장 변방인 데다 군사 지역이라 개발이 어렵고 경제 기반도 빈약하다. 중국의 동북 지역은 자원이 풍부한 중공업 지대였으나 개혁 개방 이후 급변하는 경제 환경에 대처하지 못하고 소외되어 중국의 고속 성장에서 비켜서 있었다.

　냉전 체제가 구축된 이후 반세기 가까이 외부세계와 단절되었던 이 접경지역이 1990년대 초 UNDP가 주도한 두만강 개발계획의 추진으로 새로이 주목을 받기 시작하였다. 동북아의 지리적 중심이며 북서 태평양권과 유라시아 대륙의 접촉지대이자 관문이라는 입지적 중요성이 재평가되고, 경제 대국으로 부상한 중국이 접경지역에 투자를 집중하면서 더 많은 관심을 받고 있다.

일반적으로 접경지역은 자국 내보다는 국경너머 인접국과의 관계를 통해 발전하는데, 북한은 국경지역을 안보상 취약 지구라 하여 발전 전략에서 제외시켜 왔다. 시장경제를 택한 중국과 달리 중앙집권적 계획경제를 고수하는 북한은 여전히 폐쇄적이고 적대적인 대외 정책을 구사함으로써 상대국의 투자를 이끌어내지 못하고 있다. 지정된 장소에서 특정 대상에게만 교류를 허용하는 통제된 국경(limited border region)을 운용하며, 세계 정치 상황에 민감하게 반응하여 수시로 국경의 개방과 폐쇄를 반복하고 있다. 현재 이 접경지역에는 사회주의 국가의 정치·경제적 강제성이 작용하여 국경에 긴장이 조성되거나 특정 지점에 문제가 발생하면 도시네트워크상에서 차단과 연결이 반복되거나 네트워크의 일부가 소멸·정체·소생의 과정을 겪으면서 불안정해지기도 한다. 그러나 동북아 경제 질서의 변화는 이 접경지역의 공간 구조에도 변화를 가져오고 있다.

실제 북·중 접경지역은 오랫동안 변경무역과 인적 교류를 통해 국경 네트워크를 유지해 왔다. 초기에는 교역이라기보다 생필품 교환의 수준이었고 인적 교류도 친지 방문이 대부분이었으나 중국의 경제성장과 함께 북·중 간 교류와 협력이 확대되고 있다. 더욱이 중국의 동북진흥전략이 이 접경지역을 중심으로 추진됨에 따라 북한과의 협력 개발이 활발해지고 대북 투자가 늘면서 북한 변경지역도 제한적이나마 개방화로 이행되는 조짐이 나타나고 있다. 그러나 현재 진행되고 있는 중국의 대북한 투자는 일방적이며 경제협력도 불균형적인 구조로서 국경을 초월한 변경도시 간 유기적 관계는 물론 산업 간 협력 체계도 수립되지 못한 상황이다.

아직 이 접경지역이 하나의 통합된 경제권으로서 초국경 도시네트워크를 형성하기에는 국제정치나 경제 여건이 성숙되지 못하였으나 그 잠재력은 매우 크며 여러 측면에서 그 가능성을 찾을 수 있다.

첫째, 이 접경지역은 같은 사회주의 동맹국인 중국 및 러시아와 국경을 접하고 있어 개방에 따른 부담감이 덜하다.

둘째, 역사적으로 한반도와 밀접한 관계를 가지고 있는 중국 동북지역과 러시아 연해주 일대에는 19세기 중엽 이후 압록강과 두만강을 건너 신개척지로 이주해 간 조선족으로 불리는 중국 동포와 '까레이스키_{고려인}'로 불리는 러시아 동포 200만여 명이 살고 있어 국경을 사이에 둔 양 지역 간 문화적 동질성이 크다.

셋째, 국경 하천인 압록강과 두만강에는 일제의 대륙 침략기에 건설되어 비록 노후하지만 수많은 교량과 연결 통로가 있다. 특히 북·중 국경에는 거의 20개에 달하는 변경구안_{통상구}이 설치되어 있다.

넷째, 이 접경지역이 20세기 초 일제 대륙 침략의 루트였다는 역사적 사실을 통해서도 이미 입증되었듯이, 입지적으로 동북아뿐 아니라 태평양권과 유라시아대륙 간 연결고리로서의 지정학적_{地政學的}, 지경학적_{地經學的} 중요성이 매우 커, 20세기 말 동북아 지역 연계 통합의 최적지로 재평가되면서 주목을 받고 있다.

북·중, 북·러 접경지역에서 초국경 도시네트워크의 형성 잠재력은 지금의 국경 도시네트워크가 향후 완전 개방형의 공간 구조로 발전, 전개될 가능성을 의미한다. 현재 이 접경지역에는 압록강 하구와 두만강 중·하류 그리고 중앙부 내륙을 중심으로 하는 3개의 국경을 초월한 도시네트워크가 형성되고 있다. 아직은 상호 유기적 관계를 갖지 못한 국지적인 수준의 네트워크이나, 현재 중국의 주도로 활발히 추진되고 있는 일련의 개발 사업들이 마무리되고 동북아 국가 간 협력 개발이 가시화되면 공간적으로 보다 확대된 초국경 도시네트워크로 발전할 것이다.

그림 7-1은 이 접경지역에서 비록 국지적 수준이지만 국경을 초월하여 형성되고 있는 도시네트워크가 인접국 간 교류와 협력의 증대에 따라 점차 확대 강화된 초국경적 도시네트워크로 나아가는 공간적 발전 과정을 그려 본 것이다.

먼저, 신의주와 단둥을 결절로 하는 압록강 하구의 국경 도시네트워크는 북한 관서 지방과 중국 랴오닝 성을 배후지로 하며 평양 · 선양 · 다롄 등 동북아 경제 중심인 대도시들과 직접 연결되어 있어 경제력이 큰 네트워크이다. 환황해권의 일부로 한국 및 일본의 경제 중심지와 중국 내륙 지역을 연계할 수 있는 이 네트워크는 장기적으로 볼 때 동북아 육상 수송 및 해운 항만 물류체계 형성에 중요한 역할을 할 것이다.

두만강 중 · 하류 접경지역을 중심으로 형성되고 있는 국경 도시네트워크는 북한 관북 지방과 중국의 옌볜 자치주 및 극동 러시아 연해주의 중 · 소도시들을 포함한다. 현재 이 네트워크는 압록강 하구 도시네트워크에 비해 배후지역의 경제 규모는 작으나, 러시아는 물론 이미 한국, 일본과도 연계망이 형성되어 있는 환동해권의 주요 거점이다.

두만강 연안국은 아니지만 일본도 대중국 교역의 확대를 위하여 동해 루트 나진항의 개발과 운영에 적극적인 관심을 보이고 있으며, 한국 역시 동북아 및 남북 간 경제협력 강화 및 역내 물류 효율화를 위해서 이 지역에 대한 참여 방안을 적극 모색하고 있다.

이 네트워크의 핵심은 나진항이다. 나진항은 수심이 깊고 항만이 넓어 천혜의 조건을 갖춘 양항이며 입지적으로 중국 및 러시아와 근접하여 이

항에 대한 영향권을 확보하기 위해 중·러 간 경쟁 구도가 형성되어 있다. 동해로의 출구가 없는 중국의 입장에서 나진항은 늘어나는 동북지역의 물류 유통을 위한 태평양의 관문으로서 절대적인 중요성을 갖는다. 러시아의 입장에서 나진항은 적체된 극동 항만의 화물을 분담할 수 있는 보조항으로서 활용 가치가 높다. 그뿐 아니라 나진항이 중국횡단철도(TCR)와 연계되면 시베리아횡단철도(TSR)를 이용하던 기존 화물의 이탈이 우려된다.

그리고 이 접경지역의 중앙 내륙에는 양국 연결로를 중심으로 소규모의 국경 도시네트워크가 형성되어 있다. 압록·두만강의 상류 지역으로 지세가 험하고 외부 접근성이 낮아 도시나 경제 발달에는 불리한 조건이지만, 다양하고 풍부한 천연자원과 백두산의 자연 생태 경관을 바탕으로 국제 관광지나 휴양지로서 발전 잠재력은 매우 크다.

북·중, 북·러 접경지역은 지정학적地政學的, 지경학적地經學的으로 동

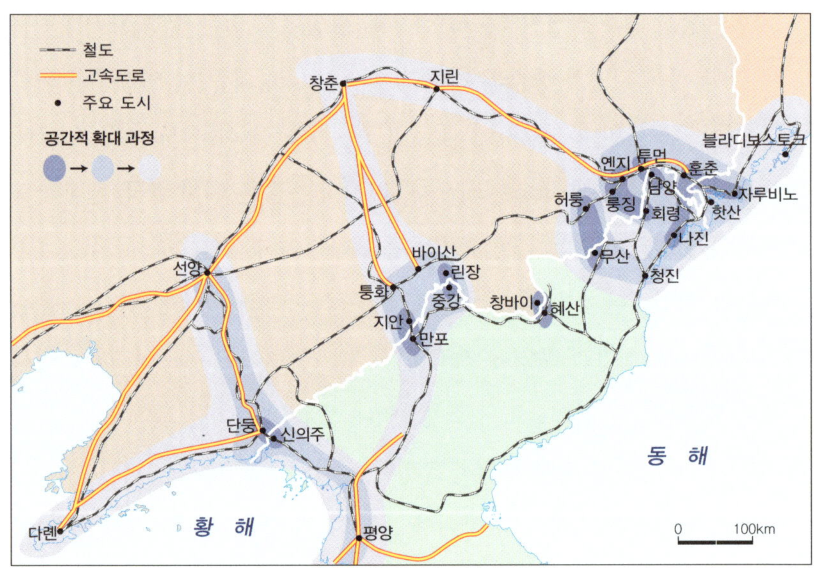

그림 7-1. 초국경 도시네트워크의 공간적 확대

북아 지역 연계의 최적지로 평가받고 있다. 동북아의 지리적 중심인 이 접경지역의 서쪽은 환황해권, 동쪽은 환동해권의 관문이며, 북서 태평양권과 유라시아 대륙권 간 물류중계거점이 될 수 있다. 앞으로 남북한 간 협의에 의해 한국종단철도(TKR)가 완성되어 대륙횡단철도들과 연결되고 유럽과의 연계망이 구축되면, 이 접경지역을 중심으로 보다 확대되고 강화된 초국경 도시네트워크(super tranceboundary urban network)가 형성될 가능성이 높다.

현재 북·중, 북·러 접경지역의 변화는 북한이나 러시아에 비해 충분한 경제력을 갖춘 중국이 주도하고 있다. 이 접경지역의 공간 구조가 지금처럼 중국 중심으로 재편된다면 머지않아 북한은 물론 한국의 영향력이 축소될 것이며, 일부 학자들이 주장하는 것처럼 북한 경제가 중국에 예속될 가능성도 배제할 수 없다. 앞으로 이 접경지역이 동북아 지역 발전을 주도해 갈 새로운 성장축으로 발전하려면 지정학적 삼거리에 위치한 북한의 역할이 매우 중요하다. 북·중, 북·러 접경지역이 북한을 제외한 채 불완전한 성장 지역으로 남을지, 개방된 북한을 포함한 동북아의 새로운 성장축으로 발전할지는 북한 스스로의 결정이 주요 변수가 될 것이다.

|| 참고문헌 ||

강석오, 1971, 新韓國地理, 새글사.

강석화, 2002, 조선 후기 함경도와 북방영토의식, 경세원.

고승우, 2005, 남북종단철도(TKR)와 시베리아횡단철도(TSR)의 연결이 우리나라 국
제운송 물류시장에 미치는 영향에 관한 연구: TSR을 중심으로, 한국해양대
학교대학원 석사학위 논문.

고승희, 2004, 조선후기 함경도 상업연구, 국학자료원.

곽복선, 1999, "북한의 중국 교역 통로: 변경 무역," 통일경제 59, 현대경제연구원,
86-98.

곽승지, 2008, 동북아시아 시대의 연변과 조선족, 아이필드.

국가정보원, 2006, 北 · 中 간 국경업무 조약집, 국가정보원.

궁계서 · 정덕권, 1985, 연변자연지리, 연변인민출판사.

김경석 · 김원배 · 이상준, 2000, 한 · 중 · 조 협력실태와 지역개발의 전망, 국토연구
원.

김득황, 1987, 白頭山과 北方疆界: 압록강 · 두만강은 우리의 국경이 아니다, 思社
研.

김득황, 2005, 만주의 역사와 간도문제, 남강기획출판부.

김부성, 2006, "스위스 · 독일 · 프랑스 접경지역에서의 월경적(越境的) 상호작용,"
대한지리학회지 41(1), 22-38.

김상빈, 2002, "지리학에서 경계연구 동향—중동부 유럽을 사례로," 지리학논총 40,
서울대학교 국토문제연구소, 1-18.

김상빈 · 이원호, 2004, "접경지역연구의 이론적 모델과 연구동향," 한국경제지리학
회지 7(2), 117-136.

김석주, 2007, 만주에서의 반일독립운동에 관한 지리학적 연구, 해외한국학지원사
업 학술연구 결과보고서.

김석주, 2010, 창춘—지린—두만강지역 개발개방선도구와 중국 두만강지역 합작개발

계획, 국토연구, 국토연구원, 96-104.

김선철 · 원동욱, 2008, "북-러 간 철도합영회사 설립과 향후 우리의 과제 – 라진항을 둘러싼 북중러 게임을 중심으로 –," North Korea Transport Moniter 37, 교통연구원, 10-19.

김수진, 2004, "중국의 동북3성, 동북아 물류 지도를 바꾼다," 해양수산동향 1151, 한국해양수산개발원.

김원배, 1998, 동북아의 새로운 지역구조와 한반도 국토재편의 기본구상, 국토개발연구원.

김원배, 2000, "상대적 가치 높은 지역협력 가능: 신의주-단동 연계지역개발 방안의 모색," 통일한국, 평화문제연구소, 72-75.

김원배, 2002, 동북아 협동적 지역개발의 사례분석과 이론 모색: 월경적(越境的) 지방간 협력을 중심으로, 국토연구원.

김원배 · 이성수 · 조명철 · 홍익표 · 정승호 · 박현정, 2006, 중국 동북3성 개발이 북 · 중 접경지역 산업 및 기반시설개발에 미치는 영향분석, 국토연구원.

김의원, 1982, 한국국토개발사 연구, 대학도서.

김종범, 2000, 대외개방에 따른 중국 동북지역 도시체계 발달에 관한 연구, 서울대학교대학원 박사학위 논문.

김종오, 2006, "중국 자본의 북한 진출에 대하여," 중소연구 30(1), 한양대학교 아태지역 연구센터, 88-118.

김학훈, 1998, "미국-멕시코 국경지대의 산업화 과정," 한국경제지리학회지 1(1), 한국경제지리학회, 81-112.

김홍철, 1997, 국경론, 민음사.

남북교류협력지원협회, 2009, 언론보도에 나타난 북한광산 동향정보 '06~'08, 남북물류포럼.

남성욱, 2006, "중국자본 대북투자 급증의 함의와 전망: 동반성장론과 동북4성론을 중심으로," 통일문제연구 18(1), 평화문제연구소, 5-40.

남영, 2003, 철로망 공간분석을 통한 중국 도시 네트워크의 변화, 서울대학교대학원 박사학위 논문.

노계현, 2001, 조선의 영토: 우리 영토는 어디까지인가?, 한국방송대학교 출판부.

류충걸 · 심혜숙, 1993, 白頭山과 延邊朝鮮族: 地理學的 接近-, 백산출판사.

린진슈(林今淑), 2004, 북 · 중 변경무역의 현황과 전망, 대외경제정책연구원.

박명서, 2006, 북 · 중 변경무역과 북한의 시장 실태, 통일부 통일교육원.

박삼옥 · 이원호 · 이현주 · 김상빈 · 정은진, 2005, 사회 · 경제공간으로서 접경지역, 서울대학교출판부.

박영철 · 김영봉, 1996, 한국의 접경지역 관리방안(上), 국토개발연구원.

朴昌昱, 1993, '中國朝鮮族 歷史와 今後 展望' , 한민족공영체, 창간호, 해외민족연구소, 155-200.

박청산, 2005, 천리두만강, 중국 연변인민출판사.

백과사전출판사, 2001, 조선대백과 사전 18, 조선 민주주의 인민 공화국.

백종실, 2005, "동북아 물류네트워크 구축을 위한 두만강지역 복합 운송체계 구축방안," 한국유통정보학회지, 한국유통정보학회, 51-81.

북한연구소, 1983, 北韓總覽 1945~1982, 북한연구소.

북한연구소, 1993, 北韓總覽 1983~1992, 북한연구소.

북한연구소, 2003, 北韓總覽 1993~2002, 북한연구소.

서길수, 2009, 백두산 국경연구, 여유당.

소명철, 2005, 북한경제의 대중국 의존도 심화와 한국의 대응방안, 대외경제연구원.

손수윤, 2007, 북중변경무역 향후 전망과 시사점, Global Business Report 07-022, KOTRA.

손춘일, 2010, "두만강개발과 북중 변경에서의 국제협력 문제 – 20세기 30년대 일본의 두만강개발 사례를 중심으로 –", 중국변강문제와 초국경협력 자료집, 동북아역사재단, 87-129.

심혜숙, 1994, 중국 조선족 취락지명과 인구분포, 서울대학교출판부.

안병민, 2010, 중국 창지투개발계획의 북 · 중 간 교통현대화사업 추진현황과 향후 전망, 한국교통연구원–길림대 동북아 연구원 국제학술세미나 자료집 14.

양태진, 1999, 근세 한국경역 논고, 경인문화사.

양태진, 2007, 조약으로 본 우리 땅 이야기, 예나루.

양태진, 2008, 달라진 북한 땅이름 이야기, 백산출판사.

엄성용 외 공저, 2007, 소통과 교류의 땅 신의주, 혜안.

오동윤, 2004, "중국 동북3성 개발계획과 시사점," KIEP세계경제 7(3), 대외경제정책
　　　　연구원.

우영란, 2004, 중한변계무역사 연구, 신성출판사.

우 하오, 2010, "창지투(長吉圖) 개발 개방 선도구와 대 투먼강(圖們江) 지역협력 개
　　　　발과의 관계', 대두만강 개발계획과 환동해권 지역의 발전전략, 한 · 중 세미
　　　　나 발표문, 강원발전연구원, 2-35.

윤덕민, 2006, "북한은 중국의 위성국가가 될 것인가," 미래전략연구원.

윤병석, 2003, 간도 역사의 연구, 국학자료원.

윤세의 · 김문모, 2005, "북 · 중 · 러 접경지역 시찰 및 동북아 기반시설물 구축 세미
　　　　나 참가기," 韓國水資源學會誌 38(4), 한국수자원학회, 125-127.

윤승현, 2009, 두만강지역의 신개발전략과 환동해권 확대방안, 강원발전연구원.

이군호, 2004, "일본의 중국 및 만주침략과 남만주철도: 만주사변(1931) 이전까지를
　　　　중심으로," 평화연구 12(1), 고려대학교 평화연구소, 147-171.

이기석, 1998, "세계적 수준의 도시네트워크와 자유무역지구의 건설," 21세기를 향
　　　　한 한반도 구조개편: 국토개발연구원 창립 20주년 기념 국제회의, 국토개발
　　　　연구원, 131-161.

이기석 · 이옥희 · 유충걸, 1994, 두만강 하류의 지역구조 연구, 지역연구, 서울대학
　　　　교 지역 종합연구소 20, 1-72.

이기석 · 이옥희 · 안재섭 · 김승희, 1996, "블라디보스톡과 러시아 두만강 하류지
　　　　역," 지리교육논집 35, 서울대학교, 85-101.

이기석 · 이옥희 · 최한성 · 남영 · 안재섭, 1999, 두만강 유역 토지자원 종합평가: 수
　　　　출자유지역단지 개발을 중심으로, 지리환경교육 7(2), 한국지리환경교육학
　　　　회, 429-476.

이기석 · 이옥희 · 최한성 · 남영, 2000, "두만강 하류 녹둔도의 자연과 토지이용 특
　　　　색," 지리교육논집 44, 서울대학교 사범대학 지리교육과, 13-25.

이기석 · 이옥희 · 이간용, 2001, 북한 지리교육을 위한 초 · 중등학교 교수 학습자료
　　　　개발 연구, 교육과학기술부.

이기석 · 이옥희 · 최한성 · 안재섭 · 남영, 2002, "나진−선봉 경제 무역 지대의 입지
　　　　특성과 지역구조," 대한지리학회지 37(4), 293-316.

이기석 · 황만익 · 이혜은, 1986, "중국 심천 경제특구의 구조적 특성에 관한 연구," 사대논총 33, 서울대학교 61-88.

이남주, 2006, 북중관계의 진전을 어떻게 볼 것인가, 황해문화 51, 새얼문화재단.

이동진, 1999, "中國 邊境地域의 대외경제협력 추진 배경 및 정책 의도," 중국학연구 16, 중국학연구회, 71-91.

이민부 · 김남신 · 강철성 · 신근하 · 최한성 · 한욱, 2003, "다시기 위성영상을 이용한 두만강 하류지역의 농경지 개간의 공간적 특성 분석," 대한지리학회지 38(2), 대한지리학회, 630-639.

이민부 · 김남신 · 이광률 · 한욱 · 김석주, 2006, "두만강하류 사구의 분포와 변화에 관한 연구," 대한지리학회지 41(3), 331-345.

이상준, 2001, "경제체제 개혁에 따른 북한의 도시성장 전망에 관한 연구," 대한국토계획학회지 36(4), 대한 국토 · 도시계획학회, 7-17.

이상준 · 이성수, 2002, 국제적 협력을 통한 북한의 지역개방사업 추진방안, 국토연구원.

이옥희, 1995, 북한의 국토자원 이용과 개발에 관한 지리적 연구, 이화지리총서 6, 이화여자대학교 대학원, 69-114.

이옥희, 2000, "중계수송기지로서 나진 선봉의 입지특성," 녹우연구논집 39, 이화여자대학교, 79-98.

이옥희, 2004, "두만강 하구 녹둔도의 위치 비정에 관한 연구," 대한지리학회지 39(3), 대한지리학회, 344-359.

이옥희 · 이봉희, 1992, 북한의 도시 및 지역개발에 관한 연구, 통일원 연구논집, 통일원.

이왕무, 2007, 俄國輿地圖와 19세기 말 조선의 關防의식, 한국학중앙연구원 장서각.

이원호, 2002, "홍콩-광동지역 경계통합과정: 개방적 접경경제공간의 형성과 의미," 지리학논총 40, 서울대학교 국토문제연구소, 19-36.

이원호, 2005, "개성공단 개발과 월경적 지역경제 발전방안의 모색: 홍콩-광동지역 경제 통합과정 경험의 적용," 지리학논총 45, 297-314.

이전 · 백종국, 1997, "멕시코 북부 국경지대의 경제구조 변화에 대한 고찰: NAFTA와의 관련성 중심으로," 대한지리학회지 32(2), 155-174.

이종석, 2000, "북한-중국 관계 1945~2000," 중심.

이종운, 2009, "북·중 접경지역 중국업체의 대북 거래관행 분석," 오늘의 세계경제, 대외경제정책연구원.

이찬우, 1999, "동북아시아 물류시스템 현황과 효율적인 연계 방안," 통일경제 52, 현대경제연구원, 72-87.

이찬우, 2001, "동북아 경제 협력에 대한 중국 단동시의 역할과 전망," 통일경제 75, 현대경제연구원, 72-83.

이현주, 2002, "유럽공동체의 개방공간상에서 보완지역간의 초국경적 통합: 프랑스 접경지역을 사례로, "지리학논총 40, 서울대학교 국토문제연구소, 37-60.

이희옥, 2005, "동북공정 추진실태와 참여기구 실태," 동북공정과 중화주의, 고구려 연구재단.

인천광역시·인천발전연구원, 2001, 중국 동북3성지역의 경제·산업분석과 인천시의 대응방안, 인천발전연구원.

인천발전연구원, 2004, "중국 동북3성 개발과 한국의 대응방안," 인천-대련 우호결연 10주년 기념 국제심포지엄, 인천발전연구원 행사자료집.

임덕순, 1997, 정치지리학 원리: 이론과 실제, 법문사.

정근준, 2003, 동북아 경제협력의 활성화와 러시아의 역할: 두만강지역 개발프로그램과 TSR-TKR연계를 중심으로, 한국외국어대학교대학원 석사학위 논문.

장영, 1998, "중국과 북한의 국경지대 무역의 추이와 특성," 통일경제, 현대경제사회연구원, 94-103.

장영, 2000, "조·중 관광협력 실태와 전망," 한·중·조 협력실태와 지역개발의 전망, 국토연구원, 129-159.

전송림, 1991, 연변 경제지리, 연변인민출판사.

정봉민, 2007, 남북한 물류체계 통합 및 활용방안(1), 한국해양수산개발원.

조명철, 1997, 북한과 중국의 경제관계 현황과 전망, 대외경제정책연구원.

조명철·정승호, 2007, 북핵과 북·중 경제관계 전망, 오늘의 세계경제 7(22), 대외경제정책연구원.

조명철·양문수·정승호·박순찬, 2005, 북한경제의 대중국의존도 심화와 한국의 대응방안, 대외경제정책연구원.

조선과학백과사전출판사 · 한국평화문제연구소, 2005, 조선향토대백과, 함경북도
 I · II, 평화문제연구소.

조선과학백과사전출판사 · 한국평화문제연구소, 2005, 조선향토대백과, 평안북도
 I · II, 평화문제연구소.

조선과학백과사전출판사 · 한국평화문제연구소, 2005, 조선향토대백과, 자강도, 평
 화문제연구소.

조선과학백과사전출판사 · 한국평화문제연구소, 2005, 조선향토대백과, 량강도, 평
 화문제연구소.

진시원, 2004, "동아시아 철도 네트워크의 기원과 역사: 청일전쟁에서 태평양전쟁
 까지," 국제정치논총 44(3), 한국국제정치학회, 125-149.

최완규 편, 2004, 북한 도시의 형성과 발전, 한울아카데미.

최완규 편, 2006, 북한 도시의 위기와 변화, 한울아카데미.

콜린 플린트, 한국지정학연구회 옮김, 2007, 지정학이란 무엇인가?, 도서출판 길.

통일연구원, 2005, 북한 광물자원 개발 전망과 정책방안, 통일연구원.

平安北道誌 編纂委員會, 1973, 平安北道誌, 平安北道誌 編纂委員會.

한국관광공사, 2008, 남북철도 연결에 따른 한반도 관광 진흥 전략 수립, 한국관광
 공사.

한국광물자원공사. 2008, 북한 광물자원개발 현황, 한국은행.

한국은행, 2006, 북중 무역현황과 북한경제에 미치는 영향.

한지은, 2002, 중국 단동(丹東)시의 기능 특성에 관한 연구, 서울대학교대학원 석사
 학위 논문.

咸鏡北道誌 編纂委員會, 1997, 咸鏡北道誌, 咸鏡北道誌 編纂委員會.

허성무, 2004, "동북3성 투자환경," KOTRA 대련한국무역관.

홍성국, 2006, "북한의 광업 현황과 중국의 대북경제 진출 – 늘어나는 중국의 대북
 투자 진출과 중국에 의존하는 북한 경제," 北韓, 북한연구소, 150-160.

히사코 추지, 2004, "시베리아 횡단철도와 한반도 종단철도의 연결 가능성," 極東問
 題 26(5), 極東問題硏究所, 47-54.

Bertram, H., 1996, Douvle transformation at the Eastern Border of the EU: The case of the Euroregion Pro Europa Viadrina. The 28th International Geographical Congress, The Hague, Netherlands.

Cheng, T. J., 2007, *Facing Russia and Outer Mongolia: Border city Manzhouli in the 1960S and 2000S*, Cities and Borders, Conference Guide.

Christaller, W., 1933, *Central Place in Southern Germany*, Englewood Cliffs, translated in 1966.

Cappellin, R. and P. W. J. Batey, 1993, Interregional cooperation in Europe: an introduction. Regional Networks, Border Regions and European Intergration. European research in regional science 3.

Chan, R. C. K., 1996, Trans-border zone between Hong Kong and South China, 28th International Geographical Congress, The Hague.

Chan, R. C. K., 1998, *"Cross-border regional development in Southern China,"* Geojournal 44(3), 225-237.

Cooke, P. and Morgan, K., 1994, Growth regions under duress: Research into the Development of China's Border Towns. Beijing, China Academy of Urban Planning & Design.

Erkner, I., 1996, *Border regions in functional transition*, European and North American Perspectives. REGIO 9.

Friedmann, J., 1996, *"Introduction-Borders, margins, and frontiers: Myth and metaphor,"* in Gradus Y. and Lithwick H., Frontiers in Regional Development, Rowman & Littlefield, 1-20.

Galtung, J., 1994, Coexistence in spite of borders: On the borders in the mind. In Galluser, W. (ed.), Political Boundaries and Coexistence. Peter Lang, 5-14.

Gradus, Y. and Lithwick, H., 1996, Frontiers in Regional Development, Rowman & Littlefield.

Kratke, S., 1998, *"Problems of cross-border regional integration-The case of the German-Polish border area,"* European Urban and Regional Studies 5(3), 249-262.

Kratke, S., 1999, "Regional integration or fragmentation? the German-Polish border region in a europe," Regional Studies 33(7), 631-641.

Lee, K. S., 1998, The role of the border city Hunchun on Tumen River, China, Geojournal 44(3), 249-257.

Lezzi, M., 1994, Competition-cooperation: a creative interplay of border regions in economic development planning and trans-border institutions, in Gallusser, W. A. (ed.), Political Boundaries and Coexistence, Proceedings of the IGU-symposium, 322-332.

Macleod, S. and McGee, T. G., 1996, "The Singapore-Johore-Riau Growth Triangle: An emerging extended metropolitan region," in Lo, F. C. and Yeung, Y. M., Emerging World Cities in Pacific Asia, 417-464.

Martinez, O. J., 1994, *The dynamics of border interaction*," in Schofield, D. H. (eds.), World Boundaries 1, Routledge, 1-15.

Minghi, J. V., 1963, *Boundary studies in political geography*," Annals Association of American Geographers 53, 407-428.

Newman, D., 2007, *Contemporary Understandings of Border Dynamics, Cities and Borders*, Conference Guide.

Park, S. O., 2003, *Economic spaces in the Pacific Rim-A paradigm shift and new dynamics*," Papers in Regional Science 82, 223-247.

Perroux, F., 1955, *Note Sur la Notion de Pole de Croissance*," Economie Appliquee, 307-320.

Peter, J. R., 1999, *Flow of Goods, People and Information among Cities of Northeast Asia*," 지역연구 15(2), 한국지역학회, 39-75.

Prescott, J. R. V., 1965, *The Geography of Frontiers and Boundaries*, Aldine.

Prescott, J. R. V., 1987, *Political Frontiers and Boundaries*, Allen & Unwin.

Ratti, R., 1993, How can existing barriers and border effects be overcome? A theoretical approach, Regional Networks, Border Regions and European Integration. Cappellin, R. and Batey, P. J. W. European research in regional Science 3. 60-69.

Ratti, R. and Reichmann, S. (eds.), 1993, Theory and Practice of Transborder

Cooperation.

Rumley, D. R. and Minghi, J. (eds.), 1991, The Geography of Border Landscapes, Routledge.

Sklair, L., 1993, Assembling for development: the Maquila Industry in Mexico and the United States. La Jolla, Center for U. S. -Mexico Studies, University of California at San Diego.

Tuan, C. and Ng L. F-Y, 1995, Hong Kong's outward investment and regional economic integration with Guangdong: process and implications, Journal of Asian Economics 6(3), 385-405.

Vance, J. E., 1970, *The Merchant's World: The Geography of Wholesaling*, Prentice-Hall, Englewood Cliffs.

WASTL-WALTER, D., 2007, *New Paradigms in Border Research*, Cities and Borders, Conference Guide.

Williams, A. M., Balaz, V. and Bodnarova, B., 2001, *"Border regions and trans-border mobility-Slovakia in economic transition,"* Regional Studies 35(9), 831-846.

Wu, C.-T., 1995, The Edges of China: Cross-Border Economic Spaces. IGU Commission on the Organisation of Industrial Space, Seoul, Korea.

Wu, C.-T., 1997, Proximity and complementary in Hong Kong- Shenzhen industrialization, Asian Survey 37(8), 771-793.

Wu, C.-T., 1998, *"Cross-border development in Europe and Asia,"* Geojournal 44(3), 189-201.

Ye, S. and Qiu, Y., 1999, The regional integration in south China before and after repatriation of Hong Kong, The Journal of Chinese Geography 9(4), 421-423.

白光润 · 段志英 · 高莎丽 · 千庆兰, 2000, 中国边境城市, 商务印书馆.

李树田, 1991, 珲春史志, 吉林文史出版社.

李铁立, 2001, "丹东市经济发展战略研究," 丹东师专学报 23(1), 丹东师专, 57-62.

李铁立, 2004, "边境区位, 边境区经济合作的理论与实践-以辽宁省_朝鲜边境地区经济合作为例," 人文地理 19, 1-5.

李铁立·袁晓勐, 2004, 辽宁省边境地区与朝鲜经济贸易合作研究, 东北亚论坛 3, 27-30.

李钟林·王国臣·崔文·李天国, 2006, 大冬江地区开发, 延边大学出版社.

李文东, 1995, 白山市初展现代化城市新姿, 世界经济与政治 10, 77-79.

李昌元·朴相周, 1995, "珲春海关概要," 昔日延边经济, 延边人民出版社, 218-229.

李策, 2006, "加速する北韓朝鲜经济と中国の经济活动," 军事研究.

李向阳·荆月海, 1995, "延吉海关," 昔日延边经济, 延边人民出版社.

林今淑, 2006, 中朝经贸合作, 延边 大学出版社.

刘丽琴·李秀敏, 2005, "论边境地区优势产业的选择-以珲春市为例," 世界地理研究 14(2), 72-79.

卢嘉, 2005, 山海港城流光溢彩—辽宁省东港市宏观城市设计研究, 城市 4, 47-49.

连关萱, 2007, 缤纷百年丹东, 中国海关 4, 50-51.

权哲男, 2006, 关于图们江地区开发战略的研究, 延边大学出版社.

郭心田 外, 1992, 边境开放城市的希望, 延边人民出版社.

刚占华, 1992, 延边旅游指南, 延边大学出版社.

葛秀风, 1995, "珲春早期对外贸易," 昔日延边经济, 延边人民出版社, 207-214.

曲尧范·耗保安, 2001, 清末 民初 东北城市近代化运动与区域城市变迁, 东北师大学报, 20.

关庆瑞, 1995, "记西步江口岸," 昔日延边经济, 延边人民出版社, 230-232.

于国政, 1997, 中国边境贸易理论与实务, 中信出版社.

于国政 编, 1997, 中国边境贸易地理, 北京, 中国对外经济贸易出版社.

于国政, 2005, 中国边境贸易地理, 中国商务出版社.

叶剑, 1996, 中国口岸通览, 经济管理出版社.

徐继承, 1995, "我在伪满税关的六年," 昔日延边经济, 延边人民出版社, 240-245.

徐敬刚, 2006, 关于延边口岸运行情况的调查报告, 延边党校学报 1, 64-66.

徐文吉, 2003, "中朝经贸关系的发展及其努力方向," 东北亚论坛 1, 54-57.

于天福·李铁立, 1998, "丹东地区对朝贸易的现状-问题与对策," 世界地理研究

7(1), 中国地理学会.

田淑华, 2002, 丹东市城市定位研究, 经济师 10, 241-242.

唐筱光 外, 1992, 中国口案慨览, 经济管理出版社.

王胜今·于瀟 编, 2006, 图们江地区跨国经济合作研究, 吉林人民出版社. 81-85.

王艺民, 1995, 白山市对外贸易前景广阔, 世界经济与政治 10.

王李成, 2005, 江海明珠—东港市, 辽宁省政府公报 7.

王胜今·于潇, 2006, 图们江地区跨国经济合作研究, 吉林人民出版社.

王法专·刘继生, 1993, "世界经济地域结构中的珲春-图们江地区开发," 人文地理
    2, 47-53.

黄炼, 1997, 中国发展全书: 延边 卷, 中国统计出版社.

崔锡升, 1995, "珲春商埠地," 昔日延边经济, 延边人民出版社, 215-217.

常绍荣·刘景林, 1990, 边境贸易与边境城市发展, 学术交流 5, 20-25.

陈绍辉·陈楠, 2005, 集安旅游业发展的现状, 存在问题宇对策, 长春工业大学学报
    社会科学板) 4, 12-14.

张熙夭·田云杰, 2003, 关于延边地区开拓俄罗斯市场情况的调查, 延边党校学报 6,
    49-51.

张福有, 1997, 长白山林区的风景明珠—白山市, 现代交际 4.

郑辽吉, 2002, 丹东市赴朝边境旅游发展研究, 世界地理研究 3, 71-78.

周密, 1995, "珲春边境经济合作区环境影响评价浅议," 世界地理研究 1, 99-103.

周干峙, 2007, 东北地区城镇化与资源环境协调发展研究, 北京科学出版社.

冬凡, 2005, 东港在探索中求发展, 今日辽宁 5, 56-57.

商晤, 2007, 丹东: 中朝边贸亲密接触, 进出口经理人 1, 38-39.

沈万根, 2006, 图们江地区开发中延边利用外资研究, 民族出版社.

隋清江, 2000, "珲春暨图们江地区开放开发中的新进展及发展前景," 东北亚论坛
    4, 45-49.

龚心瀚, 1993, 边境贸易实务手册, 上海远东出版社.

金泰彦, 1995, "图们海关," 昔日延边经济, 延边人民出版社, 236-239.

米德长·侯玲·王玉祥, 2002, "中俄珲春-扎鲁比诺港铁路贯通工程建设背景及必
    要 性," 经济视角, 33-35.

苗存波, 2006, 发展延边地区旅游业的思考, 北方经贸 5, 108-109.

白山市旅游局, 1995, 中国首家国家级森林旅游区—白山市长白山大旅游圈项目开发, 世界政治与经济 10, 79-80.

滿海峰, 2009, 中朝辽境合作向题—以辽宁省边境地区丹東口岸 为研究对象, 國際化時代边境, 跨境民族及東亜合作, 國際學術会試論文集, 延边大學東北亜研究院·韓國東北亜歷史财團, 110-125.

沈万根, 2006, 图们江地区开发中延边利用外资研究, 民族出版社.

安虎森, 1995, "延吉市与图们江 增长三角", 延边大学学报 1, 32-39.

中国边贸实务大百科, 1994, 辽宁篇, 吉林篇.

珲春市地方志 编纂委员会编, 2000, 珲春市志, 吉林人民出版社.

集安市人民政府, 2004, 中国·集安, 吉林摄影出版社.

中华人民共和国民政部编, 2006, 中华人民共和国行政区划简册, 中国地区出版社.

中国口岸协会编, 2003, 中国口岸实用名录, 中国海关出版社.

中国口岸协会编, 2006, 口岸年鉴, 中国海关中国口岸协会编.

中国口岸协会, 2002, 中国口岸与改革开放, 中国海关出版社.

中国口岸协会, 2003, 中国口岸实用名录, 中国海关出版社.

中国口岸协会, 2002, 中国口岸年鉴2001, 海关出版社.

中国口岸协会, 2002, 2003, 2004, 2005, 2006, 中国口岸年鉴, 中国海关出版社.

中国大百科全書全恩编辑委員会, 1993, 中国大百科全書-中国地理-, 中国大百科全書出版社.

中国西部开发信息百科—吉林延边卷, 2003, 延边人民出版社.

延边朝鲜族自治州地方志 编纂委員会 编, 1996, 延边朝鲜族自治州志 上卷.

延边朝鲜族自治州地方志 编纂委員会 编, 1996, 延边朝鲜族自治州志 下卷.

图们市地方志 编纂委員会编, 2006, 图们市志(1644-1985), 吉林文史出版社.

吉林省地图, 1/97만, 中国地图出版社.

辽宁省地图, 1/91만(中国地图出版社) 외 각 城市 地图.

吉林省地图册, 2007, 北京, 星球地图出版社.

辽宁省地图册, 2007, 北京, 地图出版社.

东北公路詳图, 2007, 北京, 地图出版社.

国际经济交流财团, 2006, 中国东北部と北朝鮮の经济交流の实态调査 报告書.

日本 外務省·陸海軍省 文書, 1936. 12. 10., 鴨綠江 图们江 架橋ニ关スル覺書竝
　　　議事錄.

日本 外務省·陸海軍省 文書, 1937. 4. 5., 满浦铁道橋 建设ニ关スル覺書.

李策, 2006, "加速する北朝鮮经济と中国の经济活动," 軍事硏究.

李燦雨, 2000, "北东アジア经济协力における中国丹东市の役割と展望," ERINA
　　　Report 37, 1-7.

辻久子, 2004, "일본의 관점에서 본 동북3성과 한반도의 교류전망," 제3회 한중
　　　일 공동 심포지엄, 인천발전연구원.

鄭雅英, 2000, 中国朝鮮族の 民族關係, アシア经济学会.

最近 北韓 五萬分之一地形圖, 1997, 서울, 景仁文化社.

북한 행정구역도, 1/115만, 평양, 교육도서출판사.

조선지도첩, 2000, 동경, 학우서방.

구러우즈(古樓子, 고누자)

구청리(古城里, 고성리)

난핑(南坪, 남평)

닝구토(寧古塔, 영고탑)

다칭(大慶, 대경)

다투오즈(大坨子, 대타자)

다둥 항(大東港, 대동항)

다푸차이허(大葡紫河, 대포자하)

단둥(丹东, 단동)

단즈어(丹紙, 단지)

더화(德化, 덕화)

둔화(敦化, 돈화)

둥강(东港, 동항)

둥닝(東寧, 동녕)

라구샤오(拉古硝, 납고초)

라후샤오(老虎硝, 노호초)

랑터우(浪斗, 랑두)

랴오닝 성(辽宁省, 요녕성)

량수이(凉水, 양수)

루구워(蘆果, 로과)

룽징(龙井, 용정)

룽쌘(龍峴, 용현)

리우다오거우(六道溝, 육도구)

린장(临江, 임강)

마루거우(馬鹿溝, 마록구)

메이허커우(梅河口, 매하구)

무단장(牡丹江, 목단강)

미지앙(密江, 밀강)

밍둥(明東, 명동)

바이산(白山, 백산)

바이진(白金, 백금)

바쟈즈(八家子, 팔가자)

반스(板石, 반석)

번시(本溪, 본계)

사이완즈(甩彎子, 솔만자)

사퉈즈(沙陀子, 사타자)

산쟈즈(三家子, 삼가자)

상하이(上海, 상해)

상허커우(上河口, 상하구)

선전(深圳, 심천)

스샌(石峴, 석현)

쌍무펑(雙木峰, 쌍목봉)

싼허(三合, 삼합)

쑤이펀허(綏芬河, 수분하)

쑹장허(松江河, 송강하)

쓰핑(四平, 사평)

안민(安民, 안민)

안산(鞍山, 안산)

안투(安图, 안도)

야바거우(啞巴溝, 아파구)

양우두(羊魚頭, 양어두)

얼다오바이허(二道白河, 이도백하)

옌볜(延辺, 연변)

옌지(延吉, 연길)

왕칭(汪淸, 왕청)

왠보우취(元寶區, 원보구)

웨량다오(月亮島, 월량도)

위린(楡林, 유림)

이부콰(一步跨, 일보과)

잉안(英安, 영안)

잉커우(營口, 영구)

장쑤 성(江蘇省, 강소성)

저장 성(折江省, 절강성)

쫭허(庄河, 광하)

지린(吉林, 길림)

지린 성(吉林省, 길림성)

지안(集安, 집안)

진저우(錦州, 금주)

징신(敬新, 경신)

쩐싱취(振興區, 진흥구)

쩐안취(振安區, 진안구)

창뎬(长甸, 장전)

창링즈(长岭子, 장령자)

창바이(长白, 장백)

창춘(长春, 장춘)

첸양(前陽, 전양)

좌오양촨(朝陽川, 조양천)

촨커우(船口, 선구)

충산(崇善, 숭선)

취엔허(圈河, 권하)

칭스(靑石, 청석)

카이산툰(開山屯, 개산둔)

쿠오핑(廣坪, 광평)

콴뎬(寬甸, 관전)

콴수이(灌水, 관수)

타이핑완(太平灣, 태평만)

톈진(天津, 천진)

투먼(图们, 도문)

퉁화(通化, 통화)

파다오거우(八道溝, 팔도구)

판진(盤錦, 반금)

팡촨(防川, 방천)

펑셩(風城, 풍성)

푸순(抚顺, 무순)

푸위(富裕, 부유)

푸쑹현(抚松县, 무송현)

허룽(和龙, 화룡)

헤이룽장 성(黑龙江省, 흑룡강성)

후루다오(葫盧鳥, 호로도)

후산(虎山, 호산)

훈춘(琿春, 혼춘)

백무고원(白茂高原) 55, 64
백무선(白茂線) 69, 164
백운봉(白雲峰) 108
벌등도(伐登島) 159, 197
벌류(筏流) 53, 69, 169
범람원 49, 55, 150
베이징(北京) 142, 164, 205
변경경제합작구(邊境經濟合作區)
    155, 205, 248
변경구안(邊境口岸) 189, 216
변경도시(邊境都市) 116, 144
변경무역(邊境貿易) 15, 22, 189
변경무역업자 188, 195, 229
변경소액무역(邊境少額貿易) 191,
    195, 237
변경지역 대외기술협력 197
변경호시무역(邊境互市貿易) 196,
    240
변방지대 147
병참 노선(兵站 路線) 135
보세무역 192, 193, 194
보스토츠니(Vostochny) 245, 260
보따리무역 235, 238
복선궤도(複線軌道) 144
봉금지대(封禁地帶) 69, 145
봉천(奉天) 90, 111, 133
봉천도(奉天島) 99, 103
부교(浮橋) 123, 124
부얼하퉁허(布尔哈通河) 172

부동항(不凍港) 260
부석(浮石) 64
북간도(北間島) 91
북관개시(北關開市) 145, 184
북선(北線)루트 136, 176, 184
불법 이주(不法 移住) 90
블라디보스토크(Vladivostok) 94,
    146, 180
비그늘 68
비단섬(綢緞島) 53, 99, 250
비룡폭포(장백폭포) 61, 108
빙식지형 61
빙하(氷河) 60, 108, 116

(ㅅ)

사구(砂丘) 57, 58
사군육진(四郡六鎭) 86, 88, 95
사무역(私貿易) 145, 197, 240
사이완즈(甩彎子, 솔만자) 55, 117,
    126
사주(沙洲) 45, 55, 96
사초봉(沙草峰) 100
사퉈즈(沙陀子, 사타자) 117, 179,
    212
사할린(Sakhalin) 39, 261
사행곡(蛇行谷) 50, 73, 77
삭주(朔州) 75, 119, 202
산쟈즈(三家子, 삼가자) 122, 178
삼림자원 69, 146, 159

이 책은 한국연구재단의 지원에 의해 연구되었습니다.(NRF-2006-321-B01041)

북·중 접경지역

전환기 북·중 접경지역의 도시네트워크

초판 1쇄 발행 2011년 3월 7일

지은이 이옥희

펴낸이 김선기
펴낸곳 (주)푸른길
출판등록 1996년 4월 12일 제16-1292호
주소 (137-060) 서울시 서초구 방배동 1001-9 우진빌딩 3층
전화 02-523-2907
팩스 02-523-2951
이메일 pur456@kornet.net
블로그 blog.naver.com/purungilbook
홈페이지 www.purungil.com, www.푸른길.kr

ISBN 978-89-6291-151-0 93330

＊ 잘못 만들어진 책은 바꾸어 드립니다.
＊ 책값은 뒤표지에 있습니다.

이 도서의 국립중앙도서관 출판시도서목록(CIP)은 e-CIP홈페이지(http://nl.go.kr/ecip)에서
이용하실 수 있습니다.(CIP 제어번호 : CIP2011000593)